感通與迴盪

唐君毅哲學論探

黃冠閔

謹以此書獻給我的雙親

自序

　　猶憶少年時，我雖然愛好自然科學，一心想當個科學家，但也對哲學思想有高度興趣。當時在懵懂之際，捧讀了一些哲學書，或許有些邏輯的基本概念，對人生各種問題抱持著疑問，但並沒有進入概念運用的門檻。與其說我當時開始讀哲學著作，不如說我藉著一些哲學著作開啟了思想上下求索的道路。高中的社團有一些書籍，我借了其中一本唐君毅的《人文精神之重建》，在一些零碎的時間中閱讀。當時有老師告誡，新儒家的文字過於艱澀不適合高中生，我心裡不以為然，還是勉強讀了一些。必須承認，這樣的書籍不像小說，的確不容易讀，等該歸還的時間到了，我只讀了一、兩章，也似懂非懂。但是，對於目錄中所列出各章節的標題梗概，還是覺得有一種特殊的魅力，在歸還前，抄錄了該書的目錄；當時一夜之間來不及完成，還曾經央求母親協助抄寫一部分。如今這些字跡還保留在我的一本筆記中，這是我與唐君毅哲學最早的一份因緣。

　　進入大學後就讀的是工程，當我逐漸發現哲學是我主要的興趣時，我也開始較深入地讀熊十力、牟宗三、徐復觀以及唐君毅的著作。棄工程科學而轉讀哲學，無可諱言，我仍是受到人文精神的感召，那像是在原野中的一種呼喚。一個工程師希望精研科

技，用科學改變世界，對鄉土、國家、世界有貢獻，但如果自己身處的文化環境是一塊貧瘠的荒地，這樣的處境真的能沒有缺憾嗎？在這樣的素樸想法引導下，我開始了自己的哲學探索。不過，我同時發現，如果要在哲學上有所深造，必須走一條遠路，必須深入理解西方哲學，於是，我將所有的精神投入對西方哲學的研究。哲學的世界寬廣，一旦我全新投入西方哲學中，也養成了在哲學學科訓練中的專業態度，只對自己熟悉的領域發言。由於學術分工的要求，我轉而將自己限定在歐洲哲學的領域內。

剛回國幾年的教書研究也都按照歐洲哲學研究的模式，直到我離開華梵大學的教職，轉入中央研究院的研究工作，開啟了不同的模式。由於機緣巧合，我從教學轉入研究的跑道，也將一部分的研究重心放在比較哲學的研究上，重新拾起中國哲學的書籍，開始新一階段的研究方向。重新翻開唐君毅、牟宗三等老一輩哲學家的著作，無疑地既像是疊合著某些少年時光的心願，但又像是帶著更沉重的負擔來閱讀。近鄉情怯的心情也頗適合描述我的一些猶豫，看待這些既熟悉又陌生的哲學思想，我似乎覺得自己一方面必須重新評估這幾位哲學大師的思想地位，另一方面又必須找出一些可以開創新意的理解。讓我自己戰戰兢兢的是，我們已經來到了重新評估唐、牟哲學遺產的時代了嗎？不會還太接近嗎？評估的基準是什麼？最深的疑惑是自問自己：我自己是否準備好了？在疑惑中，我不免有些遲疑：我自己究竟站在什麼樣的地位來探索與研究呢？我生也晚，並非唐君毅的學生，連私淑都談不上，充其量是個讀者。我倒是在大一還懵懂無知的階段，蹺課去旁聽過幾堂牟宗三開在臺大的課，但也根本談不上及門弟子。在重新開啟比較研究時，私自揣想著要有些開創新意的理解，這是否太輕浮？傳承中的學問不是要仔細聆聽、誠懇受教

嗎？什麼又是新意呢？就在這種種揮之不去的疑問中，我展開了一系列的閱讀，每次的閱讀都像是種拉鋸，像是跟隨著前人思考的理路，又暗暗拉開距離，一邊衡量與讚嘆前人的知識背景，另一方面也帶入我自己的知識背景。

在本書中各章就是這些閱讀的成果，更像是閱讀實驗的草案；在穿梭於唐君毅、牟宗三、徐復觀、勞思光、劉述先的文本之間，我有較多的精神花在唐君毅上，目前集結的幾篇文章也就以關於唐君毅的研究為主。雖然各篇曾經以會議論文的形式宣讀發表，後來也在不同的刊物或論文集上刊登，但都毋寧像是一種閱讀實驗，寫作也以論述嘗試居多。以實驗來指稱，意味著一種自由度、一些不確定性。

有思想的距離，才有這樣的自由。有些自由也是從刻意保持的距離得來。雖然，我沒來得及趕上唐君毅活躍的時代，但我們都同屬20世紀的時代，歷史的距離算是十分接近的。過近的距離不容易清楚評估當代新儒家哲學的影響，也讓我猶豫是否看得清唐君毅的思想貢獻。時代距離過近讓我遲疑，不確定是否有足夠的醞釀與準備來檢視曾經影響我甚鉅的抉擇與判斷。我想到的解套方式是有意識的拉開距離，改變我的考量方式。

從歷史過程來看，在20世紀中發生了許多人類的大事，思想、生活的變遷巨大也快速，但較之於思想的長河來說，過去的這一世紀是一個狂猛的洪流，卻只占了整個流域的一小節。這一變遷不只對人類有巨大影響，其他的物種、整個地球的生態環境、氣候也有劇烈改變；過去一世紀間生物物種消失的速度，比前一個千年間的速度都還要快。顧慮到這一層面，其實也意味著人類已經有更宏觀的視野與工具來考察這些變化。以長時段歷史為背景來考慮時，我們應該如何看待這樣的短期快速變化，尤其

在琳琅滿目的思想藥罐之間，會有什麼診斷與配出什麼藥方呢？距離跟尺度有助於改變觀察的注意力，改變思考的習慣，找到一些可以禁得起時間變化考驗的不變常項。這樣或許可以在面對細微差異、快速變化之際，還可以承接一定的連續性。

　　無可諱言，不僅僅唐君毅的著作豐富，他所希望繼承與跨接的思想遺產也極為龐大，這幾乎成為一種沉重的負擔。拉開距離、尋找縫隙，有助於後來者取得自由呼吸的空間。以不重複相同的軌跡為原則，在微小的差異上尋求新的可能性，這也就能夠將沉重的負擔與龐大的遺產轉為豐富的思想資源。哲學概念的運用講究精確，這是基本的起手式；探索不同的思想可能性則需要一些自由。一點點細微的調整或許就能夠產生一些偏離的效果，也就可能引入新的脈絡，撐開論述空間、製造概念碰撞的機會。

　　本書所結集的各篇文章多半是這類的概念碰撞所激盪而成，文章的完成有諸多師友的鼓勵、也有審查人的鞭策，謹在此申表謝意。在哲學領域內的公共論述場域內，觀點的產生既然是在基於概念碰撞的實驗探索，那也就難免有諸多的不成熟處，有必要接受賢達先進的批評。

　　　　　　　　　　　　　　　黃冠閔　序於臺北

目次

各章出處

第一章〈飄零乎？安居乎？——土地意象與責任意識〉，出自：
2008年6月，《中國文哲研究通訊》，台北：中央研究院中國文哲
研究所，第18卷第2期，頁193-220。

第二章〈主體之位——唐君毅與列維納斯的倫理學思考〉，出自：
2010年12月，《中國哲學與文化》，香港：香港中文大學哲學系
中國哲學與文化研究中心，第8輯，頁165-194。

第三章〈唐君毅的境界感通論——一個場所論的線索〉，出自：
2011年6月，《清華學報》，新竹：清華大學，第41卷2期，頁
335-373。

第四章〈唐君毅的仁道詮釋——感通論與德性工夫〉，出自：
2014年02月，《跨文化哲學中的當代哲學：工夫論與內在超越
性》，台北：中央研究院中國文哲研究所，頁43-79。

第五章〈哲學與宗教之間：唐君毅與西谷啟治對現代性的省思〉，
出自：2015年4月，《跨文化哲學中的儒學：與京都學派哲學的
對話》（陳瑋芬、廖欽彬主編），台北：中央研究院中國文哲研究
所，頁145-197。

第六章〈唐君毅政治哲學中生命、倫理與政治的交會〉，出自：2014年12月，《跨文化視野下的東亞宗教傳統：政治哲學》（黃冠閔主編），台北：中央研究院中國文哲研究所，頁237-283。

第七章〈唐君毅的永久和平論：視野與局限〉，出自：2012年9月，《中國文哲研究集刊》，台北：中央研究院中國文哲研究所，第41期，頁79-107。

第八章〈世界公民的倫理共存〉，出自：2014年7月，《全球與本土之間的哲學探索：劉述先先生八秩壽慶論文集》（鄭宗義、林月惠主編），台北：臺灣學生書局，頁629-667。

導論

　　哲學思考總是期望觸及根本的問題，而這些問題與所有人都相關，儘管解答不同，思考方向也不同，但嘗試面對這些共通的問題則是哲學家未表明的默契，只要是哲學家也都自許能夠深入思考人類共通的問題。從這一角度來說，哲學似乎有一種天生的普遍主義傾向。另一方面，哲學語言深深嵌入各種語言、文化、歷史的脈絡中，即使普遍主義式的觀點仍不能忽略語言表達所受限的意義脈絡，況且，思想者本身的性情也為普遍問題的設問及回答染上了特殊性的色彩。一種觀點、一種設想方式、一種解釋框架都不能脫離思想實驗的意味，不論是西方哲學史或中國哲學史、世界哲學史也都是由這種種不同的解釋框架所形成的思想實驗所構成。不過，一旦我們提到思想者的性情時，無疑也將染上思想者的生命體驗，帶入他在具體時間歷程中的個人感受。

　　如何定位唐君毅（1909-1978）？在各種明顯的標籤（當代新儒家、當代中國哲學家、流亡香港的中國學者、新亞書院創辦人之一）之餘，是否有還有別的身分？

　　將他看作文化保守主義的堡壘，或是中國現代性在離散狀態下的傷痕，或是一個哲學綜合的體系鑄造者、一個文化接觸的典

型，或一個哲學的判教者（乃至自我批判）？事實上，這一清單可以繼續往下列，但未必足以囊括唐君毅這一個個人的身分。但正因為這一種複雜性以及多重性，使得今日的解讀有新的可能性。然而，唐君毅的著作相當龐大，臺灣學生書局編成的《唐君毅全集》中的著作部分就有二十八冊，將近千萬字。這麼龐大的思想遺產，勢必無法一言以蔽之，任何陳述必定是掛一漏萬。在疏漏幾乎是無可避免的情況下，思考唐君毅的思想遺產時，已經不再是界定他是什麼樣身分的人，而是要考慮如何看待這份思想遺產？

本書標題《感通與迴盪：唐君毅哲學論探》，其實核心論題是唐君毅的感通概念。選擇「感通」為核心概念，考慮到它是一個傳統詞彙，唐君毅有意識地取用此一概念連結上傳統思想資源，但又賦予它一些新的理解，帶入新的不同脈絡。事實上，不僅僅唐君毅如此，牟宗三（1909-1995）也有意識地使用「感通」這一詞彙來陳述他對儒家學問的理解。這種共通性可以推到唐、牟兩人都深受懷海德（Alfred North Whitehead, 1861-1947）歷程哲學的影響，而感通的動態性相當能夠對應到歷程性的要求。動態歷程中的時間性與歷史性，一方面符合中國哲學「易」（經、傳）重視時與位的思想傳統，另一方面也能夠結合歷史與文化的思想特色，不受限在自然的層面上。感通，作為一個組合語彙，並非沒有歧義；即使單詞的「感」或「通」究竟應該如何解，恐怕一時之間也不容易得到確定解答。不過，我選擇以「感通」為核心概念，除了有來自唐君毅、牟宗三本人使用的文本根據外，更擴大地思考一種當代感通論的可能。這種感通論已經有唐君毅、牟宗三發出先聲，甚至有某種定調，從當代的哲學模式來思考還是有足以開創成論的可能。本書嘗試的方式是從批判論與觀

念論的傳統略微挪移，結合著20世紀發展出的現象學來審視感通論。因此，本書雖然拈出感通論作為探究唐君毅哲學的一把鑰匙，也在必要之處，對其相關概念著墨甚深，但也努力於探測這一哲學論述的理論效果。這也是為什麼在書的標題上另外添上「迴盪」的緣故。

迴盪，既是拉開了距離，此即觀點挪移所產生的距離，也是時間的差異，重新安置在當代的思想氛圍中來回應。迴盪，也有一個來自音響上的效果，不是追求同聲相應，但是在異音變調中尋求一種呼應的可能，也試著重新調音，探索創造新調性的樣貌。在迴盪中的是能揣摩韻味的餘音，卻不是哀嘆故去的殘響。唐君毅深刻地分析了性情形上學中的餘情，也屢屢在謙德中點出賓主之道有迴環空間，有空間便有餘地。迴盪，乃是在這種餘音、餘情、餘地中來回。在當代思想的衝擊下，略微挪移位置、變換不同的視角，也可以產生出不同的設問方式，探索不同聲音中的對話可能。引申來說，「迴盪」既是一個本於舊說即有的概念，也是探索不同思想經驗的嘗試，本書的許多議題便是在這些相互激盪中所拋出的討論。

點出一種身處人間世的幽微心聲，懷抱著立身於世的孤願，呈現著人間與世界的雙重複雜情境。這樣就不是以一種理想主義的心願看待感通，以應然態度看待感通；相對地，感通可說是一個事實，但更面對著各種複雜龐大的現實。現實感是對於感通論的巨大考驗。無可諱言，這樣的現實感很能夠在政治經濟學的角度上得到印證，即使未必能夠一一回應，卻必須浮現在視野中。從現實感得來的迴盪效果，也反映在政治思考上，這是我們所存活時所面對的當代情境。現代性的效果豈不就迴盪在哲學家的哲學論述上嗎？受制於政治經濟框架、歷史條件、時代變遷，也就

是現實的感通論所無法逃避的限制。

　　以感通論來稱呼，呈現的是一條從傳統說法貫串到當代發揮的線索，唐君毅的概念運用提供了這一座概念連通的橋梁，也進而可以啟發後學者從外來的概念資源找到可以接續的點。

　　「感通」是一個傳統詞彙，從「感而遂通」一語而來，《周易・繫辭傳》：「易，無思也，無為也，寂然不動，感而遂通天下之故，非天下之至神，其孰能與於此？」[1]〈繫辭傳〉原來的脈絡以卦的內容包含「卦辭、卦變、卦象、卦占」四項稱為聖人之道，這就顯示出易本身複雜的結構性，根據內在結構蘊含的可變性，產生出對卜筮行為的詮釋，藉以構想一種事件的草樣。「感通」鑲嵌在此一種對易的運用與冥想上，從「寂然不動，感而遂通天下」來陳述易道體現大化流行的奇妙效果，很容易讓人從巫術或神祕主義的路數來解釋卜筮的妙用，於是有「深、幾、神」在「通天下之志、成天下之務」上的效果描寫。表面上的悖論出現在「不動」與「通」的對立上，但熟悉易卦運作的人會指出其中「參伍以變，錯綜其數；通其變，遂成天地之文；極其數，遂定天下之象」，關鍵在於「變」。真正的悖論在於如何理解變化。感通也就屬於一種面對變化動態的理解方式，就概念內容來說，「感而遂通天下」意味著以感為根據，以通為後果，或者說，以感為核心，以通天下為擴大的效果，這就是意味著「通」預設了「感」。然而，「感通」即使蘊含著兩種概念的組合，卻必須當作一組概念來看待，感通脫離了卜筮的原始脈絡時，有其存有論上描述事件動態的意義。

1　〔唐〕孔穎達，《周易正義》，卷七，頁154。

　　感通的概念與感應的概念相關聯，《周易》咸卦的象傳指出：「咸，感也。柔上而剛下，二氣感應以相與」，就以「感」來當作「咸」的核心動態。孔穎達的《五經正義》注解說明這種二氣感應的結構，與卦爻的位密切相關，他以上卦與下卦的位置關係來作解：

　　　　艮剛而兌柔，若剛自在上、柔自在下，則不相交感，無由得通。今兌柔在上而艮剛在下，是二氣感應以相授與，所以為咸亨也。[2]

卦象以艮（山）兌（澤）為上下兩卦的組成，但艮與兌各三爻的構造恰好剛柔相錯，因此，直接地產生剛柔或陰陽鼓盪的對應關係。孔穎達的註就說明了上下兩卦之間的結構關係，進而，依據此結構理解陰陽二氣的感應關係。語詞上「不相交感，無由得通」一句，可以立刻見到「感」與「通」有一先後的條件關係，但也可以辨別出「感應」與「感通」兩個概念在此一注疏中有交錯的使用。「感而遂通」是正面表述，「不相交感，無由得通」是負面表述。「柔上而剛下」是交感的結構根據，反之，若是「剛上而柔下」則是不相交感；因此，即使是用剛柔二氣感應來說明，卻不能有任意性。動態結構與位（場所）的條件限制，可以從這一解釋看出它的重要性。即便易卦的產生是根據卜筮的程序，但呈現出某一個特定的卦象時，這一卦象就呈現出它的特定條件，這種特定條件就決定了卦象與卦辭的限制，也構成對某一事件的結構描述。倘若可以從這種交相感應的條件來思考，那

2　〔唐〕孔穎達，《周易正義》，卷四，頁82。

麼，即便卦象要解釋的是婚媾行為，取象的原則卻必須注意到能夠產生交互感應的結構（包含場所、進程）。更進一步的推想，則是從婚媾與生育的關係，向外推到天地化生的作用。

〈咸・彖傳〉的「是以亨利貞，取女吉也。天地感而萬物化生」以及「聖人感人心而天下和平，觀其所感，而天地萬物之情可見矣」，顯示了兩種層次：一個是「天地感」，另一個是「聖人感人心」。第一個層次是，以婚媾的「咸、感」作為普遍的基本原則，建立起生化的共同類比關係，因此，剛柔二氣，也可以從男女推到天地。第二個層次則是回轉到人類的原則，「感人心」與「情」則是這種普遍交感的內容。在感應與感通的過程中，「化生」與「情」這兩個層次被含括進來。然而，生化的類比反映出的是變化的動態歷程以及交互關係的呈現。

以本經的咸卦為本，經的六爻呈現出「感（咸）」的進程：「初六，咸其拇」，「六二，咸其腓」，「九三，咸其股」，「九五，咸其脢」，「上六，咸其輔頰舌」[3]。這一進程顯示「感」的觸摸模式，一路從腳拇趾、足肚（腓）、足股，到背、臉頰。藉由這一有身體部位的差異，顯示出觸摸過程的動態，象徵著感的程度不同。此一觸摸模式所達到的狀況即是「通」，但動作本身是中性的，可以是正面的或負面的，顯現在卦辭就有「凶，居吉」、「往吝」、「貞吉，悔亡」的分別，對應到爻位所暗示的行動考慮。感的程度不同以就反映出通的程度不同，並非有感即通，也並非有通皆吉。《周易》咸卦的原始智慧提供了感通論的動態原則，以不同的位所成立的感就代表了不同的事件狀態。在一特定事件狀態的時、位上，行動者的吉凶是對感通中的交互關係進行描述。

3　同前註。

卦辭以判斷的形態展現，但顯露的是對事件狀態的理解。

　　「咸」卦展現出感通的基本動態結構，涉及到兩層次說明了事件與行動的基本框架。這樣的存有論動態連結了宇宙性的事件性（「天地感」）以及心理性的行動者意向（「感人心」）。身體所感涉及宇宙性的層次，而意向的行動舉止反映為對於行為者的吉凶判斷。

　　唐君毅的論點便繼承著這兩個層次，並進而充實。感通的結構放在心與境的互動關係中，而性情之教則是由感通的動態所建立起來的實質內容。但是，唐君毅的感通論並不只繼承《周易》，也包含著於佛學的對話。心、境的用語就是一個例子，不僅於此，感通有優於「心的變現」，也通於境的真實與虛妄，這都是面對佛學而有的擴充。歸納唐君毅有關於心與境的感通，有六個特點值得注意：（1）體用關係：心靈是體，感通是用；（2）心靈的多義性：感通的心靈不只是認識心，還包含情感心、意志心等等；（3）感通的自由：感通不是「心的變現」，心並不停留在特定的境上，能夠穿越不同的境，取得心靈的自由與自主；（4）感通的否定性：心和境的感通，同時貫穿在真與妄之中，必須要去妄、存真，這一感通的活動始終接受著否定性的考驗；（5）感通的反身性：心既與他心、外境感通，也有自我感通，如此在感通中才能夠轉向真實；（6）感通的實在性：感通以實踐為優先，動態結構雖然採心／境交感的觀念論結構，但後果是實在的。

　　從唐君毅所繼承的周易與佛學的雙重思想資源來看，感通所仰賴的根據如果是一個心靈的話，那麼，這個心靈同時就必須面對它內部的他異性。心靈的他異性展現在心與境的分立上，境若與心相對，表現的是心的外化或異化，這樣才不致使此一心靈落

入獨我論的虛妄封閉中。但是，境所成就的，也並非一成永成的，相反地，時時都隨著心靈的流轉的改變。不單單境相對於心是有差異的，心靈的不同狀態與境界的不同狀態都受到此一差異所貫串；幾乎可以說是在永恆流轉之中。這樣的流轉乃是感通的動態，若依照九境的配置來回溯其展現模式，則可以發現到由感通發動的動態歷程是鑲嵌在一個結構內。配合著心靈的「觀」，感通的結構表現在橫觀、縱觀、順觀這三種方向上，這樣的三元性顯然是來自易經卦爻三畫與三才的思考。不過，唐君毅也用來重解孔子的「仁」概念，用三向的動態來凸顯出仁的動態與豐富層次。

感通的結構，發揮孔學的仁道精神，包含著三個層面：自我與他人、自我自己內、自我與天地（超越者）。在這樣的三重層面、三個方向中，充分顯示出一種蘊含著內在差異的倫理思考。仁的精神透過感通的結構與動態，表現的就不再是趨同的一體化作用，而是來回在差異中、保存差異、重新配置差異的活動。對唐君毅而言，感通的三方向預設著主體的存在，也就都是從主體出發，這樣的主體是以心靈為本質的，也是生命所依賴的基礎。

若從主體的存在樣態、主體的心靈表現切入，則是一種觀念論的考慮方式。唐君毅的哲學語言充分流露出這種觀念論式的思想風格。在哲學體系裡也根據這一立場發展出一套哲學方法，這是唐君毅主張的超越反省法，核心則是理性自我。唐君毅的語言論述深具黑格爾（Georg Wilhelm Friedrich Hegel, 1770-1831）絕對觀念論的色彩，辯證法的運用極為純熟、甚至繁複，也常常意識到理性的界限；固然，他並未直接運用「理性的狡獪」（List der Vernunft）這類的表述來逼顯理性界限的否定性意涵，不過，讀者總是能夠在他層層的逼問下，理解到否定作用的主導。即使

如此，唐君毅卻是回到理性的底線上，對理性的使用深具信心，充分顯示出接近康德的立場。本書承認這種主體性的運用，但更強調這種主體性概念被運用的脈絡。

在這種觀察角度下，主體性究竟是在哪些場所關係下被運用就呈現出一定的重要性。主體在發揮功能時，不僅僅基於主體性而能夠證成它自己的合理性、有效性，同時，主體性也是界定出關係的一個核心概念。關係範疇，在主體性中有不可取消的重要性。但是在關係範疇中，場所關係是主體種種表現特徵的基本框架，沒有場所關係，主體的實在性將只是化為純然觀念的。

觀的三向，或是仁道感通的三層結構，也都是可以從場所的角度來理解。在主體性中的自我關係、人我關係、天人關係便是按照方向的配置來規定的。單純的主體／對象（客體）關係只是一種雙軸心的關係，卻不能涵蓋這種方向性的差異。方向的差異並非全然取決於主體的自由設定，這樣將使得方向只是恣意的；這就如同恣意的自由不同於具必然性的自由。方向也不是屬於對象（客體）的，或是由主體所遭遇的客體所設下的障礙。感通的結構特徵是在場所論的線索指引下被考慮，但另一方面，感通的動態歷程在本書中也則多採用現象學的眼光來考察。

在自我感通、他人與我之間的感通、天人感通這三種層次上，各自顯示出不同的方向或場所關係。唐君毅注重的次序也有所啟示，並非以自我感通為第一序，而是以他人感通為感通程序中發生歷程的第一序，再後續有自我感通的發生。這種思考顯示出，自我感通有一種回返的歷程，而且並不是在完成自我感通後才推擴地進入他人與自我的感通。強調此一回返的歷程，在於抉發出一種不以自我凌駕他人的態度，不將他人視為我推擴的後果。

　　他人與我的感通中，既不能夠是由我的主體所全權操控，也不是捨己從人，拋棄了我自己的存在。但是，他人的現身確實是不可取代的、無可抹滅的。但這種不被化約、無法取代、不被抹滅的他人卻是與我有一種平等關係。在這樣的感通關係中，他人、他者的主體性必須被承認。不論是康德或黑格爾的脈絡，交互範疇中所設想的主體似乎是一樣的主體，他人具有跟我相同的主體性。在黑格爾《精神現象學》中，「承認」雖然是自我意識的根本環節，但卻從另一個他人的自我意識出發[4]，開始了主奴辯證。主奴辯證的開端起於從兩個具自我意識的個體之間產生的生死鬥爭，最後造成了主人與奴隸的不平等。這樣的結果是從平等的兩主體轉為不平等的關係。但是，從胡塞爾（Edmund Husserl, 1859-1938）現象學的交互主體性來看，並不僅只是各自被承認的主體成為兩造，相對地，還有一種由兩者所構成的共通主體性，這是形成共同體的一種契機。在先驗主體性的意義構成上，共同體所含括的他人則是根據「結為共同體的─構成的意向性」（vergemeinschaftet-konstituierende Intenionalität）[5]，能夠「結為共同體」（vergemienschaften），才是交互主體性的核心原則。但是，這樣的交互主體性一方面取決於胡塞爾建立在類比統覺上的附現（Appräsentation），另一方面也有一源自於自然的共通身體基礎。從自然的共通性（Gemeinsamkeit der Natur）[6]上升到以人類為組成的社會共同體，則是一連串透過身體彼此互動交織、到社會行動

4　Georg Wilhelm Friedrich Hegel, *Phänomenologie des Geistes*（Hamburg: Felix Meiner, 1952），hrsg. Johannes Hoffmeister, B-IV-A, p. 141.

5　Edmund Husserl, *Cartesianische Meditationen, Hua I*（Haag: Martinus Nijhoff, 1973），hrsg. Stephan Strasser, p. 137.（=*CM, Hua I*）

6　Husserl, *CM, Hua I*, p. 149.

有彼此的意義掌握的種種與他人的關係所形成的網絡。但是，對
列維納斯（Emmanuel Levinas, 1906-1995）而言，他人與我的共
在，並非是均衡平等的，由先驗主體性或交互主體性所構成的共
同體仍舊是回到一個主體的我身上，但是，這時的他人卻對這一
個（先驗的、構成性的）我沒有決定性。列維納斯反過來認為，
他人與主體我不是對稱的，自我必須將他人視為自己的有限性的
缺口。可以說列維納斯在胡塞爾所論的交互主體性或海德格
（Martin Heidegger, 1889-1976）所論的共在（Mitsein）這種基礎
上，加重了他者的無比重要性。列維納斯甚至還指出他人中女性
與家的聯繫，作為一種親密性的基礎[7]；這一點為《易經》感通概
念中的婚媾關係或夫婦之道的感通提供一種對照的註腳。唐君毅
所論他人與自我的感通在這一對比脈絡中，確實也可進而得到一
些補充。

　　事實上，在這一層次的感通關係中，共同體的思考有得以延
伸的機會。從仁出發，不限於個人身上，也必須發展到群體的組
成，這就是共同體的考量。此一方向的開展則是政治思考的場
域。在黑格爾的《精神現象學》中，與他人的相互承認原就是政
治領域與主體性開展的一個契機，但是產生共同體的行動卻是屬
於實體（Substanz）介入主體性中才有的，其結果為倫理性
（Sittlichkeit）[8]。這一社會範疇的產生與討論，在本書中顯得疏略，
反而更傾向偏離為政治行動的意義，以及世界公民的立場來考慮。

　　在自我感通中，顯示出一種內在性。內在性的場所意義源自

7　Emmanuel Levinas, *Totalié et infini*（La Haye: Martinus Nijhoff, 1980）, p. 128.

8　Hegel, *Phänomenologie des Geistes*, C-BB-VI-A, p. 317.

感通的動態，藉由自我關係，我與我自己拉開距離，也製造出內部空間。內在性不是預先存在的，也不是由於主體存在就立刻有了內在性，必須等到主體的我跟他自己產生了差異、質疑了同一性，才產生出距離，但也才「發現」了內在性。越是發現自己有可能被不同於自己的東西所同化，也才越有可能發現有內在性的必要。這種內在性可以從米歇・昂希（Michel Henry, 1922-2002）的現象學思考得到進一步的闡述。按照昂希的看法，主體的特徵來自他的自我感觸（auto-affection），是「主體在他自己中的抵臨（parvenir）[9]」；如果粗糙地採用「感觸」（affection）與「感通」為相近的概念，那麼，自我感觸或許可以就讀為自我感通。不過，昂希的分析連結到時間的內在性上，而非場所論的分析上，儘管，更深入解析時或許也能夠發現到場所論的痕跡。在時間性上，主體的接受性使得過去、現在、未來的「視域」（horizon）得以展開，經由時間，各種現象才得以顯現。「視域」採用的是地平線一般的場所隱喻，時間各個環節的接合是融合在此一讓現象、事物、對象浮現的內在地平線上。這種受到自己的感觸則是以原初的接受性（自己接受自己[10]）為原則。雖然昂希有此種內在性的主張，但他強調接受性、被動性的優先，卻與唐君毅的理性觀念論所強調的主動性、自主性恰好相反。兩者對內在性的看法如此南轅北轍，能夠混為一談嗎？確實不能，但也不排除在對峙中尋求融通之道的可能。關鍵或許在於生命的概念。

　　昂希的內在性概念與感性、情感是密切相關的，但這一內在性卻是生命顯現的方式。因此，主體的內在性是內在於生命的，

9　Michel Henry, *De la subjectivité* (Paris: PUF, 2003), p. 52.

10　Michel Henry, *L'essence de la manifestation* (Paris: PUF, 1990), p. 280.

同時，也是以內在性來彰顯生命的本質。對於昂希來說，他也不願意捨棄靈魂的概念。同樣地，唐君毅將心靈等同於生命，也是以生命的內在性為基本思路。事實上，斯賓諾莎的內在性概念雖然是以萬物內在於神之中，但他所分析的「奮力」（conatus）概念極可理解為一種生命力，因為「每個事物，就它在其自身中，奮力於在其存有中堅持著」[11]（《倫理學》，第三部，命題6）。每個個別事物都奮力於堅毅保持著其存有，也就是不讓自己消滅；這樣的情況，在一般無生命的事物上表現為一種慣性，但在生命體上則是堅韌的生命力表現。即使到柏格森的《創造進化論》也都抱持著一種生命創造的看法，每個事物自成一個小綿延，一切的小綿延都在大綿延之中，而大綿延則是宇宙性生命的創造[12]。宇宙本身囊括了一個巨大的生命力，演化的力量內在於生命體中，但在此種內在性中又有高度的分化與複雜，開展出一種多樣性的面貌。即使以內在綿延（記憶）為核心的個人心靈也保存這樣的多樣性，喚醒對於過去發生事件（人事時地物）的記憶，也就未嘗不是透過內在性，產生自己與自己的感通。

內在性開啟了生命自我展現、自我把握的契機。自己為何要與自己感通？無非是確認自己的生命性，親身體證到活生生的生

---

11 Baruch Spinoza, *Éthique*（Paris: Garnier Flammarion, 1965), tr. Charles Appuhn, p. 142. Cf., Spinoza, Éthique（Paris: Seuil, 1988), texte original et traduction nouvelle par Bernard Pautrat, pp. 216-217. 我的理解參照拉丁文原句（Unaquaeque res, quantum in se est, in suo esse perseverare conatur）以及兩本法譯而成。現有中文翻譯可另參考賀麟譯本：「每一個自在的事物莫不努力保持其存在」，見斯賓諾莎，《倫理學》，收於賀麟譯，《斯賓諾莎文集》第四卷（北京：商務印書館，2014），頁104。

12 Henri Bergson, *L'évolution créatrice*（Paris: PUF, 2008), p. 11; *Œuvres*（Paris: PUF, 1959), textes annotés par André Robinet, p. 503.

命在自己身上流露。程明道謂「心在腔子裡」或批評「麻痺不仁」時，是從正反兩面來指證這一生命性的具體歷程。唐君毅的感通論也繼承著這一儒學傳統。

　　在天人感通的關係中，超越性得到高度的重視，這也是宗教層次的開展。超越的意義不是從對象超越主體的角度來被理解，而是從一更深刻的主體性根據來看。如果定立在能夠構成意義的先驗主體性上，那麼，這種意義根源的主體似乎自己能夠為自己奠基，但實際上，肉身的主體也預設了一種共通性的自然作為其基底。個體的存在則是以有限性為基本特徵，海德格便試圖將康德的有限性命題轉置為一種源自「此有」（Dasein）的超越。但海德格所企圖揭示的超越，是扣緊在出竅式的存在（Ek-sistenz, Existenz）而展布在時間化運動上，在掙脫主體性框架的理路上，則是強調存有論的必要性；這樣的超越是與存有的遮蔽或彰顯相關。唐君毅的理路則是觀念論的形上學，並不貼近基本存有論的「超越」概念，甚至無法脫離海德格批判的存有神學。然而，唐君毅仍有其一貫的主體性形上學立場。這種立場用來解釋「祭神如神在」的禮儀精神，就不落在神格的實體性上，而是以主體賦予意義的神性來看待。唐君毅的特殊性在於指出，迎納神格降臨的主體特徵，這種主體不是以投射的方式虛構出神性的位格，相反地，而是先在主體所占的位置上退讓出一種能承接神性的姿態。退讓的態度，在基督教神學傳統中，可以回溯到神聖的主體性有一種「掏空」（kenosis）的特質，使得創造的動作以及世界中種種受造物得以出現。在唐君毅的論述中，則是以敬畏、恭敬的態度來表示這種主體的退讓，事實上，也與宗教的原意「矜持」、「顧忌」（religio）遙相呼應。敬畏或退讓，並不是製造

出一個無以跨越的鴻溝，而後以膜拜的行為推遠神性的存在；相反地，基於敬畏、恭敬的退讓是為了承接神性的來臨，這又是religio被解釋為「聯繫」的另一意義脈絡。唐君毅用「天命」來概括這種神聖性的來臨，承受天命，乃是人與天的感通，既有敬畏中的退讓、也有承命的聯繫。感通賦予了「祭如在」一種獨特的意義。「如在」，既非真正的存在，也並非實然的存在，只是以「如」的方式產生一種存在的內部差異；唐君毅以「純在」來取代鬼神、死者，同樣也觸及了現象學的基本樣態。「如在」、「純在」都不同於具體的存在，但猶然有一種時間性的展布以及顯現的要求，但這就不是以可見的方式落入實際的時間中。死者有一個具體的死亡時刻，一旦過了那一時刻，就變成不可見者、不可碰觸者。可是對死者的追念、祭祀卻又要穿越這一層時間的障礙，才有可能說是一種感通。以「如在」的方式顯現，使得一種既在時間內、又在時間外的弔詭模態被體會到。關於神聖者或天命的承接也是如此，以無限者的狀態為基本條件，不可見者、不可觸者既是無限的遙遠，卻又要求帶著有限性記號的承接者盡可能地接近，才得以承接。這樣的動態便是感通歷程本身所遭遇、體現的。祭禮呈現生者與死者之間的感通，但恐怕不是死者與死者之間的感通，這也觸及到生死的界限。感通也在界限上運作，但無論如何，感通多半回到生者身上，通過面對死者，彷彿觸及到死亡，但真正的意義是回到生命本身。即使觸及到生命的界限，但透過感通，反而擴大了這一個界限所能帶出的意義。

顧忌，是面對消逝者的態度，也是面對根源的間隔。在天人感通中，這一層次的感通蘊含了可見與不可見、有限與無限、界限內與界限外、被創造與創造之間的感通關係。「天」這一語詞概括了「天地」，以生命來連結，天地的化生乃是大自然的創造

行動。此種創造有實際的生命化成，也有價值根源所賦予的創造。當天人感通蘊含著一種價值創造的可能時，此一感通是與價值根源的感通，重新使得價值奠基的活動產生效果。但若創造指向新生命的繼起，或是指新的生動關係的成立，天人感通或許也可以擴展到人與自然、人與環境的感通，境的成立可以導向一種風景的思考，不過，這一角度並非本書特別注意的，將留待別的機會來討論。

不論自然、宇宙或天地，其實，天人感通也是在逼近一種極不對稱的關係，探究其中傾聽、呼應、交互作用的可能性，以生命為核心來連結──共通的生命、生命的內在性、生命的界限──，涉及到的是生命體的位置。要探究生命在宇宙中的地位與意義，往往必須超越了個體，而從一整個物種的角度來重新考慮其中的意義，這也就是意義位置的某種挪動。這種立場就與世界公民的共同體有相呼應處。

綜合來看，感通的結構有三向的動態表現，表示的是感通隨著場所的條件而作用。抵臨、降臨、承接、遙遠與接近，乃至於天的垂直向度，也都可說是場所論的詞彙。這三種方向彼此無法任意取代，卻仍然有相互呼應的關聯。以感通的動態為核心，關注的不是隔絕、斷離，而是連結；但是，連結的可能性卻不能不時時注意到各種隔絕、斷離的威脅。傾聽的威脅是聽而不聞，承接的困難在於難以抵臨。每一個連結的可能都是在製造新的連結機會，而不是在重複過去既存的連結紀錄。連結經驗的可貴，在於重新體驗此種被製造出的連結。這就是在場所論中插入一種時間性的向度。

對作者來說，感通論的時間性不只表現在生命活化中的每一

個時刻、每一個現前。具體來說，卻是一種歷史連結的可能，本書關心的興趣則是鑲嵌在現代性中。這種現代性既表現在唐君毅這位當代哲學家所遭遇的當代歷史命運，這一歷史有諸多斷裂，不是單調的連續性。正因為有許多的斷裂，現代性的概念促使一個讀者必須重新思考跨越地域的歷史性。活生生的個人或群體就被具體歷史的諸多斷裂與轉折所驅迫，無法只從單一的地域來看待問題。這種跨地域的情境，呼喚著當代東亞的歷史糾結，甚至概括進了一種世界的面貌。現代性並非只是西方的產物，也並非只有中國蒙受其後果；將眼光放到不同的脈絡下，會發現一些問題的共同性，也會發現回應模式的差異。感通論作為一種哲學模式，是唐君毅以哲學洞見所提出的回應。在唐君毅時時帶著情感的筆下，卻不能夠忽略他的洞見也是一種心願，要呼喚一種重新連結的可能：與傳統的連結、與價值根源的連結、與生活土地的連結。他的呼喚確實帶著諸多磨難和曲折。但感通論也可以被當作不同哲學模式中的一種。因此，前述的各種連結就不再只能是放在中國文化的範圍內，才有意義；在斷裂或曲折中所表述出的連結，往往更是糾結著不同連結脈絡的可能。如此看來，感通論的哲學模式與其他哲學模式面對現代性的方式是否不同？至少，用不同的哲學語言來看時，或許能夠更新了感通論本身的哲學意涵。這正是本書的一種嘗試，在探究唐君毅的感通論論述時，加入了一些當代哲學討論的眼光。無疑地，異質性必定會挪移了重點，但或許重新更動了理論評估的位置有可能呈現出另一番面貌，扭曲的風險難以避免，這是筆者必須承擔的。

　　陳述感通論的概念結構後，以下略述本書的組成方式。

　　本書共分八章，章節的安排多半依照書寫的時間次序，但也

符合一種連貫的方法角度。

　　第一、二兩章導入倫理學的場所論解讀，在具體層次上指涉到哲學家（唐君毅、勞思光、巴修拉、列維納斯）具體的個人經歷，戰爭的陰影籠罩著；在象徵層次上涉及意象的運用，張開抽象概念與具體意象之間的情思交錯；在抽象層次上，則是普遍倫理意識的論述。在責任意識上，點出召喚與回應的互動結構，符合著感通的基調。第三、四章可謂感通論的本論，著力於解析唐君毅感通概念的來源、使用，三元性的關係貫串著九境的構造。唐君毅對孔子仁道的詮釋也正顯示出，他立足於儒家精神來談感通的基本立場。合而觀之，前四章是感通論的核心論述，從具體情境切入逐漸導入抽象概念，但更由具體與象徵的語言使用，理解到倫理思考的嚴肅態度與豐富內容。

　　第五章到第八章可視為後編，將討論重心放到宗教、政治的場域來看，現代性在當代反思上的回響則是後四章整體的主軸。唐君毅與西谷啟治的對照是以東亞現代性為參照，在感通論上則是凸顯出哲學與宗教之間的張力，這一初步探索是以新儒家與京都學派的哲學對話為遙遠的背景。政治哲學的研究則帶入較多的批判觀點，然而，文化領域與政治領域的對峙，卻也正是一種哲學的抵抗，過度以政治性來籠罩或取代文化性，將無法讓哲學概念成為一種批判政治權力的武器。在尋求人類共同生活的政治要求中，卻也必須保留著文化的自主，藉以與實際政治保持著一種有張力的距離，這是唐君毅政治哲學思考的一種特徵，其當代意義已經跨出了國族的限制。因此，最後兩章特別集中地揭示一種世界公民主義的角度，在本土、地方、國族、主權的政治概念網絡中，添上「世界」這一概念環節，其目的並非素樸地取消國家界限、也非否認國家的必要性，但卻必須將倫理思考放大到整個

人類物種上來考慮。以當代的實情來看，氣候、戰爭、自然環境、生存資源、勞動與資本流通、科技知識的創新累積都早已經跨越了國家邊境，成為諸多國家所必須共同面對的問題，但卻不能停留在國家或國族架構內來考慮問題。在此情況下，唐君毅後一世代的劉述先積極參與全球倫理的對話，乃是一種積極回應的態度，這似乎也可以視為感通論召喚的良證。

　　以下分述各章要旨。

　　第一章〈飄零乎？安居乎？——土地意象與責任意識〉的出發點在於探索當代哲學家唐君毅、勞思光所運用的土地意象，藉以與法國哲學家巴修拉、列維納斯作對比。原始脈絡是將土地意象當作是倫理意象的一環，並且從這種倫理意象所引申出的責任意識，來點出倫理學如何使用概念與隱喻以進行活潑的論述。在取材上，本文分析了唐君毅的「花果飄零」與「靈根自植」、勞思光的哲學論述（「德性主體」說）與部分詩作（「飄零難屈我」、「隨處江湖可泊船」等詩句），從這些文獻中理出主體與場所的關係，責任意識所蘊含的主體性，鑲嵌在場所感中，但是也在場所的進入、出離、適應等不同的動態關係中，看到責任意識如何在倫理呼喚中成形與被堅持。在比較的層面上，本文則從巴修拉的土地意象切入，談勞作意志與安居意志的使用，也闡述列維納斯對流放、棲留的看法，列維納斯深刻地闡明我對他人的責任，這種說法也能呼應中國哲學的責任意識。巴修拉的詩學點出美學與倫理的動態緊密關係，而列維納斯敏感地描述責任意識的緊張，在面對他人時的不安，但透過他人對我的迎納以及「我在這裡」的應允，他將重任的承擔解釋為對他人臉孔（作為「召喚」）的回應。

　　第二章〈主體之位：唐君毅與列維納斯的倫理學思考〉集中

在比較的視野，透過主體不可取消的位置，提出主體不可推卸的責任。內在的理路則是主體性與場所在形上學與倫理學上交織的關係。本文也從唐君毅與列維納斯兩位有關他人存在的論述，剖析他人如何構成倫理責任的開端。唐君毅論主體性有獨特之處，他不僅從主宰的意義解釋，也以主賓之間的迎納、款待來解釋，在自己與他人之間有感通，這種主體性在結構上包含他人，也因此有可與列維納斯倫理學比較之處。

第三章〈境界感通論：一個場所論的線索〉以唐君毅晚年的心靈九境為切入點，從場所論的解讀來看境界翻升、排比的當代判教。以境界感通論為標題，分析了貫串心靈九境的動態歷程，指出此歷程是以感通為動態原則。感通原則取代知識論的主、客觀對立，而著重在呼應（主人與賓客、呼喚與回應）的關係上。本章回顧唐君毅晚年的思想大成，將感通原則與境界轉置於場所論角度來考慮，試著賦予新意；內文概分為三節，分別從性情之教、感通的動態形上學、精神空間與場所意識來分析唐君毅的境界感通論如何成立。

第四章〈仁道詮釋：感通論與德性工夫〉根據唐君毅的感通原則來考察他對孔子仁道的詮釋。本文略作早期唐君毅使用「感通」一詞的脈絡探析，但討論重點在於唐君毅以感通來理解仁的獨特思考。仁作為儒家價值的原始根據，而唐君毅也用感通來詮解仁的此種原始倫理經驗，有其獨特意涵。本文從結構方面檢視自我關係、人我關係、人天關係中的感通作用，探索從思想到倫理行動、從義理到工夫的過程中，感通的仁如何具體化。

第五章〈哲學與宗教之間：唐君毅與西谷啟治對現代性的省思〉展開一種東亞現代性的內部對話。東亞現代性在價值體系上造成文化抉擇的挑戰，唐君毅與西谷啟治也都特別強調從宗教意

義回應此種現代性的挑戰，點出了哲學與宗教的張力。西谷啟治在海德格與尼采的影響下，將日本的現代性超克置入世界歷史的脈絡，並以克服虛無主義為目標而導入佛教的空。唐君毅則從儒家的天德立場，關注人文主義面對價值危機的回應。此章希望同時揭示當代新儒家哲學與日本京都哲學的對話可能性。

第六章〈生命、倫理與政治的交會〉分析唐君毅的政治哲學。本章延續前章所論及的西方現代性挑戰，探究唐君毅以文化意識與道德理性來為政治奠基的思考。唐君毅以理性為核心，建立了道德自律與公共領域，這一主體性哲學的立場進入了共同體中不同主體的相互承認，進而賦予政治行動一種奠基的可能。此種政治哲學的潛力就在於思考生命共同存在的共同體形式，以倫理政治的形態對比於生命政治的論述，為當代多元價值的政治生活提供一種思想資源。

第七章〈永久和平論的視野與局限〉根據唐君毅的哲學思考人類續存問題，其緣由除了源自當代具體歷史經驗外，還包含著中國現代性的轉折與傳統價值調整的要求，唐君毅對永久和平的省思也提供了吾人反省的思想資源。本章從三節來檢討唐君毅與永久和平論的關聯，第一節簡略地陳述唐君毅有關和平的論述脈絡，整理其不同作品中的討論線索；第二節探討唐君毅涉及康德《論永久和平》的基本思路，並以康德的論述為對照，比較兩者的異同；第三節回到唐君毅獨特的宗教轉向，從其對西方現代性的回應與批判，以彰顯出唐君毅希望樹立文化方向的立場。此三節的檢討標示出唐君毅對文化差異的敏銳觀察，同時指出其和平論欠缺法權論述的開展，但仍在宗教轉向上，注意到文化的公共性；此一公共性的思考仍類似於康德。唐君毅的和平論觸及了世界公民狀態的普世性，也構成思考當代中國哲學與現代性批判的

一個向度；人文世界作為公共空間或許能夠為人類共同生活的可能性提供一條思考線索。

第八章〈世界公民的倫理共存〉提供了一個首尾貫串的可能，將第七章的世界公民理念與第一章的安居意象合併考慮。除了唐君毅的論述外，也與牟宗三、劉述先對比來談，特別借助劉述先回應世界倫理的說法拉出世界公民論的倫理意涵。內文分為三節，第一節根據安居的理想，連結到當代多元文化的空間。第二節闡述感通結構如何奠立共同體的條件，連結了傳統、過去（死者）與未來（政治的開新），導入與昂希、鄂蘭的對話可能性，這也呼應了第六章的論點。第三節延續永久和平的理念（以「立千年之人極」稱呼），延伸德希達對好客原則的分析、與列維納斯對他人的迎納，歸於人極蘊含的物種共同生存。

本書基本上以唐君毅為主軸，但偶爾逸出此一軸線，雖是應時而作，但卻意在摸索出可以擴大感通論效果的道路，希望讓舊論有一豐富的新意。唐君毅承接了中國思想傳統，並結合著西方哲學概念運作而加以轉化。在唐君毅的哲學論述整體上就已經鎔鑄了各種不同的思想資源，哲學文化的交錯配置在唐君毅身上充分體現出來。在飄零的世代裡，唐君毅用「保守」為辭來面對傳統思想資源；如今，靈根自植的要求仍未過時，而思想資源作為全人類共有的文化公共財，卻還需要有更廣泛、更深入的轉化。老幹新枝、舊論新意，是早已經發生的事實；但方向是什麼、能有什麼具體成果，卻不是一時之間看得出來的。本書只是前述問題的一些嘗試，但願能夠透過前賢先哲的思想解讀，摸索出一條可行的方向。

第一章

飄零乎？安居乎？
──土地意象與責任意識

前言

　　哲學的活動是思想的表述，不同哲學家的思想過程也凝聚為學說，在形成學說的同時，也有必要理解此學說所面對的問題。一個哲學家的思想活動也就跟他所面對的問題息息相關。對於中華文化的傳統來說，哲學家或者哲人並不是一種職業，特別是在儒家傳統脈絡下，哲人與「立德」有密切的相關。根據這一個潛在的要求，哲學活動（包含如何界定哲學、如何衡量哲學研究成果等等）已經不單單是個學院職業工作而已。不過，對比之下，從柏拉圖開始，即使在西方哲學脈絡下，哲學家的角色也不是個職業身分，哲學與政治、哲學與宗教的張力始終存在著，所謂「職業哲學家」似乎應被釐清為現代學院化的產物。據此而言，哲學活動是哲學家思想過程的紀錄，也是他對某些問題的回應，甚至，哲學思想本身就是一個提問題的過程。

　　一種哲學思想本身已經帶有一種回應的結構：對於問題的回

應、對於歷史與歷史條件的回應、對於人的存在處境的回應。這
種回應的結構蘊含在責任意識中[1]。本章寫作的切入點在於思考當
代中國哲學家如何從其哲學家的身分、生命與思想回應其所身處
的歷史時代與生存處境，文中所援引的具體說法，則以唐君毅
（1909-1978）與勞思光（1927-2012）兩位先生為本。不過，本章
的目的在於以唐、勞兩位先生在「責任意識」上的基本想法為問
題出發點，思考與理解此責任意識與土地意象、場所經驗之間的
動態關聯。

　　然而，本章也以勞思光所提示的兩個基礎來思考問題，這兩
個基礎是：1）在認知功能之外，中國哲學是以引導功能見長，
在儒家哲學中則為「德性之學」[2]，亦即德性主體的成立；2）在世

---

1 從西方文字的字義上來說，英文的responsibility、法文的responsabilité、德文
　的Verantwortung都帶有「回答、回應」（response, answer, répondre,
　antworten）的意涵。在《說文解字》中：「責，求也」，段玉裁注：「引申為
　誅責、責任。」參見段玉裁，《說文解字注》（王進祥斷句，台北：漢京文
　化，1980），頁284。《說文解字》中：「任，保也」，而「保，養也」，有關
　「保」，見段玉裁注：「宣帝紀：阿保之功。臣瓚曰：阿，倚；保，養也」（段
　玉裁，《說文解字注》，頁369），而朱熹在注《論語》〈陽貨〉篇「信則人任
　焉」時，作「任，倚仗也」；引自趙順孫，《四書纂疏》，通志堂本，復性書
　院校刻（台北：新興書局，1972），頁355。除「倚仗」、「倚靠」之意義外，
　朱子也認為「任」有「承擔」之義：「任，是人靠得自家。如謂任俠者，是
　能為人擔當事也。」（朱傑人等〔編〕，《朱子語類（二）》，收於朱熹，《朱子
　全書》第十五冊〔上海：上海古籍出版社，2002〕，頁1631。）劉寶楠則引鄭
　玄「祭義鄭注：任，所擔持也。」引自劉寶楠著、高流水點校，《論語正義》
　（北京：中華書局，1990），頁397。有關「擔當」、「承當」的說法，將於下
　文中討論。若以「責」之訓為「求」來說，那麼，此種回應乃是針對「求」
　的回應。
2 勞思光，《中國哲學史》第一卷（香港：中文大學崇基學院／友聯出版社，
　1980），頁85。

界的脈絡下，思考中國哲學，此即「中國哲學世界化」的倡議。在此基礎上，哲學問題是「責任意識可以如何理解？」

在此一問題上，如果訴諸於勞思光的具體主張，則見於1962年出版的《歷史的懲罰》所論「承當精神」。將此一富含道德意義的「承當精神」置於《歷史的懲罰》的寫作脈絡中來看，此一「承當精神」原是在指承認與承當「歷史債務」，並作為面對歷史問題的一個倫理學基礎。不過，此一「歷史債務」的說法畢竟不來自一位史家的反省，而來自一位哲學家。問題的基源是：中國歷史的苦難。這一個「中國的苦難」的具體凝聚在於共產主義統治中國，因此，時至今日，如果以勞思光的角度來看，此一「中國的苦難」並未完結；北看中原神州，勞思光總是不免有「高閣華燈如此夜，不堪故國正煙塵」[3]與「眼前危幕憐巢燕，無奈楸枰局已殘」[4]的喟嘆。這一「中國歷史的苦難」呼喚著勞思光所謂的「承當精神」，只要此一苦難不終止，呼喚的聲音也仍不會消逝。

然而，面對呼喚時，必定也隱含地問：回應呼喚的是誰？承擔苦難的是誰？

根據勞思光的思路來推想，作為一個在世界中的「中國歷史的苦難」，其所呼喚的承當精神，涉及到兩種意義的「我們」，此一「我們」既涉及「共同承擔中國苦難」的「我們」，也涉及作為「德性主體」的「我們」[5]。在此一雙重意義上，「我們」同時具有特殊性也有普遍性。在特殊性方面，「我們」是一種特殊身分，概括了此身分下的共同體；在訴及「中國歷史的苦難」、「償

3　〈己酉初秋，晤伯兄於洛城，共步街衢，閒話舊事，歸成二律〉，見：勞思光，《思光詩選》（台北：東大圖書，1992），頁75。

4　〈新春即事〉之二，同前書，頁114。

5　勞思光，《歷史的懲罰》（台北：風雲時代，1993），頁298。

還歷史債務」或「收拾山河」時，此一「我們」指的是「可以也應該承當此一債務或責任的中國人」。從普遍性來說，從「德性主體」來證立「承當精神」，乃是一種普遍論述，並不特指何國何民；共同體的設想則是由諸多德性主體集合成立的一種共同體。一般地說，一種「歷史債務的承當與償還」乃是個別歷史脈絡下會發生、應該認識的一般命題。若涉及到誰的歷史時，就往往是國族的歷史；歷史債務也就是國族的歷史債務。不過，勞思光也將國族歷史債務的承擔連結到德性主體的責任承擔。他所設想的是，中國哲學能善自發揚源自「德性之學」的傳統，他將此一「德性我」的價值意識提升到具有普遍性的意味；一旦此普遍性成立，歷史債務問題或許未必只成為「中國人」的歷史承當、政治身分與文化認同問題。

正因為此一與「責任意識」相關的概念不必局限於當代中國哲學、只作為一個特定的區域性問題，故而，本章也嘗試在說明與理解此一責任意識的結構時，加入一個比較的線索，將「責任意識」放在世界哲學的角度下來考慮。問題意識是在責任與價值呼喚的層面上。

一、飄零中的絕望與希望

整個20世紀歷經了戰爭經驗的共同記憶，此一記憶隨著兩次大戰、殖民地獨立戰爭等歷史而銘刻。當代中國承接了19世紀鴉片戰爭的記憶，在建立民主共和國之後，仍然活在戰爭的陰影中，除了太平洋戰爭外，也有內戰的歷史陰影。當代華人的重大遷徙痕跡，與此一歷史條件有密切關係。作為不同世代的哲學家唐君毅、勞思光先生以及其他當代哲學家都共同地被此一歷史痕

跡所刻畫。在國共內戰結束後，中國由共產黨統治的情況，造成了一個巨大的遷徙，此一遷徙則是烙印在離散的記憶上。

此種「離散」的烙印，有著各種不同的稱呼與表述，勞思光在行文中明顯意識到「海外華人」或「海外中國人」的身分。這種表述在表面上並不是情感洋溢的，誠如詩句中指出：「生平不灑新亭淚，喜對吳鉤伴夜吟。」[6]如果說勞思光有鄉愁的話，那並不是偏安江左、新亭對泣般的鄉愁；相反地，所繫念的是思慮「舊邦」（中國）的路向，這是「醉策屠龍舊夢涼」[7]所詠歎的「舊夢」，是始終顧念安邦定國計的舊夢；鄉愁是源自「承當精神」的「舊邦宿疾無長計」[8]。在「舊邦」、「舊夢」的詩意引導下，勞思光所寄望的顯然不是現實中的新邦（海峽兩岸皆不是），但他仍然可以肯定地籌畫邦國之思。這是站在何種位置上發言呢？從勞思光的生平與立場來說，他作為一個自由主義者，是堅決地反共的，同時，也不滿意在蔣介石領導下的國民黨戒嚴政府；在1966年到1988年之間，他是在客居殖民地香港中暫且容身的。直到國民黨解除戒嚴後，勞思光才應邀回到臺灣講學。隔了三十三

---

6 〈乙卯歲除書懷〉之三，見《思光詩選》，頁97。

7 〈戊辰夏應清華之約，來臺作專題演講。晤濟昌思恭於臺北。品茗小談，遂成一律〉：「退居猶未免倉皇，再渡蓬萊擬故鄉；晚市樓台疑海蜃，故人眉髮證滄桑。坐聽啼鳥前塵逼，醉策屠龍舊夢涼；三十三年哀樂意，苦茶相勸滌愁腸。」（同前書，頁117）另「屠龍」一語也見〈庚午中秋，與清華諸生登人社院高臺觀月，口占一律書懷〉：「恰似坡公遠謫身，隨緣樽酒慶佳辰；詎知入海屠龍手，來作登樓望月人。簫管東南天一角，槐柯上下夢千春；衰顏苦志茫茫意，剩向生徒笑語親。」（同前書，頁121）

8 〈「二十一世紀」雜誌酒會中晤述先，欣然有作〉：「舊邦宿疾無長計，新義精思笑晚成。」（同前書，頁123）

年後，勞思光的感懷是「再渡蓬萊擬故鄉」[9]，但這還只是「匆匆遊
屐渡蓬萊」，由於長期的故鄉遠隔，他已經習慣了「亡家身世常
為客」[10]。對於這樣的「寄居」或「客居」，其實勞思光有一種情感
外的意志定見：雖然有「忽見榴花紅欲吐，始驚嶺外久飄零」[11]的
感嘆，但畢竟是「飄零難屈我」[12]。

同樣是「飄零」，更為年長的唐君毅先生則發為另一番議
論，也顯示出一個哲學家寄居海外的情感與思想線索。唐君毅先
生於1961年發表於《祖國周刊》的〈說中華民族之花果飄零〉，
在根本的故國情懷上與勞思光是相同的；不過，在對於如何「保
守中華民族的文化價值」上，勞思光有不同的看法，在此先不作
討論。借用「花果飄零」這一意象，唐君毅以明喻方式指出中國
的政治、文化、人心皆已解體：

> 如一園中的大樹之崩倒，而花果飄零，遂隨風吹散；只有
> 在他人園林之下，託蔭避日。以求苟全；或牆角之旁，沾泥
> 分潤，冀得滋生。此不能不說是華夏子孫之大悲劇。[13]

這種飄零感反映著對於「寄身」之處的疏離感：

9　參註7〈戊辰夏應清華之約〉一詩出處，勞思光案語：「案予自乙未赴港，即
　　未再入臺。解嚴後方作此遊，計三十三年矣。」
10　〈庚午元日書懷〉，同前書，頁120。
11　〈丙午三月郊遊，口占〉，同前書，頁56。
12　〈書枚先生以長排見寄，用昌谷「惱公」原題原韻。讀後步韻奉答〉，同前
　　書，頁74。
13　唐君毅，《中華人文與當今世界》（台北：臺灣學生書局，1988），頁12。

> 香港乃英人殖民之地，既非吾土，亦非吾民。吾與友生，
> 皆神明華冑，夢魂雖在我神州，而肉軀竟不幸亦不得不求托
> 庇於此。[14]

對於唐君毅來說，描述此一飄零感，原來的用意在於指陳出：飄
零的原因來自於文化喪失了「凝攝自固的力量」。他主張一種源
於價值意識的「保守」：肯定「對我之生命之價值及其所依所根
者之價值」[15]；「保守」是對此一生命根本的自覺。根據這一具有價
值意識的自覺活動，唐君毅加以引申：

> 由對我們所依所根以存在者之自覺，而我之生命存在即通
> 接於我之祖宗民族、與歷史文化、禮俗風習。如此探本溯
> 源，尚可通接至我們生命所依所根之天心與自然宇宙。我們
> 欲保此天心之不搖落，自然宇宙之不毀滅，亦是保守。[16]

但是，「保守」能夠免於絕望的黑暗意識嗎？是否可能在黑暗中
找到光明呢？在黑暗中如何幡然有悟呢？如何猛然自覺呢？

　　唐君毅辯證地談及一種發自絕望深淵的希望（深淵之思）；
這是在1964年〈花果飄零與靈根自植〉一文中申論「靈根自植」
時所觸及的深刻靈光。唐君毅從「悲願」的層次提點，不僅僅以
直下承擔為念，也注意到一種界限經驗——「絕望」與「無可奈
何」。面對絕望與漂泊無依的現象，他設想了數種的「無可回答」

14　同前書，頁37。
15　同前書，頁21。
16　同前書，頁33。

的情境：從文化的斷絕、歷史的必然命運、文化的改宗（如基督教）等等，最後及於「中華文化之枝葉離披，中國民族之花果飄零，畢竟何時了？我亦無可回答。」逆轉的「悲願」也從此種設想升起：

> 如果人為此一切問題，皆無所回答，而真感受一淪於絕望之境的苦痛，則我可以指出，世間只有一種希望、一種信心，可以使人從絕望之境拔出。此即人由對絕望之境的苦痛之感受中，直接湧出的希望與信心。人可再由信心，生出願力。17

唐君毅以此種臨淵履薄的界限經驗呈現絕望之境，類似的描述有：絕對的黑暗、絕對的空無、罪惡深重。此一界限經驗同時也是「無可回答」的境地。要跨越這種界限經驗則必須產生一種希望、產生一種回答。至於「如何能逼出或直接湧出希望與信心？」理由在於：「一切正面的東西，皆對照反面的東西而昭顯。」18這是一種得以產生逆轉的辯證式思考，也帶入對於界限經驗的體察。只不過，此處展現的辯證性思維，更接近訴諸一種直接的經驗——「直接湧出希望與信心」。

　　身為一個能夠超拔於絕望界限經驗者，唐君毅看到的是希望與信心的湧現，對此一希望與信心的反省則產生積極有創造性的理想與意志，藉以達成「靈根自植」。唐君毅也認為，每個人都可以「自信自守」這種理想與意志，可以在各種痛苦中「皆可回

17　同前書，頁56。

18　同前書，頁57。

頭自覺其所自生所根據之理想」[19]，而「並不須指一形而上的統體的理想與意志」[20]。這樣的逼顯訴諸的是直接的經驗，承認實踐（痛苦的自覺）優先於理論（形上學）。不過，在理論說明中，他也指出了兩個層次：1）能夠面對花果飄零的是「反省自覺的存在」；2）靈根自植是從此種「反省自覺的存在」出發，對於理想的自覺而自信自守，呈現出道德自律：「人亦能真正認識其自己之存在，肯定承認其自己之存在，能自尊自重，自作主宰。」[21]在這樣的描述中，除了花果飄零與靈根自植這兩種意象之外，唐君毅也用到一個常見的倫理意象：「頂天立地」；在自尊自重，自作主宰的自律行為下，一個個人可以成就自己的精神、成就與他人精神的交通共契，成就客觀事業的實踐（分別涉及主觀、交互主觀、客觀的層次），他也會有「自樹自立為頂天立地之人格」[22]。除了「植根」與「樹立」採用了樹的意象，「頂天立地」有一直立、豎直的意象，而且藉著天與地兩端來擴大尺度。此一倫理意象是依著情感性的絕望而自覺出創造性的理想，從而呈現出有意志自由的人格。

　　唐君毅的「靈根自植」與勞思光的「承當精神」有相通的原則。勞思光的「承當精神」也源自主體自由的顯現，是顯現在實踐中的德性，其顯現的方式乃是價值意識的具體化──「顯現於

---

19 同前書，頁63。

20 同前書，頁58。

21 同前書，頁64。

22 同前書，頁65。

應然的自覺」[23]、「對『應該或不應該』的意識」[24]。從德性主體也可進至文化主體，帶入了交互主體性與客觀性，不僅在主體上有自由，也在「客體中實現其自由」[25]。然而，兩位哲學家對「罪」與「苦」的理解不同。勞思光將苦與罪歸諸於「理分之不相容」，這種「理分不相容」是「不同義務的不相容」，其原因來自「形軀我」而不是「德性我」，勞思光也稱之為「生命的有限性」[26]。

同樣精通康德（Immanuel Kant, 1724-1804）哲學的黃振華（1919-1998）也對唐君毅先生的花果飄零說有一回應。黃振華同樣肯定主體的自律；但是，他也指出理論說明的不足：

> 唐君毅這種「靈根自植」的思想，未嘗用哲學的說理方式加以表達，而僅用實際的事例顯示其意義。然而其中卻蘊涵深刻的形上學意義。[27]

黃振華先生恰好不停留於唐君毅所謂「並不須指一形而上的統體的理想與意志」這命題，而要闡析此中有道德形上學的意義。黃振華以司馬光〈致知在格物論〉的「扞禦說」來對照「靈根自植」，他認為，「從絕望處生希望」乃是通於司馬光所謂的「格物」境界：堅強抵禦外來事物的威脅與利誘；而且

---

23 勞思光，《歷史的懲罰》，頁293。

24 同前書，頁294。

25 同前書，頁297。

26 同前註。

27 黃振華，〈試闡述唐君毅先生有關中華民族花果飄零與靈根自植之思想〉，見霍韜晦編，《唐君毅思想國際會議論文集》（I）（香港：法住出版社，1992），頁76。

在此境界中，物欲沉澱，而「精神主體」呈現，「精神主體」即是「大人」，……唐君毅所說的「創造性的理想」即是指「大人」的理想。[28]

黃振華隨後引用康德〈純粹實踐理性的方法論〉，以康德所舉有關人格尊嚴的例子（Juvenal 之詩）來說明不用說理而用「實例」的方法。黃振華認為康德此一方法與唐君毅相同，「人要捨棄人生的最大愛好，捍拒最大的威脅，才能認識人格的尊嚴」[29]；「創造性的理想與意志」分別可解釋為人格與意志，「創造性的理想」指的是「創造性的道德人格」（亦即「實現道德人格」），而「創造性的意志」則指「受道德律決定的意志」[30]。這一理解並不脫離唐君毅所謂之「自樹自立為頂天立地之人格」。其精微處在於提供一種道德形上學基礎，肯定頂天立地的人格是發自道德律而自律的意志。不過，黃振華也肯定道德意識的直接性，被唐君毅與康德一致接受。在道德形上學的補充之外，我們注意到，花果飄零、靈根自植都是唐君毅採用的倫理意象，具有直接性、也可以帶出一種動態的觀點，不停留在法則的服從上。我們嘗試從此一動態的角度來理解「靈根自植」的價值呼喚，而這一價值呼喚所欲引出的回答則是責任意識。

從讀者的語言經驗來說，從飄零感到自植靈根，最直接的感受將是直承自尊自重的頂天立地人格。如同勞思光所設想，這種「直承」就是「承當精神」的展現，亦即，承認自己的責任感。

28　同前書，頁78。

29　同前書，頁82。

30　同前書，頁83。

然而，唐君毅卻將此種責任承當置於絕望的深淵經驗上，更形象化地說，是在沉淪的體驗中承擔苦難，並向上挺立為一個道德人格。這種否定中的肯定有一種辯證動態，所訴諸的卻還是直接經驗。可以注意的是，除了光明與黑暗的正／反隱喻外，沉淪或挺立、絕望或希望還包含著一種垂直方向的存在感。這種存在感由倫理意象所含括。

二、靈根自植與承當意志的動態意象

從當代比較哲學的可能線索來看，花果飄零與靈根自植這一組環繞責任與承擔的倫理意象與法國哲學家巴修拉（Gaston Bachelard, 1884-1962）分析的土地意象有相合之處。

關於承當精神，巴修拉指出，阿特拉斯情結（le complexe d'Atlas）[31] 所糾結的乃是各種對於力量的想像，像是沛然莫可抵禦的力量、森然無可侵犯的力量、乃至協助鄰人一臂之力的力量。此一想像沿著一個垂直的軸線伸展，巴修拉認為，歸根究柢，這是有關「重力」（pesanteur, Schwerkraft, gravity）的想像。「重力」概念不管在謝林（Friedrich Wilhelm Joseph Schelling, 1775-1854）自然哲學（思辨物理學）所提的重力與光的辯證關係，或在神祕主義傳統（如玻默〔Jacob Böhme, 1575-1624〕或巴德〔Franz von Baader, 1765-1841〕）中，都有關鍵的角色。常見的想像模式，如「沉淪」、「墮落」或「下墜」，都是與「重力」相關的。在希臘神話中，阿特拉斯背負著宇宙，因此，「重量」、「重負」成為與阿

31　Gaston Bachelard, *La terre et les rêveries de la volonté*（Paris: José Corti, 1947），p. 372.（*TRV*, p. 372）

特拉斯密切相關的語詞。根據巴修拉的分析，阿特拉斯與山巒的意象也相連，這種山巒不是以其孤高奇挺或秀美而被想像，而是以壓倒眾生的姿態出現──「山巒真正地體現了重壓的宇宙」[32]。阿特拉斯作為負重者，則是與此壓垮的力量相抗衡。當阿特拉斯或赫丘力士（Hercules）將天置於頸項上時，而且頸項還能挺直時，這就涉及到「硬頸」與「直立」的兩種相關意象[33]。巴修拉在引述謝林談論垂直方向的精神性時，引申出一種有關「硬頸」、「人身挺直」的意志想像：「直挺地站在一個糾正的宇宙中，這正

---

32 Ibid., p. 360.

33 有關「挺直」的意象，在西方哲學中，自柏拉圖開始，「人為何頭在最頂端？人為何直立？」已經作為論述「人」在萬物中具獨特地位的一個主要依據。在這一個脈絡上，卜拉葛（Remi Brague）勾勒了宇宙論與倫理學關係的討論，尤其在人的尊嚴與宇宙作為人靜觀（contemplation）的對象方面，他提供相當豐富的哲學歷史脈絡，見 Remi Brague, *La sagesse du monde* (Paris: Fayard, 1999), pp. 118-121, 148。柏拉圖部分，見 Platon, *Timée*, 90a8-90b2, texte établi et traduit par Albert Rivaud (Paris: Les Belles Lettres, 1985), p. 225；亞里斯多德部分，參見 Aristotle, *Parva Naturalis*, 477a20-21, in *The Complete Works of Aristotle*, edited by Jonathan Barnes (Princeton: Princeton University Press, 1984), vol. 1, p. 758。到近代康德批評赫德類似的見解，也批判了身體的挺直（die aufrechte Gestalt）與道德上正直（Gerechtigkeit）的類比論證，見〈評赫爾德《人類史底哲學之理念》第一、二卷〉，收於康德著、李明輝譯，《康德歷史哲學論文集》（台北：聯經出版公司，2002），頁45-46；德文版參照 *Kants Werke*. Akademie-Textausgabe (Berlin: de Gruyter, 1968), Band VIII, pp. 48-49（頁碼等同於學院版 *Kants gesammelte Schriften*, Band VIII, p. 48-49）。本章取用此一「挺直」意象，但並不是回到康德所批判的目的性論證或身體基礎的類比來討論此問題，而是類似 Brague 的理解，在宇宙論與倫理學的平行上，考慮宇宙意象與倫理意象之間的動態關聯；本章這種著重「意象」層面的思路，雖以想像力為核心，但並不認為意象使用可以取代理性運作。

是自我將非我投射於一種被表象意志的形上學中。」[34] 採用「被表象的意志」（volonté représentée）的用語，這是以自然哲學來扭轉叔本華（Arthur Schopenhauer, 1788-1860）所謂「世界作為意志與表象」的說法，但觸及的是想像的力量——人以他直立的身體來糾正宇宙。以此種倫理意象下的動態想像來觀察，有兩種相反的運動在進行：要壓垮世界的重壓力量與一肩挑起承受的挺直（écrasement et redressement）[35]。或者說，一種是重力使得事物下墜的力量，另一種是對抗此一下墜的力量。面對著山巒重壓的姿態，此一堅挺的對抗畢竟冒著粉身碎骨的危險。

　　不只巴修拉借用神話來談「硬頸」意象，列維納斯（Emmanuel Levinas, 1906-1995）在論及猶太身分認同時，也提到此一「硬頸」意象，並且與責任意識聯繫起來：「猶太身分不是一種溫和的自我呈現，而是一種責任的忍耐、疲倦、乃至麻痺；一個硬頸承受著宇宙。」[36] 但是，列維納斯在批評將猶太教化約為客觀研究的對象，或者壓縮為體系與學說而成為一種價值信念的目錄時，他提到此種承擔宇宙的命運「僵化為阿特拉斯的雕像」[37]。一個僵化的意象不再能發揮引發行動的效果。他也進而批評將猶太教與國家主義等同的危險，不應該以國土為占據的處所，問題關鍵在於是否認清猶太教開放為具有普遍性的文明，而非只是單一特定民族的財產。事實上，列維納斯的思考與猶太人深刻的離散經驗（la Diaspora）密不可分，在此可以看到其主張也與唐君毅先生所

34　Bachelard, *TRV*, p. 365.

35　Ibid., p. 368.

36　Emmanuel Levinas, *Difficile liberté*（Paris: Albin Michel/Livre de Poche, 1988），p. 79.

37　Ibid., p. 80.

提的飄零意象與公心的說法十分切近。

回到以阿特拉斯意象所促動的負重與硬頸承擔，我們可以就此一小注腳來反思唐君毅所運用的意象化思考。根據靈根自植的原則，身處絕望的墜落深淵中，反而有一種希望產生。但從歷史的現實與未來來看，許多事不具必然性。希望所繫的不是歷史的事實性，靈根自植所湧出的這種希望是以「創造性的意志」為根據。黃振華以「受道德律決定的意志」來解釋，根據康德的道德形上學來賦予一種道德必然性的說明。這種必然性乃是與意志相關的必然性。在這一點上，我們可以借助意象的經驗動態來略加補充。「重力」體驗的土地意象含蘊著存在感的動態作用。巴修拉固然引證的是詩意象，但也清楚將此意象的經驗聯繫到意志與想像的關係上。他指出：

　　人類心理可被刻畫為挺立的意志。重量落下來，不過，我們想要將重量舉起（nous *voulons* les soulever）；而如果我們沒有能力舉起時（nous ne pouvons pas les soulever），我們想像著我們將之舉起（nous *imaginons* que nous les soulevons）。挺直的意志之夢想是躋身於最動態性的夢想之列；這些夢想推動著整個身體，從腳到頸項。[38]

動態的關鍵在於對抗，這種「挺直的意志」（volonté de redressement）總是對抗著重量的負擔，這種負擔幾乎要將人壓碎。挺直不僅僅用在身體上，更用在激發意志。在承擔重負上，有從能力（"nous pouvons"）到想像（"nous imaginons"）的動

---

[38] Bachelard, *TRV*, p. 357.

態，而想像則是意志（"nous voulons"）的化身。其次，在與重量的對抗中，意志的活動不是單單的內省，意志藉由想像自然世界與宇宙而將自己投射出去。此處並不能直接將想像當作虛境，而必須認識到想像物如何勾勒出意志的活動。當想像著我們如何承擔起重負時，也促使意志得以活動起來；或者反過來說，一旦意識到我們仍然有承擔重負的想像時，我們的意志就已經在活動了。簡單地說，身體可以被壓垮，但是，意志不會被壓垮。

如此看來，唐君毅所體會到的絕望深淵，提示著一種垂直向度的想像經驗，巴修拉稱此經驗為「垂直的感性」（sensibilité verticale）[39]。誠如唐君毅所描述：「人在深崖萬丈之旁，顯出其自處之高」[40]——這應該可以理解為一種意志的經驗，是意志活動在垂直向度上的展現。巴修拉認為：「透過由想像作用所認可的重量，被想像的事物才取得高度的向度或者重力的向度」[41]，垂直感性表現在重量上，顯示著事物的垂直向度。意象的動態性是「高處引動了低處，低處引動了高處」（le haut dynamise le bas, le bas dynamise le haut）。垂直感性引發的倫理意象召喚出倫理行動的力量：「承當精神」被一種價值呼喚所引動，而此一價值呼喚來自絕望，來自絕望的深淵經驗使得向上承當的意志更為敏感。同樣地，靈根自植的價值意識也是透過花果飄零的意象呼喚所催動。

花果飄零的意象原是指涉一種離鄉而寄寓於異地、異國的情境，那麼，在靈根自植的實踐上，畢竟可以有安居之思嗎？在此

---

39 Ibid., p. 359.

40 唐君毅，《中華人文與當今世界》，頁57。

41 Bachelard, *TRV*, p. 388.

一點上，唐君毅保持一種開放性。在道德目的論的大方向上，他提出一種「普遍大公的理想」[42]，這種理想原是「安和天下，使世界成有秩序的世界」[43]。道德理想的目的論表述是：

> 有此看不見之一定然的方向，為其超越而內在的指導，以曲曲折折導向於此理想之實現。

同時，他則以「目的」的隱喻使用「地心引力（重力）」的意象：

> 比如一個人在其主觀的生命自身，真感受一地心吸引力，使之必然向一方向落下時，他將真能相信客觀的一切事物，皆必然將（向地心吸引力）的方向落下。由此而他相信世間千江萬水，無論在什麼地方，必然曲曲折折地由地心吸引力之導向，同歸大海。[44]

這樣一個意象使得唐君毅不再拘泥於特定的地方或特定的家鄉，他的寄望是「人無論在任何環境中，感到艱難或順遂，居自己鄉土或在他邦，沉淪於下位，或顯揚於上位」，皆能夠「自拔於奴隸意識，而為自作主宰之人」：

> 故無論其飄零何處，亦皆能自植靈根，亦必皆能隨境所適，以有其創造性的理想與意志，創造性的實踐，以自作問

---

42 唐君毅，《中華人文與當今世界》，頁62。

43 同前書，頁61。

44 同前書，頁61-62。

心無愧之事。[45]

這種隨境所適的靈根自植，其實抱負著一種特殊的歷史責任：
「有朝一日風雲際會時，共負再造中華，使中國之人文世界，花
繁葉茂，于當今之世界之大任。」[46]這裡有一個論述的翻轉：源自
土地家邦的異域感原來是帶有濃厚的場所意識，但現在此一場所
意識或空間意識翻轉成一種歷史意識或時間意識。原來在土地意
象所喚出安居想像，經過靈根自植的操作實踐後，成為一種面向
歷史、面向未來的責任意識。

　　勞思光的《歷史的懲罰》也有類似的說法，他明言承當精神
乃是面對歷史的懲罰，在基本態度上是以歷史為基本關注點。相
對地，安居的困頓並不明顯，以詩作為例，除了青年時代離開臺
灣之際寫下〈六年心倦島雲低〉以及初到香港的〈游興〉表示此
種身居異鄉的不適與不安外，「飄零難屈我」似乎是一個主要的
心情基調。到他晚年以詩寄其千金勞延韻時，雖然自述「亡家身
世常為客」，也還叮嚀：「時危休戀鄉邦好，隨處江湖可泊船。」[47]
這一說法固然在香港回歸中國大陸的不確定時局下著墨，提醒子
女保全之道，但也還呼應著唐君毅所謂隨境所適的靈根自植。事
實上，早在1966年，勞思光已經假借瓶花來書寫一種理境的安
頓：「莫歎寄根無淨土，解施人力便回天。」[48]對照之下，理境的
安頓或許可以免除天涯飄零為客的異鄉情懷，但是，對於歷史的
責任乃至春秋大義，卻並未鬆動。

---

45 同前書，頁67-68。
46 同前書，頁68。
47 勞思光，〈庚午元日書懷〉，《思光詩選》，頁120。
48 〈偶聞有人言以麻油注瓶花〉，同前書，頁55。

　　此一**翻轉**或介於歷史意識與場所意識的一種間隔有什麼作用？安居的設想是否真的被理境的安頓所取代？故國、舊邦的意義是等同於亡國的遺恨或遺憾嗎？答案未必明確。然而，神州華夏總是在。歷史意識似乎仍然必須有一可以繫縛、著落的場所地方。對於唐君毅來說，歷史意識包含著一種希望、一種期待。這一朝向未來的希望仍然如同一個歷史目的的方向指針，指向「再造中華」，指向「神明華冑」。那麼，原先出現的歷史意識與場所意識的間隔似乎又再度收合，兩者又再度重疊。重疊的關鍵可以從責任意識來解讀。

三、土地意象中的勞作意志與安居意志

　　責任意識與靈根自植、承當精神是彼此結合著的。回到儒家傳統來看，這與《論語》曾子所謂「士不可不弘毅，任重而道遠」[49]的精神相符。勞思光也指出「孔子肯定人之責任」，他在分析義命之辨時，以子路代孔子答荷蓧丈人語：「不仕無義」、「君子之仕也，行其義也」[50]，作為此一義命之辨中責任意識的根據[51]。

　　此外，勞思光也根據康德道德哲學的原則，將意志自由作為責任的根據，而責任被理解為奉獻——「責任就是自己應該奉獻出力量的事」[52]。在此一意義上，奉獻意義下的責任不同於懲罰意義下的責任；懲罰意義的責任所指的是人與社群之間的關係，有

49　劉寶楠，《論語正義》（北京：中華書局，1990），頁396。另參考本章註1。

50　同前書，頁726。

51　勞思光，《中國哲學史》第一卷，頁44、69。

52　勞思光，〈自由與責任〉（2000），收於《虛境與希望——論當代哲學與文化》（香港：香港中文大學出版社，2003），頁179。

來自社群的限制，「外界對自己加的責任越多的話，你的自由就越少」[53]。但是，勞思光不將責任限於此一層次來說，而希望正視「自我主宰」意義下的自由與責任：「當我們順著道德語言來講，責任是代表人正面的、精神向上的一種高度表現。」[54]這種意義下的「自我主宰」基本上是指主體的自由，而可以收攝在德性我的概念下，特別是落在以義命之辨來肯定「義」概念中的自由與責任上[55]。從自我主宰、自覺主宰的德性我來分析德性之學，也構成勞思光理解自孔子以後儒學發展的基本論點。

不過，勞思光除了此一概念層次的釐清外，也注意到實踐與教化的問題，一方面回應著「普遍大公」的原則，另一方面也考慮到作為中國人的特殊性。在國家問題上，他考慮到「反抗不公」的責任，但是也考慮到與其他國家並列的普遍正義問題[56]。實踐與教化都必須回到責任意識上：

> 目前海外華人在政治、經濟、社會方面所面對的問題，大於任何時代。我們該注意目標所在，弄明白我們現在是否努力於有效的軌道，要了解歷史的任務是甚麼，也要致力於風氣的養成，在現實生活作培養。當然，這一切都要有責任感為先決條件。[57]

53　同前書，頁181。

54　同前書，頁182。

55　勞思光，《中國哲學史》第一卷，頁74。

56　勞思光，〈海外華人知識分子的思想問題〉（1967），收於《家國天下──思光時論文選》（香港：香港中文大學出版社，2001），頁145。

57　同前書，頁147。

實際的責任意識與教化實踐有不可分的工夫關係，這種「工夫」涉及主體自身的實際介入，回到此一實踐主體該如何奉獻力量。奉獻力量必須一方面是承當有重量的任務，另一方面，將力量使出來，使用的動作仍然隱含著「投射」、「拋擲」。一個「德性我」的實踐涉及到意志的發用，而意志則是具體化於力量上；即使此種力量有時受到條件限制而無法施展，但是，意志仍然可以借助力量的想像來肯定意志本身。

　　「承擔宇宙」的意象即是將意志與動態想像結合於一個土地意象，但進一步的區分是權力意志與勞作意志。權力意志（la volonté de puissance）不完全只從尼采的脈絡來理解，對巴修拉來說，權力意志主要是一種社會性的詞項，關心主權、統治、社會操控的問題，「往往受到社會烏托邦的誘惑」[58]。勞作意志（la volonté de travail）源自「勞作人」（homo faber）的概念，巴修拉將它聯繫到與物質的關係，其形象主要是勞動者、工匠。相較於權力意志的社會性，巴修拉強調勞作意志的宇宙性，權力意志觀察人與人的對抗，而勞作意志則介入人與物質的對抗。從鐵匠的鎔鑄到麵包師傅的揉捻麵團，都有此種勞作意志的影子，環繞著物質的力量或能量想像，嚴肅看待各種與物質相關的勞動形式。權力意志與勞作意志的區分帶有批判意味，勞作意志的宇宙性可以替換烏托邦幻想的權力意志以及相關的自由；這一說法對於中國人來說並不陌生，天人合一的精神也往往以農民勞作的「頂天立地」為象徵。力在辯證的層面上提供了「對抗」的原型，例如謝林的自然哲學就將兩種力（凝聚收斂與擴張）的對抗視為動態過程的基本模式。巴修拉強調物質性，說明力量意志在勞作活動

---

58 Bachelard, *TRV*, p. 31.

中如何形成物質意象，並藉著各種物質意象凸顯出意志的能力。
勞作意志對待物質時有一種「對抗」或「反抗」關係（打鐵時來
自鐵的反抗、刨鑿木材時來自木頭的反抗），他稱這是「反抗的
現象學」（phénoménologie du *contre*）[59]或「反抗的動態學」
（dynamologie du *contre*）[60]。

物質意象與動態意象彼此結合，堅硬物質的反抗更能顯示出
人類意志的堅定情狀。在木匠以鐵鎚敲打圓鑿子進行鑿木工作
時，左手鑿而右手執鎚，雙手的工作方式並不同。這種細緻的差
異化顯示出，力量並不只是單純的不是蠻力，而必須有一種對於
力量的安排並行著。勞作必須進入一個對力量加以安排的領域：

> 雙手顯出各自的優勢：一隻手具有力量，另一隻手加以指
> 引。在雙手的差異化之中已經為主奴辯證作了預備。[61]

勞動的工匠將其身體（如雙手）置入物質的成形過程，但是，重
點不在於講求形式之美的形式想像，而在於物質想像。此種身體
的介入也是生命價值的介入，即使一個橡木桶的工人都負擔著釀造
葡萄酒的成敗。力量進入物質想像與動態想像中帶入了「責任」：

> 木桶匠的職業聲譽牽涉其中（est *engagé*）──這個工匠對
> 於酒有著巨大深遠又不可測知的責任。這種涉入（engagement）
> 不是單純的誓言，它是深刻的，鏤刻於一個物質之中，它與

59　Ibid., p. 43.

60　Ibid., p. 55.

61　Ibid., p. 45.

木頭的道德緊密相連。勞動工人的夢走到如此境地。[62]

巴修拉使用engager與engagement時，暗示著從動作性的「介入」、「涉身」到道德意涵的「保證」、「許諾」乃至「典當」。這個例子彰顯了身體勞動與意志活動的緊密聯繫，將葡萄釀成酒的過程中，勞作意志呼應著物質（葡萄）的即將成形的性質（酒），進而塑造了物質（包含從木塊到釀酒的橡木桶這一變化過程）。這裡有勞動工人所應負的責任，既是將他自己（身體與意志）涉入，也讓被工作的物質、有反抗力量的物質涉入，身體意志與物質彼此耦合。物質想像在宇宙性的角度下召喚勞作意志，而此種勞作意志也在涉身其中時帶有責任意識，與承載重負的意象相呼應：「意志找到自己背負山巒的理則；他在參與到自然的勞作中，至少是透過意象來參與，意志理解了自然。」[63]在此一勞作道德上，效益並不是唯一的回饋與補償；相反地，越是在勞動中令人痛苦的，越是在意志中令人昂揚。宇宙性的觀點考慮的是大體，受虐的心理解釋則拘於小體。

承擔與勞作的詩學分析提供一種鮮明的動態理解。在最接近孤獨情境的意志狀態中，仍然有種與宇宙性物質的呼應，力量的發用也必須聆聽物質的反抗。物質性的土地意象也有其辯證，巴修拉談論「反抗的現象學」時，連結到幾乎相反的一組意象——「休憩」、「安居」的意象。從辯證的原理來思考：帶著意志的憤怒力量走進、觸及物質的人也會感受到物質的反抗；受到沉重壓力而奮揚的意志，在其警醒中，更清楚感受到壓力的沉重。過於

---

62 Ibid., p. 56.

63 Ibid., p. 371.

沉重的壓力也會壓垮意志，讓人想要逃避；土地意象中的家宅意象帶來人的逃避之可能，其意義並不真的是成就孤獨而肯定遁世，卻是反抗的延伸。巴修拉以「受庇護的意識」來描述此一情境，他指出：

> 反抗寒冷、反抗炎熱、反抗暴風、反抗雨淋，家宅對我們來說是明顯的庇護所，我們每個人在回憶中都有許許多多的變項來觸動此一單純的主題。[64]

在這一貼近人的親密性裡，巴修拉鋪陳了反抗的邏輯。即使是寒舍、陋室，只要能保護我們免於淒風苦雨，這樣的屋宇就顯示出其反抗的效果。透過門窗看到了外界的景象，越是狂風暴雨，越顯得屋宇的渺小，但「外面」越是以猛烈的姿態「攻擊」我的寒舍小屋，越顯得我緊密地與此屋連為一體。我在與家宅合為一體的親密感中，顯露出我的抵抗意志。巴修拉注意到此種內與外的對比：

> 如果〔外在〕景象蔚然可觀，作夢者似乎經歷著某種廣闊性與親密性的辯證，有一種實在的節奏分析讓存有者交互地察覺到擴張與安全。[65]

所謂的「景象」指的是外在世界，與居住的家宅成對比。外在世

---

64 Bachelard, *La terre et les rêveries du repos* (Paris: José Corti, 1948), p. 112. (*TRR*, p. 112)

65 Ibid., p. 116.

界愈廣闊，我的家宅愈寒傖，卻在鮮明對比中，顯得我能夠悠然在家宅中感到安全，這是一種彰顯親密性的土地意象。

這種「受庇護的意識」固然會彷彿自限於孤獨感中，但巴修拉認為，其中仍然有種「安居意志」（la volonté d'habiter）。他引用了小說家羅逖（Pierre Loti, 1850-1923）的一個描述——「世界的角落」（le coin du monde,「天涯一角」），這一意象聯繫到「巖穴」（la grotte）意象。在西班牙城堡（豪華富麗）與巖穴（簡陋原始）的對比中，不同的居住想像起作用，這是「居住意志的二律背反」：

> 身在他方（être ailleurs），身在此處（être là），這不是單單只從幾何觀點所表達出的。這裡應該有個意志。安居意志凝聚在一種地下的棲息所。（……）在巖穴中就可以流連忘返了，就可以經常回歸，或者至少以思想回歸，以便重新感受一種內在力量的凝聚。[66]

安居意志也是一種力量的展現，能夠安於巖穴，也是能夠安於此處的表現；這種「安居」是由力量來加以持守。巴修拉直接肯定存有與意志的關係，「此處」（da, là）不是被當作產生焦慮的場所，這一觀點很不同於海德格哲學所談「在世存有」（In-der-Welt-sein）[67]的「身陷其中」與「此有」（Dasein, être là）不得已的焦慮（Sorge）[68]。

---

66 Ibid., p. 191.

67 Martin Heidegger, *Sein und Zeit*（Tübingen: Niemeyer, 1986), p. 53.

68 Ibid., p. 193.

　　從此一安居意志來看唐君毅指出靈根自植中的自持自守，保守的安居意志能夠安排身處的「此處」。「隨境所適」與「隨處江湖可泊船」中有一種安居意志可肯定此時此地的積極意義。靈根自植本義就是扎根於此地，根據安居意志的解讀，植根顯示樹（人的隱喻）與此地的一個親密關係。環繞著樹的意象，花果飄零暗示著死亡的離散，而靈根自植則是重拾生機。巴修拉在談及樹根的土地價值化（valorisation terrestre des racines）[69]時提示了樹的整全意象，這種意象將宇宙樹與精神樹綜合起來，也將情感的親密性與生機力量綜合起來，以樹根作為一個與土地連結的關鍵。巴修拉指出扎根的生命意志：

> 在樹根這邊，人們立即夢想到整個土地，彷彿地球大地是眾多樹根的一個結，彷彿只有樹根能夠保證地球大地的綜合。接著應該出現的是：所有生命與所有意志都首先曾經是一棵樹。[70]

樹提供了挺直、立定、穩定、團結、持續的意象，穩定的土地與挺直的樹幹則是由樹根的延伸來結合，樹根抓緊了泥土來使得樹得以堅定屹立[71]。固然盤根錯節的樣態類似於地下迷宮，但是樹根的延伸是帶來生機的，不同於迷宮的困頓與欠缺出路。「此處」的扎根反映著存在的動態意涵，意志與生命共同凝聚在土地意象中；場所意識呼應著責任的動態活動，促進實踐與教化。

69　Ibid., p. 306.

70　Ibid., p. 311.

71　Ibid., p. 318.

四、流放、棲留的場所論意涵

　　「此處」與「責任」的道德連結可見於猶太哲學家列維納斯的討論，其立足點與巴修拉非常不同。列維納斯始終不同意海德格之基本存有論，在他較早的作品《從存在到存在者》中曾經分析過「此處」的獨特意義，並用以來抗拒回歸「存有」（Être, Sein）[72]的吸納。列維納斯嘗試指出一種非存有論化的「此處」（ici），在分析「我思」時，他指出「此處」不可被還原至「我思」，也不可被客觀化為意識對象的「空間」。相反地，列維納斯指出：「思想並非首先是思想，然後才是在此處；思想作為思想，就在此處」[73]；「此處」使得意識出現、出現於「此」，也使意識成為此種意識。在這個論述脈絡中，列維納斯以黑格爾《精神現象學》的〈感性確定性〉作為以「此處」為論證開端的例證。列維納斯隨即考慮無意識的情形，即，睡眠；他認為不論是意識或無意識都要有定位（localisation），睡眠卻更能在躺臥中顯示「場所」的羈絆。這種場所的羈絆（borner l'existence au lieu）與定位相連，也與位置的設定（position）相連[74]，而在字義上也與「休憩」（reposer）相關，字根都是poser（lat. ponere）。場所或地方成為一種條件，使得「主體的主體化」（subjectivation du

---

72　列維納斯在此書中固然以existence/existant為標題，但在同時其稍晚出版的另一著作《時間與他者》（*Le temps et l'autre*）（1947）則明白指出，此一區分對應於德文Sein/Seiendes的區分。不過，我們的行文基本上保存這一語言翻譯中的差異，而將此處的existence/existant分別以「存在／存在者」來翻譯。

73　Emmanuel Levinas, *De l'existence à l'existant* (Paris: Vrin, 1993), p. 118.（= *DEE*, p. 118）

74　Ibid., p. 119.

sujet）[75] 得以成立。這種與場所的附著關係使得某一處成為「我的地方」、成為「自己的地方」或「自己的家」（le *chez-soi*）——例如，出生地、祖國、世界等等。

列維納斯延伸了巴修拉對「休憩」的意象分析，將「睡眠」與地方的庇護當作一個存有論的主題，此一存有論的主題卻不讓一個存有者被吸納入無邊的存有中。列維納斯希望逆轉存有論差異的關係，而極力證成存有者（存在者）的獨特性；一個存有者的存在是因為能夠從存有的無差別中顯示差異出來，甚至，可以戲劇性地說，存有者從存有逃逸出來。睡眠不是昏沉，而是將睡眠者遺留給地方、場所，是在休憩中讓休憩者的位置適然而現。為何說是「適然而現」呢？因為，此處、此一場所、此一地方早已經在、早已經出現（說「此處已經在此」是一種同義疊說、套套邏輯），只是，庸庸碌碌者無從發現；庸庸碌碌的意識不斷受意象中的對象所擺布，以致不能發現「此處」。這種與場所的接觸並不是只透顯出身體感官的如何作用，亦即不是只受限於對知覺性觸覺的意象分析，而是貼進到與土地的接觸。這種接觸顯示出土地早已在此，受到重力的牽引，身體早已經仰賴著土地，這是以土地為基礎、為支撐。主體的設定也仰賴土地：「透過倚靠著基礎的這一事實，主體才將自己設定為主體（le sujet se pose comme sujet）。」[76] 根據這一說法，「設定」（se poser, position）不是一種公理化的邏輯動作，「設定」更不是一種任意的意志活動，必須回到費希特意義下的原始設定（Setzen, Satz）來注意其絕對性。這種設定卻又是僅繫在場所上的，主體倚靠在場所上才成為主

75　Ibid., p. 118.

76　Ibid., p. 120.

體。若將主體當作是支撐者（subjectum, support, hypokeimenon），這是將主體自己當作是一種得以主體化的場所；如此一來，主體是讓主體性得以展布的場所。

　　我們在此不進入列維納斯對於海德格的種種批評，而只暫時注意一點：相較於海德格在「在內存有」（In-sein）概念中所劃下的內部性／外部性的差異，列維納斯清楚區隔「此處」（ici）與海德格使用的Dasein的Da：「定位（設定）的此處，先行於一切的理解、一切的視域與一切的時間。」[77]意識的根源在「此處」。從「此處」而出，意識才會是存在的（existant相當於seiende，存有著的），才能掙脫匿名的存有（l'être anonyme）；換言之，在「此處」，存有論差異才能成立，也才能被設定。「此處」有一存有論意涵，也擺脫自笛卡爾（René Descartes, 1596-1650）以來意識主體性的前提。主體性的根源來自「此處」，而不是意識；換言之，「此處」比意識更為基本。「匿名的存有」則是列維納斯當作是il y a（勉強譯為「某處有」，表現為匿名的、不具獨特性的）的同義詞，是「場所的喪失」（l'absence de lieu）[78]。這種對於「此處」的場所論分析，提升到形上學的層次而對抗著海德格所構想的基本存有論，對抗著沉陷於匿名的存有之中的蒙昧，也對抗著主體形上學中片面的意識優先性。「此處」連結到「此刻」，進而使得一種時間性可以開展；所謂的「開展」意味著一種意識的時間性、接納他者的時間性。不過，對列維納斯來說，此種極力掙脫「存有一般」（l'être en général）或「匿名的存有」的觀點，是為了保存主體性，亦即主體的不可還原性，也為了對他者的責任

---

77 Ibid., p. 122.

78 Ibid., p. 121.

作預備。

　　對於早期的列維納斯來說，「他者」或外部性的問題已經出現，只是他要藉著時間的特質來讓此一「他者」的問題出現，而對於「此處」的分析正是一個重要的轉折。當列維納斯以法文的 ici 來對立於德文的 da 時，他認為 ici 的「此處」已經是一種基礎，如同費希特所認為的「設定」作為一種基礎。睡眠、休憩的可能性就在於這種仰賴於基礎的存在狀態上，在這種基礎上，睡眠、休憩、安息的主體倚靠著他的「此處」，而此處使得這一主體有「立足之處」（sa *stance*）[79]。但是，此一「立足之處」乃是一個時間的印跡，是一個「瞬間」。

　　列維納斯以兩個命題來鋪陳「此處」的時間性：1）「休憩的可能性、蜷縮於自己之中的可能性，這就是讓自己投靠到基礎上的可能性、躺下睡覺的可能性。」[80]這是對指於失眠者的焦慮，一個感到無處容身者仍然要設想一「此處」的「安立」才有閉眼沉眠的可能。這種安立就是一種「設定」，這是 position 這個詞的歧義。睡眠讓意識進入位置，加以位置化，成為此處。2）「但是，位置設定乃是瞬間作為此刻的事件」[81]，那讓此處成為位置的設定作用，乃是一種時間作用，是由瞬間（instant）的立足（stance）來使之成為可能。在解釋「存在」（existence）是在時間中的「持存」（*per*-sistance）時，此種「存在」被理解為「穿越、涉足穿過、完成綿延的某物」[82]，列維納斯則說「瞬間乃最勝義下存在的

79　Ibid., p. 122.

80　Ibid., p. 124.

81　Ibid.

82　Ibid., p. 128.

完成。」[83]如何理解這樣的表述？難道，一個瞬間不也總是在消逝之中嗎？這種消失中的瞬間怎會是個完成呢？

對列維納斯來說，一個瞬間包含著兩重層次：一是作為自我設定的此刻，作為意識的基礎，但另一個則是在消逝中開啟一種「自己以外的他處」，在此刻之外的其他時刻。時間根據第二義下的此刻而開啟了與他者的關係。——從「瞬間」到「時間」的這一組分析，列維納斯帶入了其獨特的彌賽亞時間觀。時間是由此刻的瞬間所表示，是由希望所回應的時間：「時間不是由排列在我之前的各個瞬間所形成的相續，而是對於此刻之希望的回答，那是在此刻中，等同於此刻的我所表達者。」[84]瞬間並不「持存」，反而在消逝中；這種希望所針對的乃是失望之處，亦即，是面對著消逝者而來的失望，一種「希望對無法補償者的補償」[85]。根據希望而來的回答乃是「其他時刻的絕對他異性」之回應，而這種他異性「只能從他人來到我這邊」[86]。消逝者屬於那不再在此刻留存的其他時刻，每個此刻所能有的回答則是呼應著那些消逝的時刻；因為有著種種的失望，才有希望的可能。此刻的我所抱持的希望，不是我對未來的投射，而是我承受從其他時刻來的召喚，我對這些召喚有所回應。按照早期列維納斯的這一分析，是他人以其相異性以及相異的時間來剝奪我的此刻、我的此處。所謂「剝奪」是指我不能安心地停在「此刻」、此處，時時感到不安、不自在。

83　Ibid., p. 130.

84　Ibid., p. 158.

85　Ibid., p. 156.

86　Ibid., p. 160.

　　觸發列維納斯持此種相異性的主張，源自他的流亡經驗——
不單單是身處20世紀的他從立陶宛到德國、法國的流亡經驗而
已，更是猶太人在歷史中的流亡經驗、更為普遍的民族離散。在
《全體與無限》中，列維納斯將睡眠、休憩的問題脈絡放到家宅
作為棲留所（demeure）的概念上來討論。家宅同時結合著內在
性與外在性，人以家宅的親密性為出發點而走到外面；一方面，
親密性在家宅內部中開啟，另一方面，家宅也坐落於外在世界
中[87]，有一種外部性朝向世界開啟，勾連了他人的陌異性。在進行
存有論分離（séparation ontologique）的基本論述軸線上，列維納
斯認為，不應該只將「安居」（l'habitation）當作是人類身體與建
築物的某種結合，相反地，必須注意到，安居使得存有者在一般
存有上產生了差異：這種差異造成了存有的分離，「在執行分離
之時」，安居之地是「已分離的存有之具體化」[88]。誕生，就是這樣
的一種分離；嬰兒的出生意味著一個存有者承納著安居的蔭護。
嬰兒自己是一個有身體的存有者，嬰兒的誕生必須預設：有身體
的存有者已經存在（即，母親）、也已經有家宅、有可以安居之
處所。這一論點其實重複著前述《從存在到存在者》對於「位
置」的討論。家宅不僅僅不能置於靜態的對象陳列（如同畫境一
般，只是有距離的靜觀，沒有親身涉入），也不能只被解釋為工
具的目的性事物（本身沒有價值，一旦達成目的後，即可被取
消），而是被理解為親密性的具體化。列維納斯用「收攬」（le

87　Levinas, *Totalité et infini*, p. 126.（=*TI*, p. 126）

88　Levinas, Ibid.: "La civilisation du travail et de la possession toute entière, surgit
　　comme concrétisation de l'être séparé effectuant sa séparation." 「勞動與占有的
　　整個文明，其出現都像是在執行分離之時，已分離的存有之具體化。」

recueillement）[89]來當作此種親密性的概念，一個存有者的存在經驗被收攏起來，濃縮在家宅的意象中。內在性是由屋宅來具體完成，而收攏（收容）則是透過棲留而化為具體的成品，亦即，化為現實。根據列維納斯的看法，此種「收攏的親密性」一方面指涉到由家宅的保護所築起的孤獨，一方面指涉到家宅中的迎納者，因為，「收攏（recueillement）指涉到一種迎納（accueil）」[90]。原本在大地上的漫遊者在歸返家宅時、一個新生兒來到世間時，都被此家宅中的家人所收容與迎納。

由於這種收攏的特徵應和著內在性，因此，家宅的隱密性以一種隱遁的方式彰顯著他人的面貌。這一他者乃是「女性」──「女性乃是收攏、家宅的內在性與安居的可能性」[91]。母親的意象與此女性的概念重疊，顯示出一個存有者（任何一個我）在世間中不能忽視的陌異性（她異性）；缺乏這種可收攏於內在性的他人（她者），離散經驗將無法有終點。「以隱遁的方式彰顯」這一表述雖然看起來似乎不無矛盾，不過，在這種隱密的顯現當中，

---

89 Levinas, *TI*, p. 127. Le recueillement 這個字有「收集、收攝、收容、集中精神」的幾層意義，在漢語中有「收攏精神」，其意義也同於「集中精神、沉靜專心」的意涵。而根據法文字義，列維納斯從 recueillement 轉回 accueil 的字根原意，在此暫時譯為「收攏」。有關本詞的翻譯，按照一位匿名審查人的建議，回到唐君毅在《人生之體驗續編》中有「心靈之凝聚與開發」之說，參見唐君毅，《人生之體驗續編》（台北：臺灣學生書局，1980），頁23；本詞亦可譯作「心靈之凝聚」或「凝神」，本人甚表同意。唐君毅所提的「以凝聚為開發」，是將凝聚與開發的乾坤之道與人文化成聯繫起來，若從熊十力所謂的乾坤歙闢之道來看宇宙的生化，則是另一個大論述，無法在此深入探究。

90 Ibid., p. 128.

91 Ibid.

「包含了與他人的超越關係之所有可能性」[92]。即使在窮困、孤兒、寡婦[93]的他異性乃至受苦狀態中，仍然有一種親密關係的棲留。列維納斯的描述極為精要：

> 從熟悉性出發，分離將自己構成為棲留與安居。自此之後，存在意味著棲留。（……）棲留是一種收攏、一種朝向自己而來、一種隱遁於自己家中如同逃入避難地，它回應著一種善迎的慷慨（hospitalité）、一種等待、一種人性的迎納。[94]

棲留的處所已經接受著他者的迎納，而回應於此迎納則是要敞開自家的屋宅而迎納他人、迎納陌生人（即好客）[95]，如此，方能使得此一屋宅的棲留並非孤立的、自我封閉的占據。與這種棲留相對的則是流亡、流放，不過，棲留並不對立於流亡[96]，因為流亡者也有暫時的家，即使在流亡狀態中仍需要有棲留來保存基本的內在性。棲留指向的是根本的存在條件，是一種呼應於他者的經驗，有一種內在性與外在性的關係無法徹底剗除。

呼應著根源性的棲留與迎納，則是深嵌於他異性（或她異

92　Ibid., p. 129.

93　Levinas, *DEE*, p. 162; *TI*, p. 49.

94　Levinas, *TI*, p. 129.

95　Ibid., p. 146: "J'accueille autrui qui se présente dans ma maison en lui ouvrant ma maison."「我在敞開我的家宅給他人之時，我已經迎納了出現在我的家宅門前的他人。」

96　Elisabeth Louise Thomas, *Emmanuel Levinas. Ethics, Justice and the Human beyond Being*（New York & London: Routledge, 2004），p. 69.

性）的責任。列維納斯指出，責任是對他人的責任，也是對他人的回答。但是，他人使得「我」的自立、自我封閉、從自己出發而看待一切的這些自我中心主義受到質問。棲留以雙重意味下的內在性與外在性，顯示出他者的一種可能性：我家不是我，我之有家才使得我成為可能。在此一雙重性下，我的迎納他人乃是因為我已經受到他人的迎納。這種受到質疑與盤問的我則在流離失所中更體會到我的脆弱，同時，也始終體驗到我與他人的各種關係。在《異於存有或在本質之外》一書中，列維納斯在提及對他人的責任時，同時提到「我」的場所剝離、「我」的流離失所，完全不同於自行決定的、自主的我：

> （這個我）不自我設定，在擁有自己與承認自己時，他消耗了自己、將自己遞交出去、讓自己無所依傍（se dé-situe）、失去了處所、讓自己被流放、在自己中被放逐，不過，彷彿他的皮膚本身還是一種隱蔽於存有的方式，暴露在傷害與凌辱面前，在一個非場所中空乏其身，在替代他者之際，只能像是在流離的痕跡中維持自己。[97]

在這段引文中，列維納斯特別強調法文裡面的反身式中出現的「自己」（例如se livrer, se consumer, s'exiler）是一種「被動態」，而不是真正對「自己」的主動肯定[98]。在這一情形下，只有一種「我」被肯定，那是在面對他人的責任時的一種「此處」的我。

---

97 Emmanuel Levinas, *Autrement qu'être ou au-delà de l'essence* (La Haye: Martinus Nijhoff, 1974), p. 176.(=*AE*, p. 176)

98 Levinas, *AE*, p. 176; cf. *AE*, pp. 131-135.

　　回應的我帶著根源的被動性，典型的例子是以賽亞承擔使命的態度；以賽亞回應「主的聲音」時說：「我在這裡，請差遣我。」（me voici）[99]（〈以賽亞書〉，6：8）列維納斯的詮釋認為，「我在這裡」所顯示的正是一個在此處的我、是一個不逃避的我、一個無所逃、無所依傍的我。但這個我立足於自己的存在場所之時也取代了他人、占據了他人所可存在的場所。「我在這裡」意味著，我不能逃避到其他的地方去，因為我只能在我自己存在的立足之地；但由於我的存在處所已經占據了他人所能夠立足之處，所以，我肩負著對於這種取代、占據、竊占的責任。我必須總是對他人負責，這裡呈現的責任主體乃是一隸屬於他人的主體，而非凌駕他人而「自立」的主體。在解釋此一關係時，有幾層描述，而其中之一與場所論有關的是：

　　　在彼此說「我」或者「我在這裡」時，那是一個人剔除一切的關係、一切的旨趣，照字面意思來說，喪失處境、喪失棲留所、到處被驅離也從自己處被驅離。[100]

字面意思上的喪失棲留所，是無家可歸、流離失所；但這一意義若從場所論來理解，則將重新改造了主體性。主體在場所上的無所依歸、無所適從，不只停留在流離失所的存在焦慮上，而是有一種更根本的隸屬關係，亦即，主體服從於一個呼喚、一個來自他者的呼喚。「我在這裡」（me voici）是個回答，是對於一個問題、一個呼喚的回答。責任的精義就在此一回答的動作中。列維

99　Ibid., p. 186.

100　Ibid.

納斯認為「我在這裡」這一回答乃是對無限者的見證[101]；在我的有限性中，依照我在場所（此處、這裡）的限定來回應來自無限者的呼喚。

　　相較於「我在這裡」的承諾與回應，土地作為安居的處所，則顯得有一不穩定性。土地不是可占領的土地，往往卻是在流亡經驗中所持的希望，是一「應許之地」；在流亡中，一個主體、一個我也同時面對著世間的凌辱[102]。主體的不安定搖擺在希望與凌辱並存的弔詭中，但這就是拉開距離的一種動態。介於流放與應許之地這兩者之間、在主體與他者之間、在我的回答與他人的面貌之間，有一無限的距離，但也同時有一鄰近性；遙遠與近鄰也有一種動態的關係。我的近鄰開放為此處，也等於是我的家與我鄰人的家彼此開放、彼此隸屬。對鄰人的責任就是一種原初的責任雛形。責任作為對於他人的責任，意味著一個主體承擔著他人，但也是從屬於他人（鄰人）。國土、家園在這樣一種深刻的猶太經驗與哲學中，並不能明確而對應地回歸於現存的以色列。在流亡與應許之地兩者之間有一距離，但並不見得可以被吸收化約為一種認同的土地，並不能當作自我認同、自我意識、自我同一的場所。列維納斯所思考的責任意識，將此一土地概念化為一種「非場所」（non-lieu）：「對他者的責任是主體性的非場所所安置的場所，是『哪裡？』這個問題的優先性消失的場所。」[103]列維

---

101 Levinas, *AE*, pp. 186, 190；列維納斯另外引用〈撒母耳記〉（上，17：45）：「我來（……）是靠著耶和華的名」（Je viens au nom de l'Eternel）；列維納斯另外作 "Me voici, au nom de Dieu"（「以神之名，我在此」），以便與 "Me voici" 呼應。

102 Catherine Chalier, *Levinas. L'utopie de l'humain*（Paris: Albin Michel, 1993），p. 90.

103 Levinas, *AE*, p. 12.

納斯的此一論點拉出了責任意識與土地意識之間的張力。

在這種「非場所」的想法下，土地不再以居住固著的方式被看待，而是以轉喻的方式賦予一種更具普遍性意涵的責任意識。家宅體現了棲留，流離則相反地剝奪居住處所，棲留與流離都是環繞著場所的意象打轉。即使用「非場所」這一概念表述，列維納斯無非都是要指出，主體與他人在場所上彼此相關，責任意識深深嵌在場所精神中來呼應、回應一種根源的不安定。即使在張力狀態中，責任的場所關係正顯示出這種猶太淵源所蘊含的動態結構。一個從場所出發的思考也同時意識到此一場所的陷落與局限，這同時也是「在地化」、「本地化」的陷阱，因此，非場所的質問正是對此一陷落的條件關係發出警訊。安居者不能夠以維持自己的生存來竊占土地。任何一種安居的條件都必須體會到流離失所的威脅，不是只落在自己身上，也更應該避免落在他人身上。安居、安身立命的責任意識始終帶有高度的緊張。

結論

在上述的分析中，我們藉著一種以土地關係為軸心的倫理意象，從意象與行動的動態化過程，來思考與理解跨越當代歷史情境中的責任意識。

在巴修拉的土地詩學著作中，土地意象作為基本線索，引導出有關承擔重負的力量意志與扎根的安居意志，這一路的想法以想像與意志的關係為基礎來立論。巴修拉的詩學分析提供了有關倫理意象的動態提示，也開啟一種可資比較的哲學論述場域。土地作為一種倫理意象，將人的身體與場所、地方的具體可能關係綜合起來。

在列維納斯這種深具歷史意識（「身為大屠殺的倖存者」）的猶太哲學家身上，我們看到一個在土地意識（流放、流亡、流離失所）與歷史責任意識之間的曲折使命。列維納斯將回應歷史的責任意識定立在彌賽亞式的希望上，將土地呼喚的場所精神轉向一種無限的鄰近，從鄰人、他人到無限的神，他所追求的是「艱困的自由」。

轉回到中華文化的場域來思考，從花果飄零到靈根自植，唐君毅的觀點也有一場所論的意義，已經蘊含著一種土地意識與歷史意識結合的責任意識。這種責任也並不是單純守護家園、土地、住所這樣的個人責任，而是已經繼承著儒家「公心」的普遍理想。

勞思光從歷史債務所喚出的承當精神，則繫念著另一種艱難的自由：一個現代化的中國。這是不斷在其詩句中藉著「醉策屠龍舊夢涼」、「無奈楸枰局已殘」所顯露的呼喚。責任意識並不能輕易地絕望。此種責任意識與理境安頓將希望築居於一種理想上，勞思光設想的是實現自由與民主而朝向世界開敞的中國。

但是，這個中國會在哪裡？它的遠景是否已經鄰近了呢？這種「哪裡？」的問題將再度成為行動反思的質問。人與其土地之間的關係，乃是一種呼喚與回應，並不應該是占據的應許，而是一種開敞的應許。在路向與出路的問題上，對於責任的思考仍將繼續引導著思想者走這條漫漫長路。從歷史事實來看，的確是任重而道遠，「道路」作為一種土地意象，已經牢固地與一種從《論語》教誨成立以來的中國經典傳統結合。從當代哲學家的身分來看，勞思光在歷史懲罰與責任意識的論述中，將「中國」（家國）當作一個思想的任務，在類似的方式上，唐君毅則以花果飄零的意象進行倫理的召喚。需辨明的是，此一「中國」的意

涵在文化上的意義遠勝過政治的意義。此種召喚在結構上並不專屬於唐、勞兩先生的時代或他們的家國。藉著與巴修拉、列維納斯的比較，我們理解到，有一種心理結構藉由意象的使用來進行倫理召喚；土地意象與責任意識的結合具有一種意義賦予的功能，形構了倫理的哲學論述，甚至也是哲學的倫理論述。藉著此種土地意象的使用，比較不同傳統下哲學家對此類意象的使用，或許可以指出一種比較哲學的新視野。雖然在本章的分析中並未直接使用「感通」一詞，然而，從動態模式來說，「倫理召喚」揭示了「感通」的動態結構。以倫理意象召喚出責任意識，是基於倫理與歷史經驗，受到他人、土地的感召所作出的回答。在召喚與回應之間，正是「感通」的往返歷程。

我們在注意到歷史條件的形構作用時，也可以注意到同樣交織在一起的場所條件；這一場所條件具體化為不同的土地意象，彰顯出責任意識的動態結構。意象不限於隱喻的語意學，也有語用學層面值得考慮：有一種回應著倫理意象呼喚的生命動態。對於意象呼喚的回應牽動著身體主體與意志主體，並鋪陳著一種對於場所的敏銳意識。這種敏銳的場所意識不能停留於一種封閉狀態，並揭示著與未來緊密相關的自由，只是這種開放也體會到自由的艱難。對於責任意識的再思考，不是為了重新形構一種具體的責任賦予，相對地，透過對倫理意象的敏銳勾勒，將土地意象視為一種源自自然生活的宇宙意象，有助於開放出一種環繞責任意識的論述空間。土地意象以各種形貌驅動著人的意義建構，家園、異地或天涯一角所作的呼喚也將不斷迴盪著。

第二章

主體之位
唐君毅與列維納斯的倫理學思考

前言

儒學在現代的思考中，實際上面對多重轉折：內在的歷史轉折、政治文化的體制轉折、學院規範的學術轉折。這些不同的轉折往往決定了討論儒學的不同方向，也因此決定了可能開展出的議題。從文化人類學進行的研究也因此與從政治史的研究，必定有極大的差異，同樣地，從哲學的角度來看，這一議題的檢討也有其特殊性。這一特殊性包含著兩種層面：一、儒學與哲學有一密切的關係，但未必是必然的關係，因此，並不能排除從現代學術分工體系下不同學科的角度來檢視儒學論述與實踐，二、從哲學的角度可以檢視儒學的哲學要素，並據此來分析其論述的特殊意義。簡單地說，若採取社會學的模式來檢視儒家，必定與從政治學模式來檢視的角度十分不同；即使採取哲學的進路，以觀念論的立場來看所關心的角度勢必不同於實在論的角度。若以當代新儒家的發展來看，多位代表性的人物都以哲學工作作為其主要

領域，例如，熊十力、唐君毅、牟宗三，尤其後兩位也都親近德國觀念論；此外也有不歸於新儒家的儒學研究者，例如，陳榮捷、勞思光，也是以哲學為主要工作場域。本章思考的問題並不回到「中國哲學的合法性」問題上，而僅僅關心當代儒學所涉及的一組特殊問題：哲學與教化的問題。

　　問題的起源可以從唐君毅、牟宗三所抱持的共同態度來看，兩者都認為儒學的目的在於教化，而通過哲學的闡述，儒家的學問有高過哲學純思辨的功能，兩者也都有「哲學的目標在成教」的類似主張，將哲學提到「成德之教」的層面來論述。「教」這一概念有一內在歧義：可以是教化，關聯到教育、修養、工夫的品格涵養，也可以是宗教，涉及到超越的領域。在第一個層面上，儒家繼承孔子「有教無類」的訓誨，幾乎無不重視教育、學習、品格作為基本教義。在第二層面上，牟宗三有「人文教」的倡議，唐君毅盛言三祭的宗教精神，卻是在儒佛之辨的傳統議題外，更添加了對基督宗教的回應，宗教議題十足反映了現代的處境。本章的討論便從「成教」的態度出發，探究唐君毅所根據的哲學基礎，並試著從比較的觀點切入，以「主體性」這一個當代哲學的論述軸線來考慮此一問題。以現代主體性哲學為背景，本章從主體的場所、主體之位來思考；比較的線索則是當代法國哲學家列維納斯，著眼點在於他對人文主義危機的回應，且重新奠定道德主體的責任。

一、問題：人文主義的危機

現代世界的危機，表面是經濟政治社會的危機，
深一層看，便是學術文化的危機。

　　而學術文化的危機裡面，是人們的思想態度的危機。

——唐君毅，《人文精神之重建》[1]

　　晚年的唐君毅在其《生命存在與心靈境界》（1977）中開宗明義指出，其寫作著書的宗旨是為了成立一種「立人極」的哲學[2]，但如果從其整體志業來看，對應於「立人極」理想的卻是一種深厚的危機感。他在該書〈後序〉中也指出，寫作的契機源自時代的呼喚，這一時代是當代人類的共同處境與共同命運，共同面對人類世界有毀滅的可能[3]。早在第二次世界大戰後，廣島核爆造成了巨大的震撼，此後的核武軍備競賽更使世人意識到，人類用戰爭來摧毀自己與地球其他生物的危機更為緊迫。唐君毅去世於1978年，《生命存在與心靈境界》成書於他去世的前一年，他仍憂心忡忡提出此一毀滅的警告。時至今日，進入21世紀，不僅僅戰爭的威脅並未消失，還以各種衝突形式持續發生；隨著高度工業化、大規模墾植、人口倍增、地球資源的耗竭，造成環境的劇烈變遷，氣候危機顯示出一種人類整體居存於地球的共同危機。

　　但誠如唐君毅所拋出的警訊，危機的重點不在於人類有科學知識用來製造核子彈，而在於是否善用此種知識；知識與倫理的落差呈現為一種文化危機。唐君毅並非反智論者，他對文化危機的診斷有兩個特色：一為將此危機歸因於西方近代文化的精神[4]，從此一西方文化危機推到「人類文化與全部人類世界之大危機」[5]；

1　唐君毅，《人文精神之重建》（台北：臺灣學生書局，1974），頁67。

2　唐君毅，《生命存在與心靈境界》（台北：臺灣學生書局，1986）（上），頁9。

3　唐君毅，《生命存在與心靈境界》（下），頁454。

4　「西方近代」一詞應可理解為當前常被討論的「西方現代性」。

5　同前書，頁459。

二為將現代文化聯繫到社會分工與個人主義，進而斷定現代世界為「一真正之神魔混雜之時代」[6]。這一個診斷雖然不脫中國／西方、傳統／現代的對比格局，但是我們可重新詮釋此觀照的面向為跨文化的，具有世界性的視野。唐君毅面對的是人類整體的危機，將中華文化的問題放到世界的框架裡思考，提出人類文化與生存危機的處方。

　　如果將其晚年作品與中年作品對照，可以發現，雖然措辭有改變，但實際上唐君毅所關注的大方向始終一致。唐君毅中年的兩部代表作《人文精神之重建》、《中國人文精神之發展》，寫於1950年代，在標題上便突出「人文主義」的標記；晚年雖然並未明舉「人文主義」一詞，但論述所指的人類全體並不脫離原來的關心。唐君毅中年的人文兩書寫成時代背景是共產主義統治中國的歷史經驗，同一時期，牟宗三也撰有數篇涉及人文主義的文章，高舉道德的理想主義。兩位新儒家哲學家的相互呼應，都指向同一個目的：將儒家思想定位為人文主義，並診斷人文主義的當代處境與發展前途，以療癒時代的創傷。這種呼聲不只是限制於單一民族或國家的歷史創傷，更推擴到東西方的共同文化危機。兩人的作法反映了當代中國知識分子的思想特徵，當他們反省內部文化危機時，會將內部歷史發展與外部政治經濟侵略的因素對比，也往往進行廣義的中西文化比較。事過境遷，這種作法可說是簡單定位，並不適合當代文化交錯的考慮，但至少我們可以從中確認一種跨文化的比較策略。如果對此策略有恰當的調整，重新置於世界的框架來看，將不無新的意義；換言之，「人文主義」的文化診斷便具有一種兼具歷史縱深與文化差異的面貌。

6　同前書，頁461。

　　集中在唐君毅的論述來看，除了人文二書以外，後續相關的其他文章彙集成冊時，命名為《中華人文與當今世界》以及其補編，這自然是帶有「人文」或「人文主義」的認同標記[7]。較早年的「人文主義」與晚年的「立人極的哲學」幾乎是異名同義，內涵都指向人類的獨特能力與存在位置，以及相應的人類文化危機、生存危機。在回應危機的策略上，唐君毅都將中華文化當作整合的核心元素。此一策略的意義有二：一是將中華文化當作世界文化的一環，特別是當作一種不能脫離西方文化挑戰的文化單元體，這種作法隱含地保留了中華文化的相對獨立性；二是在整合中西方文化的論述過程，藉著診斷現代文化的危機，凸顯出中華文化的獨特優越性，從而肯定中華文化的積極要素可貢獻於差異多重文化的整合。

　　人文主義的危機，是唐君毅論述所面對的病徵。1957年首度出版的《中國人文精神之發展》便陳述西方人文主義的歷史發展，展示出其內部蘊含的衝突、張力與困難。唐君毅認為的關鍵是「西方人文主義，莫有一本原上健康的傳統」[8]，他的診斷分為兩個大歷史時期，而各自有內部問題。

　　第一個歷史時期是西方傳統人文主義，從希臘、希伯來、羅馬到19世紀初的轉變，其中的對立包含上帝與自然、宗教與科學、法制組織與個人這三層對立；其內部困境在於只有人類文化的各種表現（禮儀、歷史、文學、技術、藝術等），「而未能在人類文化之全體，及人性或人之存在之本質上立根」[9]。第二個時期是

7　有關唐君毅對於「人文主義」一詞的由來、界定、翻譯，可另參考〈人文主義之名義〉，收於唐君毅，《人文精神之重建》，頁590-605。

8　唐君毅，《中國人文精神之發展》（台北：臺灣學生書局，1974），頁84。

9　同前書，頁85。

從19世紀末起到當代的現代人文主義，逐漸有結合科學、宗教、哲學的趨勢，但整體來說，仍有四種對立：1）神與自然與個人，2）人與自己，3）虛無與實有，4）主觀知識與客觀知識[10]。這四種基本對立造成現代人文主義的困境。相較於西方人文主義的困境，唐君毅認為，中國人文思想中並不表現出對立的形態（或者對立未嘗存在。或者銷融對立）。從人的通達天命來表述天人合一，避免神人二元的隔斷，內在根據的仁心仁性則可通貫自己與他人、個人與社會、人與自然，解決存有與本質彼此分離的問題。這種貫通的學問以儒學的德性之知為代表，儒家相信人類主體的自主性能主宰見聞之知、「裁成自然與人間之世界」[11]，從人所處的特殊地位（「人極」）可以結合宗教與自然，避免各種對立與分離，提供各種斷裂危機的解決方案。

　　唐君毅的論述明顯是一種形上學的連續性觀點，不過，他的哲學立場並非單純肯定人類優越性的人類中心主義，而是更複雜地連結到人文主義與哲學思想的平行關係，此一論點與現代哲學的主體性形上學不無關係。事實上，這種主體性論述在唐君毅早期的《道德自我之建立》已見端倪，他明確宣示道德主體在其哲學思想中的主導地位。

　　如果光只從當代中國知識分子的回應方式來看，一種文化的保守主義往往浮現為負面的標籤。然而，如前述所見，如果從世界性的角度來看，唐君毅的作法未必是孤立而保守的。我們可以引法國哲學家列維納斯的分析為例子。

10　唐君毅，同前書，頁87。相對地，牟宗三則以「神本」與「物本」來對立於
　　「人本」，見牟宗三，《道德的理想主義》（台北：臺灣學生書局，1978），頁
　　159。

11　唐君毅，《中國人文精神之發展》，頁89。

　　1968年，法國爆發學生運動的年份，列維納斯發表一篇文章〈人文主義與無起源〉（*Humanisme et an-archie*），直陳其所面對的人文主義危機，在面對現代的人類全面宰制中，當一切都似乎被人類安排可以就定位時，人反而被自己的成果所愚弄，呈現出不堅定的態勢。這種危機源自戰爭與集中營的死亡創傷，並與前述的各種宰制形成強烈反諷。列維納斯指出：曝曬於野的死屍使得「自我關注（le souci de soi）變成悲喜劇，也凸顯出以下種種的虛幻，理性動物宣稱在宇宙中有一優先地位，也有能力在自我意識（une conscience de soi）中宰制與整合存有全體（la totalité de l'être），兩者都歸於虛幻」[12]。列維納斯的指控，將矛頭對準笛卡爾以降的自我意識或更一般的自我概念，也對準海德格主張存有的優先性，然後他回到對主體性概念的重新編製，從他人或他者的角度重新看待主體性。1970年發表的另一篇文章〈無同一性〉（Sans identité），列維納斯仍對「人文主義的終結、形上學的終結」、「人的死亡、神的死亡」[13]有所回應，他剖析的癥結在於以結構主義方法論為核心的人文科學以及海德格的存有論立場。雖然兩篇文章時隔兩年，列維納斯的診斷都一致地將人文主義的危機放在哲學最核心的發展方向來看，海德格哲學造成的核心危機是切開存有論與形上學，也將主體形上學當作現代科學的最終基礎。列維納斯也正是在護衛主體性的立場上對抗海德格，希望解開自我封閉的內在性，使得主體面向他人，顯露出主體有暴露於他異性的外部性，他異性鬆動了自我同一性；形上學即指出了無限者對存有內在性與全體性的超越，神的無限與超越使得

12　Emmanuel Levinas, *Humanisme de l'autre homme*（Paris: Fata Morgana, 1972）, p. 67.
13　Ibid., p. 85.

倫理學有一不同的基礎。

列維納斯的這一論點可以回溯到海德格與沙特（Jean-Paul Sartre, 1905-1980）的一個分歧上。沙特宣稱存在主義是人文主義。海德格間接地反駁沙特的主張，他在答覆波孚瑞（Jean Beaufret, 1907-1982）的問題「如何重新賦予意義給人文主義？」時，特地撰寫一長文，指陳自己既非存在主義、也非人文主義，但並不走向反人文、非人性[14]。

更核心的問題來自海德格對主體形上學的攻擊。在《尼采》中，海德格追溯現代的主體形上學到笛卡爾，以「我思」為奠定主體性的根源，人以主體的方式被規定，人變成主體[15]。主體性此一根源不純然是認知主體的思維而已，還包含「我意願」作為一種「我思」的形態；故而，意志主體與認知主體有相同的主體性根源，都以主體的自由為基礎。海德格還將此種主體與人的基本規定結合，人文主義的形上學根據乃是一套主體性的想法。同時期的〈世界圖像的時代〉也指出，主體性所奠定的科學、意志自由可聯繫到科技的控制；主體希望將一切事物表象於眼前的意志面前，被表象的自然或對象受到表象主體的宰制。世界作為一幅圖像展開於前，其實只仰賴於主體性的伸張[16]。儘管在海德格之前，尼采（Friedrich Nietzsche, 1844-1900）已經「宣告」形上學的死亡、神的死亡，但隨著形上學的終結，主體性形上學也走到盡頭，人的主體性不再成為知識、政治體制、信仰的根據時，也

---

14 Martin Heidegger, *Über den Humanismus*（Frankfurt am Main: Klostermann, 1947）, p. 19.

15 Martin Heidegger, *Nietzsche II*（Pfullingen, Neske, 1961）, pp. 141-142.

16 Martin Heidegger, "Die Zeit des Weltbildes," in *Holzwege*（Frankfurt am Main: Klostermann, 1980）, p. 90.

有某種「人的死亡」。反觀海德格晚年以「只有上帝可以拯救我們」做結論時，也宣告著某種終結，但相對於尼采，這是一個徹底的反諷。在1960年代左右，海德格的哲學主張與結構主義的「人文科學」典範結合，形成一股「去主體化」或「去人化」的洪流。當傅柯（Michel Foucault, 1926-1984）在《詞與物》末尾寫道「人或將被抹除，如同在海邊沙灘上的面孔那樣被抹除」[17]或德希達（Jacques Derrida, 1930-2004）以〈人的諸終結〉[18]為題進行解構時，其原始脈絡與海德格脫不了關係。

即使在法國也不是沒有對「去主體化」、「去人化」產生強烈質疑，列維納斯是個例子，政治哲學家賀諾（Alain Renaut, 1948- ）也同樣為主體性哲學辯護。賀諾的策略主要在於分辨主體性與個體性的差異，藉著重新解讀自笛卡爾、萊布尼茲（Gottfried Wilhelm Leibniz, 1646-1716）以降的現代哲學潮流，分析出個體性與主體性的兩種概念[19]有所混淆。這種混淆誤以為當代的文化、政治問題必須歸因於主體性，因此他希望正本清源，在海德格的身上找出一個錯誤的來源。賀諾的目標是重新導出一種人文主義的可能，因此，他透過卡西勒（Ernst Cassirer, 1874-1945）與海德格在達沃斯（Davos）的爭辯，想要重新定位一種對康德的人文主義理解[20]。按照賀諾的這種詮釋分判，主體性必須保留其位置，不

---

17 Michel Foucault, *Les mots et les choses* (Paris: Gallimard, 1966), p. 398.

18 Jacques Derrida, *Marges de la philosophie* (Paris: Minuit, 1972), pp. 129-164; "Les fins de l'homme" (1968).

19 唐君毅對個人主義的批評則可見於《中國人文精神之發展》，頁205-209；《哲學概論》（下）（台北：臺灣學生書局，1991），附錄，頁656。

20 Alain Renaut, *L'ère de l'individu* (Paris: Gallimard, 1989), pp. 282-283.

落入實體化、單子化的主體觀中[21]，回歸康德的自律倫理學則足以呼應著人文主義的要求。

我們不在此涉入有關康德詮釋的根據，而只從此一系列的論述凸顯本章的問題意識。對於當代歐陸哲學的某些脈絡來說，人文主義的危機確實存在，而且也與哲學發展中的主體性問題糾結。

回到唐君毅的脈絡來看，他對此一危機有他的回應方式，亦即，以儒學的心性與修養為宗，甚至發展出有儒家特色的宗教，具體來說，便是以「哲學的目標在成教」作為人文主義的證成。類似於唐君毅的宗教面向，牟宗三也提出人文教的說法。不管是人文主義的詮釋或宗教意識的凸顯，唐、牟兩位先生的見解都接近。在這種人文主義與主體性概念的討論上，我們希望拓深問題意識，思考此一問題所承載的意義厚度。

二、主體性：主宰與超越

從主體性的問題切入，我們試著將唐君毅與列維納斯的主體性概念作對照，在即使兩位哲學家未曾彼此認識的情況下，挖掘此一問題的思考深度，開啟問題意識彼此照面的另一種當代可能性。

主體，雖是今日常用的一個漢語表述，通常在哲學範圍內也相當於英文的subject（德文Subjekt，法文sujet），往往也在主體／對象、客體的關係中被理解。在《生命存在與心靈境界》中，唐君毅賦予不同的意義，闢一專章〈論生命存在心靈之主體——其升降中之理性運用——觀主體之依理成用〉討論主體概念，加

---

21 Renaut, Ibid., p. 264.

入了佛學的「體、相、用」三層來解釋主體在各種境界中的位置
改變。主體的「用」以有位置上的差異，這是有場所論意義的。
在哲學術語的使用上，「主體」一詞有了翻譯（英文到中文、梵
文到中文）的意義轉折；漢語詞彙中由「主」與「體」結合的疊
合詞也不同的聯想。唐君毅在解釋「境界」一詞時，曾經兼及主
體與對象的名義：

> 西方哲學中之 Object 之辭，中國譯為賓辭。西方哲學中之
> Subject，中國譯為主辭，皆較西方此二辭原意為美。西方哲
> 學之 Subject 初有在下位，而居後之義，與 Object 之為心之外
> 向、前向，而見其居前者，相對為敵體。如今以心靈生命存
> 在為主辭所表，則「主」有居內、居先、居前之義；而以其
> 所對、所知之境中之物或境，為所對、所知，為賓辭所表，
> 則賓有自外至、後至之義。是則與西文之二辭原意相反，而
> 「主」之為先為前之義顯然。[22]

按照此處的分疏，所謂 subject 有「在下者而居後」的意義當指作
為「托體」的 subjectum（hypokeimenon）[23]，而 object 作為「居前
者」或成為「敵體」，則如同德文 Gegenstand 所表示。唐君毅的
詮釋跨越翻譯的限度，將相對的敵體關係轉化為相迎納的「主」
「賓」關係。他也根據位置、場所的差異，指出主／賓之間有二
度的差異化：以「主」為「內、先、前」，以「賓」為「外、
後」。主／賓兩者也有一種交互關係，漢語脈絡下的主賓關係有

---

22 唐君毅，《生命存在與心靈境界》（上），頁11-12。

23 Cf. Heidegger, *Nietzsche II*, p. 141.

「主賓之感通之義」──「主更近賓，乃以謙禮居下。謙尊而光，卑而不可踰。主迎賓而賓看主、主看賓」[24]。唐君毅的獨特哲學解釋帶有觀念論的色彩，他認為，心靈與境界的關係乃是主賓或主客關係，心靈與感通之間則是體與用的分別。主體／客體這一對語詞概念的轉化結合著「體相用」的印度佛學[25]與「主賓」關係的轉義。

　　此一語詞轉變居於唐君毅心靈九境說的核心。九境中的次序、層位都依於心靈活動的方向而安排確立，亦即，按照前後進退的順觀、內外（左右）的橫觀、上下高低的縱觀。三種觀的統一如同體、相、用三者的統一。但對於「體」的描述則接近「主體」的理解，唐君毅實際上便將「體」與「主體」混用，例如：

> 如以生命心靈之存在自身為體，或主體，可容人順觀其活動之進退屈伸者；則其活動由內而外，所對之境，即初只顯客相，即為可容人之橫觀者。[26]

舉出「體」有所「主」，這是意味著：「以相用說體，而體統相用，體如統陰陽之太極。依層位而觀，則體居上位，而為相用之主。」[27]按照次序而觀時，也有某種彈性的改變，可以承認「用」

24　唐君毅，《生命存在與心靈境界》（上），頁12。

25　但事實上，唐君毅有將「體相用」擴大為普遍範疇的傾向，他分別地對應於Spinoza的substance/attribute/mode、基督教的聖父聖子聖靈、印度勝論的實德業、魏晉的本跡、《大乘起信論》的體相用、熊十力的體用論。見唐君毅，《生命存在與心靈境界》（上），頁42。

26　唐君毅，同前書，頁41。

27　同前書，頁44。

為主，或在按照種類而觀時，須以「相」為主。

　　在九境中，前三境為客體境界得以外於主體存在的分立，中三境為以主攝客之境，而後三境則是超主客之境，但唐君毅強調「此超主客，乃循主攝客而更進，故仍以主為主」[28]，甚至稱為「超主客之絕對主體境」。由此觀之，「主體」並不能僅僅放在對立的一端來看，而是具有統轄、歸攝的意義。儘管在體相用的三層關係中，可以承認三者相依而立，而且可以「互通而相轉」[29]，但卻並不能只從流轉相生的角度來看，而必須歸於一個價值根源的活動來考慮。唐君毅真正掛念的是如何讓神聖心體得以昭露[30]，在種種活動中辨別出價值根源的貫注。神聖心體才是能夠宣稱可以將九境鋪開又化為純一的根據，而不是執著於名義上劃分「客體、生命心靈之主體、超主客體之目的理想之自體或絕對體」[31]。心體是諸種境界可開可闔的樞紐，故而，核心處在於主客的感通：

　　　　今再約而論之，則此九境可只由吾人最後一境中主客感通
　　　　境中開出，而主客之感通正為吾人當前之一實事。[32]

以「主客感通」為樞紐才能重新將鋪開的九境收入於客觀、主觀、超主客觀（統主客觀）的三層，最後回歸到「吾人之心靈生命與其所對之境有感通」這一實事上。感通，這一核心作用貫穿著唐君毅有關心靈九境建構的論述，但本章先集中於感通與他人

28　同前書，頁51。

29　同前書，頁45。

30　同前書，頁52。

31　同前書，頁46。

32　唐君毅，《生命存在與心靈境界》（下），頁267。

的關係上來討論。

不可否認，唐君毅的概念框架與表述方式都是觀念論式的，對於此「神聖心體」的陳述，正是《生命存在與心靈境界》第三十章〈論生命存在心靈之主體〉的目標。主體，所指的是人的生命存在與心靈；它不是經驗我或經驗主體，而是能通達客觀天道的「一超越而內在的主體」[33]。此處的「超越而內在」並不限定在「天命之謂性」、「性德即天德」的天人關係中，也用來描述本末的體用關係。

唐君毅所使用的「超越」有宗教意味，也有康德哲學的影子，也可以與列維納斯相呼應。「超越」的概念與主體性密不可分，其中包含兩種條件：（一）主體的超越是「超越主體表現活動的用以及用中的思想範疇、一切境物」，也是超越活動的更迭變化流行；（二）主體不能脫離一切活動而表現為全然不活動，這正是「主體不能離用」的論點[34]。積極與消極的用分別表現為顯隱、伸屈、進退的兩種方式。第一種條件是超越性，主體「超越」於「用」；第二種條件則是內在性，主體「內在」於「用」，這是從主體顯現在用的相繼顯隱上來說。在此「超越而內在」的論點上，唐君毅強調主體的超越意義具有優先性、更為根本。他陳述的方式跟中國傳統受佛教影響下的體用論十分接近：「即用以見體」不同於「順用以見體」，因為「必先知有體，方可順用見體，若人先未知有體，則以用觀體，可不見體，而只見用。」[35]

主體的先在性也確立了主體對於事用的超越。在有限與無限

---

33 同前書，頁319。

34 同前書，頁329。

35 同前書，頁331。

的問題上，唐君毅運用了費希特式的語言，但他認為，不能將主體的特定表現當作是無限主體的自我降落、自我局限，亦即，不從矛盾否定的觀點看待。主體與其活動的關係，是內外關係，而不是上下關係。主體「位於其中」[36]，進行的是由內而外的表現，不是降落（或上升）。限制或局限是費希特的典型表述，唐君毅熟悉此種思辨推論，當特定限制轉向另一特定限制，進而推向不同境地時，便已經蘊含無限性，其中尚有三層的無限：對境的無限、遮撥的無限、於末中見本的無限。境、遮撥、本末這三種層次的分別執行著一種辯證論述，核心是否定性（遮撥）的中介，每多一層對限制的否定就是往無限的目的推進。關鍵處仍在主體的超越性上，超越，在於跨越界線、破除局限：

> 此主體之超越意義，乃在此前後之有局限之特定活動之交
> 之際見；此主體之位，即在此前後之活動之交之際。[37]

理論上可以不斷地推升這些對限制的否定，但實際上，限制有實在性，甚至堅不可摧。局限的事實確立了邊界，一個境界也產生封閉性、成為封閉的境界，活動的局限與境界的局限可轉而限制住主體本身，這一羅網牢籠才形成主體的真實降落[38]。日常生活的升騰或沉淪、順境或逆境就是這種限制的具體表現。

主體的超越意義放在破除執著的方向上，則有從意識發展為自我意識的轉變；在此脈絡下，唐君毅也以自覺來立說，目的在

---

36 同前書，頁333。
37 同前書，頁334。
38 同前書，頁335。

於從觀照的境界引向道德實踐的境界。主體的超越對照於人的我執、法執，而展現為破執的可能，人主體的自我超越使他可以從自己的陷溺降落中拔起。對付由我執形成的大傲慢、大驕矜，回到「成教」的目標。但為了避免概念的層疊、乃至體系的暴力，唐君毅有意識地避免一種囊括式的哲學理念（避免哲學反省的無限後退，從「哲學」到「哲學的哲學」的反省可行，但不等同於可再退後到「哲學的哲學的哲學」[39]）。但這並非取消哲學，只是哲學的引退（功成而身退）；在心靈九境中，哲學的「退」合於觀照凌虛境的無執功能處，有一種消極意義的用處。哲學的反省是一種實踐行動上的不陷溺、不執著。當哲學可從純經驗的或純抽象的思考超拔而出的時候，「可使人自見其自覺的心靈之昭臨於此一般之經驗事物等之上」[40]。但如果心靈自以為能夠俯瞰各種思想活動，產生一種凌駕的統轄心態時，這種自覺心靈的自觀卻形成了唯我中心的我執傲慢。

　　跳脫我執我慢的一個關鍵處在於「他人」的存在。唐君毅明確承認：(1)「人之自覺心，無論如何向上翻升，人仍須肯定他人亦能有相同的承認向上翻升」[41]，這既是他人的自覺心的承認，也是自覺心的普遍化；(2)承認他人的自覺心與翻升向上，是對我的限制。唐君毅此處「以他人來限制我」的說法仍接近費希特；「向上翻升」應可理解為「超越」的同義語，換言之，我的超越也必須承認他人的超越，而他人的超越形成對我的超越的限制。其次，唐君毅也將此對他人的承認視為一種「平等觀人我」，亦

---

39 唐君毅，《生命存在與心靈境界》（上），頁34。
40 唐君毅，《生命存在與心靈境界》（下），頁342。
41 同前書，頁342。

即，平等觀有他人在我之外，乃是對我的限制。這裡的明顯問題在於：他人的主體似乎不能化為我的境界所造。「他我」（alter ego）的存在迫使心靈九境的觀念論立場必須假設一種有普遍性的主體，但不受限在自我的範圍內，甚至，我的自我沒有優先性。

三、主體與他人

按照唐君毅的看法，在他人與我的平等觀上，方能凸顯出道德實踐境的實在性。對治自覺心的大傲慢，並不能停留於自覺心的自我限制，必須承認一個外在的事實，這就是任何一個人都與他人有實際生活的相接觸。按照《生命存在與心靈境界》第十六章〈觀道德實踐境──觀德行界〉（上）所論，德行生活原本只基於德與不德的分別[42]，道德生活的阻礙存在於陷溺於舊境界，無法超拔以擴展到新境界。要肯定另一生活境界的實有，必須根據個人的兩種對實在的感覺（實感）：感覺客觀世界的存在、感覺世界中物的力量[43]。超拔的真正關鍵在於是否能夠從有限見到一種無限：

> 此心靈即唯有直接遭遇另一同具此無限性之心靈，乃能得遇其真正之限制，而使其自己之心靈擴大超升，成為真實可能。此另一無限性心靈，初即他人之心靈。[44]

42　唐君毅，《生命存在與心靈境界》（上），頁610。

43　同前書，頁628。

44　同前書，頁630。

此段論據在於「遭遇他人」或是「發現他人的心靈」；不管是遭遇或發現，似乎都以他人（的心靈）為存在的事實。此一想法與三十章〈論生命存在心靈之主體〉所論一致。不過，細微的差別在於：三十章所論的是以他人的心靈存在為基礎，進而談我與他人的心的感通，申論從我的心靈受限而產生謙卑，得以承接從天而降的、到我心中的他心（愛心、天心）；在十六章中，則從同情共感的感通延伸出推恕、感恩、慚愧、謙遜、尊敬等德行。在十七章〈觀道德實踐境──觀德行界〉（下），則明確面對他人心靈如何有實感的問題[45]；唐君毅認識到此一問題的困難，亦即，如果沒有對他人的道德情意有實感，將可摧毀道德世界。

在德行的生活中，起點在於我與他人的感通。

如何面對他人時有實感？關鍵是對他人的感受作一揣度，其過程為從一己推知他人，進而有一交互感受的推知：

（1）我對他人的道德情意來自一種「推」的動作，從我自己推到我之外；

（2）但推的動作在離開我之時已經結束，故而，隨著「推之於外」，我所感到的只是「一靈明的存在」；

（3）他人的所感，既不停在動作本身也不停於動作後果，他人感受到我的存在，如同我感受我自己的靈明存在，他人只將我感受為另一個靈明存在。[46]

這種設想採取了「入感」、「感入於內」（empathy, Einfühlung[47]，

---

45 同前書，頁641。此處的哲學問題，唐君毅點出：康德設定他人之心的存在，胡塞爾則意識到唯我主義的困難。

46 同前書，頁642-643。

47 類似的思考可見於胡塞爾的分析，由於此問題牽涉甚廣，無法在此深論，他人問題預示了下節列維納斯的倫理學分析。胡塞爾現象學有關交互主體性與

或譯「同感」、「同理心」）的進路。建立在感受的類比與交互性
上，論證過程包含：從我到他人的跳躍，我與他人的類比（我揣
想「他人也會如此揣想我」）。他人問題的類比連結到通常所見的
「同情共感」經驗，此種情感的共通（亦即，相互感通）建立在
類比的同一性上：我與他人共同地有「自然理性的推知與直感的
類推」[48]。典型的「推己及人」也多半按照此種類比方式來推論。
按照唐君毅的推論方式看，感通與超越為同一件事，自覺的超越
自己進而在類比的原則下，推論出他人的超越自我，因此，在我
與他人之間有一種共通的超越自己的活動。我與他人之間的相互
肯定也是肯定了此一動詞義的超越；動詞義的超越轉為名詞義的
超越，道德主體成立於此種超越的肯定[49]。甚至在個人主體之外，
有一個超越於我、超越他人的普遍主體，也就是通貫我與他人的
神聖心靈[50]。這也是從道德通往宗教的可能根據。

　　儘管唐君毅未必在哲學上以令人滿意的方式解決他人存在
（他人心靈）的問題，但他的構思卻展現道德生活與宗教生活交
錯的關鍵。從主體的成立到他人的承認，連貫的是個別主體自身
的自覺超越。但是，他人主體性的論述並非以演繹推導的方式進
行，而是從預先承認他人存在的事實出發，在類比的方式下從類
同感通得出心靈超越性，以便來證成他人的心靈存在。論述的目
的在於確立主體是道德主體，同時有一個由各個道德主體成立的

「感入於內」等的討論可參照 Husserl, *CM, Hua I*, §47, p. 134. Edmund Husserl,
　Zur Phänomenologie der Intersubjektivität, Hua XIII（Haag: Martinus Nijhoff,
　1973），Hrsg. Iso Kern, pp. 46, 62ff.

48　同前書，頁646。

49　同前書，頁647-648。

50　唐君毅，《生命存在與心靈境界》（下），頁345。

人格世界。唐君毅指出：

> 　　人之形成其道德生活、道德人格，乃在於其接於人、接於
> 物之種種事中形成。人之有愧恥、立志、自信之道德心靈，
> 不能只住於其自身之中，而須與其外之人物相接。[51]

按照此說法，以道德人格被承認的他人是主體超越的現實化條
件。所謂現實化條件意味著，道德人格的實現必須以「與他人接
觸」為條件。對主體自我的限制來自他人，現實化條件指的便是
他人對自我主體的限制，促成道德實踐：「人欲由知限制，以實
達其限制自我之果，則唯有在與人有實際生活之相接，更有一道
德實踐時，然後可能。」[52]

　　從類比論證得出的他人心靈，可以轉而從現實化條件的方式
被理解而得到證成。這是一種實踐的解決，同樣的思考方式，可
以印證於唐君毅解釋神聖境界的一與多問題或儒家盡性立命的執
兩用中。

　　在一多問題上，他首先承認，在他人與我的心靈感通中，就
感通處說，是一；但並非所有人都能確實有感，這是多；再就至
善人格（成佛成聖）來說，則可說即一即多、非一非多[53]。但唐君
毅特別強調，重點不是從玄思上說究竟是一、是多或即一即多等
等，而是一多問題的實踐意義，是「儒者之問，要在問人之行於

51　唐君毅，《生命存在與心靈境界》（上），頁656。

52　唐君毅，《生命存在與心靈境界》（下），頁344。

53　同前書，頁355。

境之道之如何」[54]。考慮的是實踐的方法、途徑（行道的如何），而不是行道的後果。如此一來，玄思致力於思議境，而行道則超越為非思議境。這種解決的策略正是訴諸實踐的考量，亦即，從現實化條件來處理從個體自我到他人（多數不確定的他人）的問題。

根據我他感通的實踐，導出以「中」為往來我他之間動態平衡的必要，用中之道也是實踐意義的衡量。中的界定帶入了感通的動態：「心與境之相對，是兩，其感即是中」[55]，這一界定以感通為核心來平衡消弭對立的兩端，但也維持兩端的交互更迭為用。感通的動態平衡必須考量適當的時機，也就是有一「當機」[56]的使用。當機立斷、當機施用是一種實踐智慧，呼應於道德境界時，必須考慮時機（時間）與處境（場所）的條件，連帶注意到境界的場所論意義。每一種境界都是一種地位與場所的安置，這就是當位與否的問題；道德心靈有在不同境地下的德行，即使善德在不相應的境中，也會因為錯置而成「不當位之不美之善」[57]。用中之道的感通動態涉及到時、位的問題，當機與當位都顯現為實踐的條件。

實踐的條件或現實化的條件所面對的，不是一種獨斷的必然性，而是一種目的論的必然性。能夠體現超越性的主體必須在實踐上受到制約，亦即，一旦要行動，便須承認有他人存在的事實。行動者的道德人格與他人的道德人格並存。當他人的存在被

---

54 同前書，頁358。

55 同前書，頁362。

56 同前註。

57 唐君毅，《生命存在與心靈境界》（上），頁656。

認可時，一個主體（特別是道德主體）產生倫理行動，他的自我
超越、自我轉化並非一味地擴大自我，而是先遭遇他人，受到他
人的限制，以他人的限制作為實現條件，才能完成自我超越。此
一實踐意義可以適當解開個體主義中單子存在的疑慮。這一意義
若從賀諾的批判延伸到與列維納斯的對照，更可呈現出當代意
涵。

四、列維納斯的對照：對他人的責任

　　以列維納斯為對照點，主要著眼於他對主體性的辯護以及從
他人引向主體的倫理學面向。對反於海德格的存有論，列維納斯
認為形上學先行於存有論。同樣地，他者不可被化約於相同者
（有普遍性的存有）之中，然而動機是倫理學的：「對於我的思
想、我的財產擁有，他者的奇特性——不可化約為我——確然成
立為對我的自發性之一種置疑，成立為倫理學。」[58] 倫理學的層面
開啟不僅僅對恣意的自由置疑，更質疑以主動性為核心的自由概
念，也質疑霍布斯以降奠基於意志自由的政治體制。

　　關鍵在於以無限性突破同一性或全體性的吸納，由於無限性
的不可化約，他者的可能性才浮現。在列維納斯眼中，海德格的
存有論代表「同」的統轄，使得他者受制於匿名的與中立的存
有[59]，並且無法正視不正義。對付不正義、謀殺、戰爭，必須伸張
倫理的抵抗[60]，使得無限者得以顯現——以純然的外在性顯現

---

58 Levinas, *TI*, p. 13.

59 Emmanuel Levinas, *En découvrant l'existence avec Husserl et Heidegger*（Paris: Vrin, 1982 [1967]）（=*DEH*）, p. 170.

60 Ibid., p. 173.

──。這外在性是由他人的面貌所彰示，他人不代表另一種異於我的自由，也不是被我所評價的威脅，而是用以衡量我的要求。這種衡量以無限性為度，被衡量的「我」永遠顯得是不正義的（injuste）[61]。以這種外在性的無限為前提，並質疑由自我所支配的自發性、主動性所含的自由，列維納斯的倫理學才以他律為優先。

　　為何列維納斯有此一主張？除了源自他的戰爭創傷經驗與猶太人兩千年來流離失所的歷史之外，還有一個深刻的主體性概念作為根據。主體性概念跨在我（le Moi）、自己（le soi）與他者的關係上。列維納斯借用法國詩人藍波（Arthur Rimbaud, 1854-1891）的表述「我是他者」來追問：

　　　　將自己置身於他人的境地（取代他人）的最謙卑的經驗
　　──亦即，承受他者的不幸或痛苦──這種經驗所生動浸潤
　　的，難道不就是讓人得以據此說「我是他者」的最精要意
　　義？[62]

然而，此段說法並非單純地「同情」而已，「承擔他人的痛苦」首先必須清除一種全然替代的幻覺。以為自己可以完全體會他人的痛苦、甚至替他承擔痛苦，這是一種自我催眠、自我觸動的幻覺；這也是傲慢地以為自己可以替代他人。對列維納斯而言，「替代」（substitution）有雙重性，一方面是以自己替代他人的設想，另一方面則是認識此種替代的不可能。其內部理路就在於主體性的概念，一個主體不能逃脫其自己，正因為如此，這一作為

61　Ibid., p. 176.

62　Levinas, *HAH*, p. 91.

自己的主體永遠必須面對一個質問：為何是我而不是他人？此一質問含有一原始的自我關係，也拉開自我等同關係中的距離，我與自己不直接等同但又不能切割。

早期的列維納斯便試著分析自我等同的設定，此設定（position）乃是在一個場所的安置，豎立在一個此處（ici）[63]。倫理主體的自由不能夠根據自我意識的自我設定而來，相對地，自由是一種負擔與責任。在自由中，我永不能推卸自己：

> 考慮我與自己之間的關係作為構成承體（l'hypostase）的宿命，這不是一齣同義疊說的戲碼。成為我，包含著一種與自己的牽連，不可能解除的牽連。主體或許在自己面前有所退卻，但退卻的運動不是解放。這就像我們把繩索交給囚犯，但不放開囚犯一樣。[64]

但是在這無法推卸的自己中，包含一種負擔、一種始終面對他人的負擔。即使只有自己，卻總有他人的陰影在。因此，孤獨並不是一個人離群索居的孤立可以涵蓋，在孤獨中還有他人的牽絆。列維納斯認為：

> 主體的孤獨遠多過一個存有者的孤立、一個對象的統一。若容我說，這是成雙的孤獨（une solitude à deux）；不同於我的他者如同陰影一般伴隨著我。[65]

63　Emmanuel Levinas, *DEE*, p. 117.

64　Ibid., p. 150.

65　Ibid., p. 151.

在不能逃避自己的情況中，同樣也不能逃避他者。但如果要承擔起他者又需要如何面對他者呢？「面對他者」意味著「面對他者的面孔（visage）」，但面孔不是臉形、外貌，而是讓我無法轉頭過去而必須面對的顯現者[66]，也是一種命令、一種語言。他人面孔的浮現是乍然湧現卻揮之不去，讓我須時時面對。他人面孔出現為語言，也可以是無聲的質問。

他人的無聲質問在於呼喚出我的責任，實際上，我的責任卻是從我無法切割的自己而來。我的存在便包含對他人的責任，這種責任卻是由一種存在的暴力所引發。最清楚的表述可見於列維納斯在1982年於比利時魯汶大學的演講《倫理學作為第一哲學》：

> 我的在世存有或我在世間的位置、我的自家，這些不曾是一些場所的侵占，這些場所原屬於被我所壓迫而饑寒地驅被趕至第三地的其他人：一種壓制、一種排除、一種驅逐、一種剝奪、一種殺害。巴斯卡曾說：「我在世間的位置」這是所有土地侵占的開端與意象。[67]

這一段話表達的是一種深層的道德疑慮，任何人為了個體保存，

---

66 Levinas, *DEH*, p. 173.

67 Emmanuel Levinas, *Éthique comme philosophie première*（Rivages poche/Petite Bibliothèque, 1998）, p. 93. cf. Note 17 de Jacques Rolland. 此句也出現在 *Autrement qu'être ou au-delà de l'essence* 的扉頁警語，原句出自巴斯卡（Blaise Pascal, 1623-1662）：「我的，你的。『這隻狗是我的，這些可憐的孩子們如是說；那裡是我在世間的位置。』這正是所有土地侵占的開端與意象。」引文中「我在世間的位置」（ma place au soleil）直譯為「我在太陽下的位置」。cf. Blaise Pascal, *Œuvres complètes, texte établi, présenté et annoté par Jacques Chevalier*（Paris: Gallimard, 1954）, p. 1151.

爭取自己的存在、生存的一席之地時,是否同時也排擠了他人的
生存餘地了呢?意識到人在奪取生存場所產生這種存在的暴力與
謀殺,列維納斯產生了疑懼,他進而表述這種疑懼:

> 害怕(疑懼)在我的此有(Dasein)的此(Da)裡面,我
> 占據了某個人的位置;不能夠有一個場所──一種深刻的無
> 場所(烏托邦)。這疑懼從他人面孔來到我身上。[68]

帶出「此有」一詞正是凸顯一般意義的存在所占有的位置,那是
任何一個此處,但也呼應海德格術語化下的存有論思考。列維納
斯始終強烈質疑或控訴海德格的懷鄉,固著於土地上的思鄉情懷
暗示著可以占有自然而有的土地,採用一種母親的大地隱喻傾向
於已經合理化對他人的排除(排猶)。這一想法凝結為對土地占
有的批判:「實際上,土地的母性規定著財產、剝削、暴政與戰
爭的整個西方文明。」[69]我的存在、我的居於定所、安居於此並非
全然天真無邪的,安居的想像對應著被驅離家園的暴力。對於經
過戰爭與死亡威脅的人來說,存活者早已烙下創傷經驗。暴力包
含另一種陰影:不僅僅追問為何是我遭遇不幸?有時更問:為何
我獨活?倖存者有為罹難者而活的念頭,這種念頭不是心理性
的,而是倫理性的。

　　列維納斯認為,責任所負擔的不是將他人視為另一個我,而
是將自己視為對他人的(不可能的)替代。正因為是「替代」,
所以總是帶著他人的痕跡,但也因為是「不可能」,所以只能由

68　Levinas, *Éthique comme philosophie première*, p. 94.

69　Levinas, *DEH*, pp. 170-171.

我來承擔。列維納斯的特殊表述是以「面孔」來指陳他人的顯現：面孔素直地突現，以赤裸的方式出現，不多加上任何形式修飾，但撼動著自我的封閉與自足，使我不能遁逃入自己中。面孔意味著一種倫理的、存在的質問：

> 當自己被置疑時，正是對絕對他者的迎納。絕對他者的臨顯，是面孔，是他者質問我，並以其赤裸、以其一無所有來對我意指一種秩序。他的顯現是一種要回應的督促。[70]

回應他者、迎納他者，乃是責任與承擔（diaconie）[71]，「我」（le Moi）不能自由地決定是否要回應，因為在此一「我」的設定與位置上就已經有責任了。當我與他者緊密牽連時，責任也緊密牽連著我。

　　列維納斯更澄清：此種緊密（solidarité）不是物質力量的團結或使得器官連結的功能，而是一種責任：「（此一）責任，彷彿世間創造的整個大建築物都壓在我的肩頭。我的統一性，這個事實是沒有人能代替我回應。」[72]這一意象也如同列維納斯所描寫的猶太人硬頸意象：「一個硬頸承受著宇宙。」[73]但是，承擔宇宙、承擔他人的不是如阿特拉斯般的神話人物，而是任何一個平凡的「我」，在每個我身上就有不可脫逃的回應責任。這種承擔只能接受而無法卸除，也超過了主動決定與被動接受的對立，而是更原始的承受，在此意義下，列維納斯以一種特殊的被動性來界定：

70　Ibid., pp. 195-196.

71　Ibid., p. 194.

72　Ibid., p. 196.

73　Emmanuel Levinas, *Difficile liberté*, p. 79. 另見本書第一章第二節的分析。

> 　對他人的責任——在其關係到我的自由上有先在性、在其
> 關係到現前與表象上有先在性——是比所有被動性更被動的
> 被動性——暴露於他者而無對此暴露的假定，無保留的暴
> 露，表達，言說。[74]

在先於一切時間性的想法上，開出的是屬於無限性的領域，也是
超乎表象能力與我思的間性的層面。列維納斯稱此種時間上的先
在性為「先於根源」（pré-originel）或「無—根源」（an-archie,
an-archique）[75]的原則，亦即，不在我的自由所統轄（archie）的根
源。他拆解 anarchie（無政府）為 an-archie（無—根源、無統
轄），目的不在於否定政治，而在於提出比政治更優先的正義原
則，此原則在根源上是倫理的、是對他人負責的。主體在其位置
上早就典當給他人，承擔他人，也可說是相較於他人而倖存，此
一倖存的性命是從取代他人的位置中取得的，這種典當也使得主
體是他人的人質（otage）[76]。從被典當的人質立場看，主體的自由
並不握在自己的手裡，而是在於回應他人的承擔上。

　　從列維納斯這種倫理性的思維來看，主體的優先性不在於自
我意識、自由、自行抉擇上，相對地，卻是在於不能逃脫對他人
的回應、對責任的承擔、對自己生存位置的惝慄難安。唐君毅顯
然有非常不同的方法與問題途徑，以他人的限制作為主體的實現
條件，這是承認個人的原初自由。列維納斯受現象學影響甚深，

74　Emmanuel Levinas, *AE*, p. 18.

75　Levinas, *TI*, p. 36; *AE*, p. 8; *HAH*, p. 68.

76　Levinas, *AE*, p. 6.

但卻反對現象學的意識立場，更反對海德格的存有論；唐君毅則
較清楚展現源自康德、費希特、黑格爾的觀念論立場，他所自承
的超越反省法[77]也在此一脈絡中。關於主體性論述，唐君毅也不
同於列維納斯，主體包含著「主」與「體」兩環節；體的論述涉
及體、相、用三種概念，明顯是在儒學與佛學交織的脈絡下成
立，而「主」也決定著「主體」概念的實質內涵，以主導、作主
為核心的想法不可能將決定權讓渡給他人，在道德原則上則傾向
自律。儘管如此，「主體」的「主」並不會排除「主迎賓」的迎
納，這是讓出空間給他者。對比下，列維納斯幾乎全然不同，「主
體」是subject，他一路穿越從實體義（substance, ousia）的主體到
存在義（existence）的主體，又不願落入「托體」（hypokeimenon,
subjectum）的意義；對主體的思考涉及底體（hypostase）的出現
與「此處」（ici）的立足點、現前的時間性、他者的痕跡，以至
於主體是作為人質、承擔責任的主體。列維納斯的道德原則在此
呈現獨特意義的他律，賀諾便批評這種他律倫理，倡議回歸康德
的自律倫理學[78]。我們說列維納斯的「他律」是「獨特意義的他
律」，主要在於避免一種誤解；因為通常所謂的他律，對比於自
律，顯示出一種對責任的放棄，聽從下律令者的安排，只是單純
的服從律令、服從規則。在此意義下的他人或神，並不見得有一
道德上的莊嚴。但若就列維納斯反覆申論的責任倫理來看，獨特
意義的他律絕不是放棄責任，他甚至認為一個道德主體沒有放棄
責任的自由。以面對他人（亦即，迎納他人的面孔）、承擔他人
而來的他律，雖然最後迴向無限的神，但這絕非放棄自己給神。

---

77 唐君毅，《哲學概論》（上），頁205-219。

78 Renaut, *L'ère de l'individu*, p. 257.

「供神差遣」是指主體無法推卸自己的所在、無所遁逃的主體位置。責任主體的被動性源自獨特意義的他律，這種被動性也應做此理解：不是怠惰卸責的被動，也不是受鞭策或激勵才湧現的道德感，而是被銘刻在主體性上的他人關係所規定。然而，如果擺脫自律或他律這類字面的規定，或許可以思考：以他人的限制作為主體的實現條件是否可聯繫到承擔他人、對他人的責任上？在不同的脈絡下，所出現的倫理要求是否可能在差異中開出另一種對話的可能？

五、天德的教化

　　從差異的角度切入，我們不難發現，唐君毅的儒學取向與列維納斯的猶太教背景已經意味著立場的分歧。儘管兩人都已倫理性的思考為優先，也都在此倫理性上建立或允諾宗教的開展，但特定宗教歸屬的烙印卻又是明顯的。然而，假使論點是放在教門的差別與抉擇上，那麼，不論是基督教、回教，或者佛教、道教教門的爭議與護教，都有其文化與歷史處境的合法性，在此點上，從他人到他種宗教的存在，已經不能證成以我的宗教吸納或取代他種宗教的合法性。相對地，不考慮個別抉擇與歷史文化條件，一味抹平其間的差異，空洞地論述各宗教間的平等，或甚至凌空成立一種跨宗教的宗教[79]，其困難將如唐君毅所展示有關「哲學的大傲慢」一般，不能忽略也有「宗教的大傲慢」、「無限後退意義下的宗教」之可能。

　　如果以唐君毅的論述方向看，宗教經驗的提點、宗教領域的

---

79 唐君毅，《中國人文精神之發展》，頁368。

證立明顯出現在不同時期的著作中，以宗教性來刻畫其思想特徵，應非失的。只是，我們不能忽略其立足點也同時放在道德實踐上，並沒有捨道德而就宗教的可能。若就唐君毅論述的語言來說，其取徑的方式皆以哲學語言來表述，特殊處在於從哲學開向宗教，這便是前述「哲學的目標在成教」的表述。「教」固然呈現教門相，但又以「教化」為核心，既不是限於單純信仰、也不著重於儀式表現，核心處在於一種超越性的肯定。他早期曾表述宗教為「求價值的實現與生發之超越的圓滿與悠久之要求」[80]，而在晚年的心靈九境中，宗教屬於超主觀客觀境，以不可思議的方式成為絕對的精神實在[81]。唐君毅一貫的說法在於從宗教精神肯定宗教信仰與宗教行為，宗教的肯定來自「人的心靈主體」[82]，因為這一心靈主體的精神表現有超越性，可以貫串九境而不斷提升。在主觀客觀境上也有超越，這種主客觀境界中的超越原是一種透過他人的限制而化消期望超越時的我執，此限制展現為一種謙卑的承托，視自己為一無所有，並能承接超越自己與他人的天或神靈。主體，並非只有自己作主的主宰，也可以是「主迎賓」的迎納，承托如同迎納。從超越到迎納承托，這裡有一種概念的轉折。唐君毅所堅持的是，宗教信仰中有承接神靈、由神靈所充滿的情況，可以是信仰的事實，但這種充滿應當視為本心的要求[83]，人的本心使得神靈的心流行於人心。重點不在於是否有一以存在樣相為實體的超越者，而在於能使得神人連結的關鍵。一誠之流

80　同前書，頁347。

81　唐君毅，《生命存在與心靈境界》（下），頁6。

82　唐君毅，《中國人文精神之發展》，頁351。

83　唐君毅，《生命存在與心靈境界》（下），頁346。

行得以連結天心與仁心[84]。連結的關鍵證成了儒家的立場，唐君毅藉以聲稱儒家的天德流行境比一神教、佛教更為圓融；儒家能夠連結神作為超越的存有與佛性作為內在的存有的交會處[85]，人的有限也同時能夠是無限的，立人極同時也能合內外、通上下。

以唐君毅的「人是有限的，也同時能夠是無限的」此說與列維納斯比較，我們可以注意兩點。

第一點是無限與超越的關係。

我們首先看到一項差異：列維納斯強調神的超越性與無限性。但若就實際的論述來看，列維納斯也強調倫理性以及對他人的責任；這一想法將內在與超越的問題不放在神是否是超越的存有者上，而放在神超越存有的層面上說。「內在」指的是在意識中的「內在」。以神的無限性為說，意指神不可被意識所表象，因此，神也不可被化約為自我意識所幻化的種種樣態；這種說法其實仍是亞伯拉罕宗教立場，只不過以哲學的深度來拒絕神的偶像化，其後果是反對以「我」為神聖的或從「我」產生出神，進而拒斥自我立法的自律。神維持為不可說的不可思議者。這種見解所要拆毀的是自我膨脹的我的主體，進而淘空此主體以便能夠承托他者。列維納斯借用笛卡爾在《沉思錄》第三沉思所指出的「無限者的觀念」（l'idée de l'Infini），解釋有限的人心中可以有無限者的觀念，卻不成為無限者。列維納斯將無限者（l'infini）中的字根 in- 理解為兩種層次：既是對有限的否定（le non）又是在有限者之中（le dans）。如此，「無限者的觀念」指的是「我之中

---

84 同前書，頁347-348。

85 同前書，頁352-353。

的無限者」（Infini en moi）[86]，這種「在……之中」顯示出意識的被動性，擺脫意識的主動性後，這種意識仍然要迎納無限者。無限者既然仍需要「在有限者之中」，便意味著，對有限者的否定不是一般性的全然否定，相對地，是否定在意向性後面的「主體的主體性」，想凸顯的是無限者與有限者的差異、不可混同（non-indifférence）[87]。有限者不是對於無限者全然無動於衷，相反地，即使維持在超越狀態中，有限者仍受到無限者的觸動，這種觸動、感觸（affection）[88]以創傷的方式迫使有限主體面對。「創傷」指的是一種被動的承受，不能被意志任意抹去的痕跡，同時又歷歷在目、如在近前，揮之不去。不是哪種特定的事件引發創傷，而是創傷所留下的傷口才使人對他者開放、對不可言喻的事狀開放。創傷顯示出主體的脆弱與易受傷性（vulnérabilité）[89]，在創傷的觸動下，與他人的感通成為承擔的責任。

　　創傷的出現反映出有限者與無限者之間的一種預先結構。無限者在有限主體中劃下一道開口，使此主體的我淘空以便面對他人（面貌、面孔），但這種超越存有的善（如同柏拉圖在《共和國》卷六所示）讓自己的被動、承受，彷彿可以承受他人的痛苦到替代他人、成為他人的人質（被典當給他人），這種無限者或善對「我」下命令，而「我」責無旁貸（不能旁貸，因為成為人質、被典當的是我），服從命令是順服於他人[90]。這種「替代」只是一種「彷彿」的狀態條件，目的在於激發出責任的承受。從列

86　Emmanuel Levinas, *De Dieu qui vient à l'idée* (Paris: Vrin, 1982)（=*DVI*）, p. 106.

87　Ibid., p. 108.

88　Ibid., p. 110.

89　Levinas, *HAH*, p. 68.

90　Levinas, *DVI*, p. 113.

維納斯這種超越的神來看，其意義已經不同於通常所謂的內在與
超越，相對地，超越於我，是為了朝他人開放，但責無旁貸；這
種倫理學建立在一連串的概念意義挪動，以致對「選民」的意義
也更動，主體不能擺脫他對他人的責任，事實上，每個承受天命
者也都在承擔對他人的責任時成為「選民」。列維納斯對「選民」
的獨特詮釋可以在更廣的意義下提供比較的視野。

　　第二點是召喚與回應的動態結構。

　　唐君毅對天命的詮釋，即以感通之境彷彿時時對自己有命令
的召喚，要求主體自己自盡其性以回應這種召喚。因此，向上翻
升的超越與生命的向內收斂兩者一併俱行，境與心有一種互動關
係：心靈向上之際如同境自上迎面而降，我的感通如同境的下降
於我，為我所迎接[91]。天命也需要有心靈的承接，同時，心靈「自
居下位以承奉之，則此境相為天之境相」[92]，受命的主體便以承受
的姿態來面對此一似乎超越在外的天。能夠通天的可能性也源自
此種能受命的主體，以及責求主體的居下位以承受天命。主體的
能承擔則是天命能否降、人是否能盡性的關鍵。

　　唐君毅也注意到超越界的不可思議境。如同孔子的「天何言
哉，四時行焉，百物生焉，天何言哉」（《論語・陽貨》）或「夫
子言性與天道，不可得而聞也」（《論語・公冶長》），儒家傳統
並非以直接的方式或認知的方式來進行對天的表象。人的德性才
足以呼應天德，按照唐君毅的理解，天德流行乃是流行於人的盡

91　唐君毅，《生命存在與心靈境界》（下），頁205、232-233。
92　同前書，頁234。

性立命，使「性德流行即天德流行」[93]。這是人的成聖之可能，也是在有限中能臻及無限的可能。

列維納斯並不認可有限者有通向無限者的這種可能。但若從責任的承擔來說，無限者的遠離與超越，相對地要求個人對鄰人、對鄰近者、他人的面貌有立即的回應。這是任何一個人的責任，也只有人類的個體才承擔他人。列維納斯所認為的神，不是「單單最初的他人、最突出的他人或絕對的他人」，而是「不同的他人、不同於他者、他性先於他人的他性之他者、先於受限於鄰人的倫理之他者、不同於所有鄰人、超越以致於缺席」[94]。這種遠離的榮耀卻在主體中落在主體對他人面貌的回應上。神的超越並不是單單讓主體服從於此一遠離不可見、不可思議的無限者，而是轉而服從於近前的他人。無限者對主體的感觸（l'affection de la présence par l'Infini）是讓主體能夠承接鄰人（assujetissement au prochain）[95]，這種承接彷彿是一種服從、服從於鄰人。鄰人帶有世間性，故而，即使是此主體面對無限者的命令時，也都需轉至社會性（socialité）的倫理，而不是停在無所依旁的命令上。因此，發自無限者召喚的倫理落實在面對他人面目的社會性倫理，所積極成就的是人間性的、社會性的倫理，在世間之中也同時意味著存在於各個他人之間。

從上面的兩點對比可以看出，唐君毅的儒家倫理與列維納斯的倫理在分歧中也有可以相呼應之處，重點落在此處的主體如何

93　同前書，頁357。

94　Levinas, *DVI*, p. 113.

95　Ibid., p. 116.

回應無限超越的召喚與命令。主體的承擔不是自我的填滿，而更需要在主體中的謙卑與致虛以承托他人的實在。在此種思維中，主體的位置對於德性的形成有不可忽視的重要性。

　　按照儒家倫理的觀點，主體的位置具體展現在家庭中。唐君毅在論及家庭意識的孝友德性時，從夫婦關係、父母子女關係推向兄弟姊妹的友愛關係，他指出：「在自然之友愛中，有相互之以他為我之意識，兄弟間有一心共命之意識。」[96]追溯「一心共命」的根據則來自父母的生命精神的一貫性、統一性有客觀化的表現（亦即父母生子女）。這種「以他為自」的意識已經從單一個體突破而轉向並立的複多個體，但在家庭組織中這種自然連帶的關係也呈現出一個限制。因此，唐君毅進一步從友愛推出相敬，在「敬」之中，不同個體能夠維持獨立人格，「相敬則允各有其私」[97]，如此的敬德有維繫人與人之間的擴大作用，使得生命能夠開展。這種敬德的擴大，從敬兄長推到敬長。唐君毅的解釋是：

　　　　當我念一人之先我而存在時，我同時直覺我之曾為虛位。此種我之虛位感，即使我對對方取一承托之態度，同時對於我之現實活動加以收斂。（⋯⋯）此種對對方之承托態度與對我之現實活動之收斂，即是敬之本質。[98]

在行文中，唐君毅也交互對照道德活動中，現實境與理想境彼此

96　唐君毅，《文化意識與道德理性》（台北：臺灣學生書局，1986），頁88。

97　同前書，頁90。

98　同前書，頁92。

穿插,「敬」的態度便是對現實境的限制而肯定理想境的他人,對長者或先人這種他人的敬意,則離開形軀的現實而在精神化中產生一精神氛圍。相對地,對後人的德性乃是愛,以後來者為虛位,而我為實位,我「當以實充虛位」、「充實自己以包覆對方」[99]。因此,虛與實乃是理想境與現實境、不存在與存在的指謂,差別在於存在的現前化,以能現前者為實,不能現前者為虛。這一哲學立場的背景是以存在或存有為根據,不同於列維納斯主張一種外於存有的哲學立場。而唐君毅所謂的虛位與承托,也會在時間性中化為實位,而變為前述的包覆(「包覆對方」)。在此論述下,唐君毅將兄弟友愛的關係放在一種對稱的關係中考慮,而列維納斯則始終從不對稱的關係考慮主體與他人,其語意脈絡的他人更像是鄰人,主體對他人的承托始終是以虛位的方式進行。

　　在唐君毅所詮釋的儒家倫理中,主體之位以動態方式發生在德性的形成上。從虛位到實位,或從實位到虛位,不同的位呈現不同的行為態度;在虛位中為承托,在實位為包覆,分別展現為敬與愛兩種德性。較之於承受天之降命,虛位的作用也同樣出現在對較高之境的順承,對於天的感格則是源自主體的居下位、能收斂,因此,虛位的敬可以貫串敬長與敬天。追究此種虛位能夠成就德性,並不是單就實際存在的位置而定,而是根據主體的超越性對於主體之位的衡定而展現。虛位的敬也是以超越作用所醞釀的精神氛圍來施展,既不是一味的虛、也不是一味的實,是根據主體之位而發動主體的超越來成就相應的德性。

　　列維納斯所分析的家庭關係涉及到一種「迎納」(accueil)與

---

99 同前書,頁93。

安居（habitation）。如同漢字的「安」在家中有一「女」守住此一家宅，列維納斯也強調安居與女性的迎納[100]。對於任何一個受到家的庇護的人來說，有一種倫理的先在性標示著女性的優先位置。不僅僅是生理的誕生需要預設著母親的先在，也不是根據家的效用來規定女性操持家事的任務，家宅能夠收攏著家人，而以家庭的親密感為中心的聚攏表現的是倫理學上的棲留（demeure）[101]。即使在家的隱密中，一個主體想要隱遁於自身中，但是家提供的迎納也已經有他人的現前（présence）。這種現前不是以透明張揚的方式緊迫地顯現於前，他人（女性）在家宅中以隱密、隱蔽的方式中迎納那些歸返的主體。如此說來，列維納斯從不同的方式闡述家中主體的虛位，在倫理行動的主體尋求家的庇護時，有家的迎納來接受此主體的隱遁；這種迎納本身也已經有倫理意涵，在主體的虛位中含括了他人。但是列維納斯畢竟不從具體的父母兄弟關係來說此虛位關係，而是讓物件化或工具化的家宅、財產、勞動都蒙上倫理的色彩。反觀唐君毅的說法，從迎納的主體性來看，能夠遂行「主迎賓」的主體包容了一種原始的虛位可能性，這種可化主為賓、納賓為主的轉化，才使得倫理的主體性不落入僵固的關係。

類似對於主體之位的討論，出現在政治意識上。唐君毅肯定權力意志在政治領域的關鍵角色，不同於一般政治理論的立場，他強調權力意志中有超越我的道德意識為基礎[102]。在政治場域中與權力意志相應的是客觀的權位[103]，在權位上成立政治上的價值

100　Levinas, *TI*, p. 128.

101　Ibid., p. 125.

102　唐君毅，《文化意識與道德理性》，頁183。

103　同前書，頁191。

層級與政治組織。客觀化的權位，分別具體化於意志活動的客觀
表現，呈現為：德位、能位、勢位三種。對於權力的服從，乃是
根據服從道德、才能、勢力[104]，而有不同高度的客觀價值。對於
居於政治團體中有高位者的尊敬，並非對於特定個人的尊敬，而
是對於此一「位」的尊敬，但「位本身之所以可尊，乃因此位是
依吾自己之照顧全體之意志與良知之要求而建立」[105]。權位的客觀
性也展現在此種全體性與道德理性（良知）的關係中。唐君毅並
非單純進行政治行為的實證分析，而是在於闡明政治活動的道德
性，價值秩序的承認也還來自主體發用的超越性，這種主體能夠
發展至全體性的主體。從政治組織的道德依據歸向道德自我的超
越與自覺，從客觀化的原則來看，其根據的哲學語言也還是觀念
論（唯心論、理想主義）的語言，客觀價值的成立使得文化的各
種具體活動得以從主體的道德意識建立起來。唐君毅此一作法或
許不同於列維納斯，因為列維納斯嚴格區別宗教領域與政治領
域，堅持超越性，拒斥主體被納入全體性的概括，並且也從普遍
性來談宗教的倫理基礎，不願落入民族主義狹隘的國家觀[106]。兩
位哲學家經歷了不同的歷史創傷，所希望面對的問題並不相同。
列維納斯以宗教的超越來抵抗世間政治的吸納，以哲學論述來擔
保了猶太教的自主性。唐君毅通過文化場域的內在差異來安排世
間價值，並成立一種體系性的論述；這一文化體系的成立除了奠
基於他個人的思想性格外，還有他對於儒學任務的考量，亦即，
以儒學興教，奠定文化基礎的企圖。

104　同前書，頁203-204。

105　同前書，頁212。

106　Emmanuel Levinas, *L'intrigue de l'infini* (Paris: Flammarion, 1994), p. 305.

　　主體作為承接天德，促使人心與天心相接的承載，是講究立人極的基礎。這一基礎同時也是連結道德與宗教的共同基礎。考慮唐君毅的著眼點，哲學反省提供的基礎，並不在以一種後設哲學的角度奠定宗教基礎，相對地，是在證成從道德至宗教的整體教化體系，主體是以心體的能動性與超越性來確立文化世界的價值。價值的各種位階與主體之位相應，而主體能具體把握其世間位置，面對他人，並從此位置做出相應的行動；主體也有能力超越特定位置的限制，使得位與位之間是以價值肯定、價值轉變的方式被動態地安排。這種動態保存著「文化」或「教化」的「化」，而不是僵固的體系而已。

結論

　　本章從唐君毅所面對的人文主義危機與重建為線索，與列維納斯所謂「他人的人文主義」作比較，同時以主體性與他人問題為焦點，處理主體哲學視野的新詮釋。兩者的交會處在於主體與他人的關係中所引發的倫理責任。列維納斯的主體性概念根本上建立在他異性上，對於他人的責任乃是主體之所以為主體而不可任意取消的關鍵理由，但不肯定從笛卡爾到胡塞爾的意識哲學來奠定主體性的概念，也不從自由意志的角度來認可主體性。對於唐君毅而言，主體與精神性的心體為同義詞，主體性以意識與自由意志為核心，但強調自覺的超越。此一主體的超越能力則作為從道德連結到宗教的樞紐，而他人則是對於主體我的限制，此限制能作為感通的現實化條件，道德實踐以感通為動態原則通往宗教的超越境。兩位哲學家在宗教的超越性上，有一明顯的分歧。列維納斯維持神或無限者的超越性、不可企及的遠離，而唐君毅

則肯定天心與人心、天德與人德的合一，人的有限性能夠藉其自覺超越而接近無限性。雖然有此差異，主體仍舊是關鍵，兩者都一致肯定主體承接無限者的角色，列維納斯以無限者在主體中作為責任的開端，而唐君毅則以感通的聯繫使主體接上超越境。感通以召喚與回應為基本動態結構，就使得唐君毅與列維納斯兩人在主體與感通的概念上有共通基礎。在這種既分歧又接近的情況下，我們可以重新思考主體性的理解進路，而關鍵在於主體與場所的關係，亦即，主體之位。感通就在主體按照其所在的位發動了回應的實踐活動。

列維納斯的「獨特的他律」原則其實受到多方的挑戰，特別是康德式或觀念論主體哲學的質疑，前述的法國哲學家賀諾便屬於批評的一方。然而即使如此，列維納斯所提出的他者問題仍舊是不可逃避的核心問題，但此問題相應於主體回應的可能。我們也指出，他所意味的自律原則有獨特意義，不是放棄責任的他律；相對地，承擔責任的主體具有履踐此承擔的必然性與義務，主體之位是不可逃脫、不可卸責的位置。另一方面，主體的位反映出唐君毅的場所思考，生命九境或精神空間都是這種思考的表述。虛位、實位的區別是因為主體對於所在之位必須有所回應，回應同時也相對於此主體之位的他者之位。從哲學提供的超越反省到宗教所開立的超越境（超越主客觀），有一種聯繫理論與實踐的動力，這種動力的基礎在於能轉化的主體，亦即，不受限於主觀性的主體。在此一意義下，唐君毅更以「主」為「體」的基本作用，在超越能力上肯定自律原則，他轉而以神聖心體為說，這是結合人心與天心的心體。此種精神性必須同時是聯繫自我與他人的精神性，或者說，是能夠證立社會性的精神性。這或許也可說是交互主體性或主體間性的道路，然而，此一問題已經蘊含

在有關他人的問題討論中。

　　社會性的要求呈現基礎的世間相，主體在世間中，但並非孤零零地懸於世間，而是倫理地迎納他人。唐君毅對主體的理解蘊含著「主迎賓」的迎納與面對，擴大了主宰的意義，並且聯繫到感通的作用；主體的自作主宰不排除對他人的慷慨迎納（好客）。藉由列維納斯的主體論，我們也可思考一種將此慷慨迎納視為銘刻在主體位置上的必然結構。迎納他種宗教的可能性是否也在不同的主體性下有不同的理解？在肯定九境的安排努力時，或許不必強調價值高低的吸納銷融，而是點出一種積極接納的可能性，這種可能性不失去主體性，換言之，也不失去主體的承擔，在唐君毅以儒學為主體的宗教與倫理對話中，不必錯失與他人的遭遇，也不會強加於他人。關鍵仍在於對於主體性的重新調整，從主體之位來重新思考。總之，主體與他人之間的世間性帶有一深刻的倫理要求於其間，此一倫理要求則是新的宗教對話基礎，主體與主體性的意義也將在此，做出新的調整。

第三章

境界感通論
一個場所論的線索

前言

本章的旨趣在於將「場所論」的角度與傳統概念「感通」結合，希望從一個特定角度談一個被熟悉使用的概念，開發其概念內涵，在範圍上限定在唐君毅最後巨著《生命存在與心靈境界》（1977）。在此一撰寫目的下，首先必須對標題「境界感通論」與使用「場所論」此一詞彙作說明。

感通原則的拈出，源自唐君毅自己明白的指點：「今著此書，為欲明種種世間、出世間之境界（約有九），皆吾人生命存在與心靈之諸方向（約有三）活動之所感通，與此感通之種種方式相應；更求如實觀之，如實知之，以起真實行，以使吾人之生命存在，成真實之存在，以立人極之哲學。」[1]根據上述說法，心

1　唐君毅，《生命存在與心靈境界》（上），頁9。感通作為一個哲學概念，也是唐君毅與牟宗三的共同用語，在牟宗三的著作中，有一基本規定：「仁以感

靈三向與九種境界之間有一彼此相應的動態關係，貫穿動態結構的是一個基本原則：感通。另一個關鍵的概念則是「實」、「如實」、「真實」，感通所引向的是歸於「實」；根據此種感通原則來成立的各種境界是為了疏通而證成「立人極」的真實生命，所疏通的則是真實的觀、知、行、存在。此處所緊扣的「真實」則揭示出實踐的旨趣，是以實踐為核心的真實。

感通在貫串、疏通「觀、知、行、存在」時，都起著實踐的作用；唐君毅的進一步澄清指出「知」不單單指知識（「純知識上之事，皆是戲論」），而是一種自知、一種「與情意共行之知」，這是「自宅其知于此真實之情意中」[2]的自知。從感通作為心靈境界開展的原則來看，唐君毅眼中的會通原則也將同樣落在感通原則上；在心靈境界所含蘊的觀念論立場上，也還有實踐活動所預設的實在論立場，兩者彼此穿梭交錯。因此，如果要嚴肅面對唐君毅所苦心設思的中西哲學會通，不能不考慮此一感通原則所具有的概念特徵。

至於「場所論」一詞，原係與「境界」一詞有緊密關係。如果以康德意義下體系的建築術原則來看，境界的排比似乎也必須符合體系性的要求。但唐君毅明顯對於體系的建築深懷戒心，境界的成立更需要境與境的會通，故而更重要的是此中的動態過程，感通則可視為體系的動態性原則。具體的想法可見於其對比

通為性，以潤物為用；智以覺照為性，以及物為用」，見牟宗三，《歷史哲學》（台北：臺灣學生書局，1982），頁178；以「仁心感通」為論述基調，也可見於牟宗三，《心體與性體》（台北：正中書局，1981），頁22。但仁智並舉的說法與唐君毅略有不同，本文暫不能論其詳。

2 唐君毅，《生命存在與心靈境界》（上），頁25。

建築與橋梁的反省[3]。伴隨著感通所成立的心靈活動與境界，則是必須各自賦予位置的分判動作，這種「位置」的判斷是要確立「各安其位」[4]、「各得其應、各得其實」[5]。心靈的觀念論對應著位置、場所的實在論。在境界的論述中，重點除了必須認識到有哪些境界、各境界間有哪種關係、如何融通、如何肯定價值排比，仍必須注意到各種境界與感通原則的動態性關係，更發掘出價值賦予的實踐意義。如果此種賦予位置的作用可稱為成位作用，而「安其位」、「得其所」、「賦予位置」則是包涵價值賦予的成位作用。這可以說是從一種空間隱喻或場所隱喻抉發出實踐意義的思考。本來，「位」、「所」、「境」、「界」都是一種場所性、空間性的用語，符合通用的隱喻性思考；但如果進一步將場所隱喻或空間隱喻提升到一種理論的層次，則可進而考慮一種場所論的可能[6]。在此種場所論的觀點下，心靈境界與精神空間的討論並不僅附著於價值分判的道德意識上，而是使得道德意識得以具體化的表述。心靈九境源自心靈活動的三個方向或道路，這裡的「方

3　同前書，頁34。

4　同前書，頁54。

5　同前書，頁19。

6　按照較嚴格的語詞使用，將進一步區分「場所」與「空間」，相關用語如以英語為例，兩者為 place 與 space 的分別，簡單地說，則是「場所」涉及具體脈絡與情境，而「空間」為抽象概念，與現代自然科學的發展密切相關。有關當代西方對於此一問題的檢討，可參考：Edward S. Casey, *The Fate of Place* (Berkeley: University of California, 1997), pp. 137-161. Yi-Fu Tuan, *Space and Place* (Minneapolis: University of Minnesota Press, 1977), pp. 6, 136-137。但為避免更多的文字枝蔓，本文不在此多談，而逕直使用「場所」一詞。「場所」一詞，原係漢語的固有表達，不必然受限於日本京都學派西田幾多郎所提出的場所論。「場所論」一詞的英文，暫時以 topology 或 doctrine of place 表述。

向」或「道路」使得心靈的內在差異得以鋪陳，也反過來對表現出不同旨趣的各種心靈活動給予安頓。在文本解讀中，「境」、「境界」、「道路」、「橋梁」、「方向」、「高度」、「深度」、「廣度」、「上下」、「前後」都屬於場所論的詞彙。

順著前一章談主體之位，可修正主體性概念，本章談境界感通論，則是發揮主體與場所的關係。

本章也希望思考此一感通原則如何勾連到幾個關鍵的問題上：會通中西哲學、會通哲學與宗教、會通理論與實踐等等。事實上，《生命存在與心靈境界》一書體大弘深、慧命孤懸，以體系性綜合的架構對西洋哲學進行判教，也根據儒家精神提供一種融合會通的哲學努力。面對一個如此龐大的思想志業，要完整陳述既不可能也無必要，讀者可逕自閱讀此宏篇偉構而有自得處，但後來者的思想任務不在於單純傳承，而在於抉發出當代旨趣，以及思考未來的思想路途。寫作的限制也落在一個極為單純的入門問題：如何把握理解的線索？根據〈自序〉所言，此書的構想綿延三十餘年[7]，其基本宗旨則如〈導論〉所敘，為「立人極之哲學」。然而，貫串其中的是感通的原則。從感通的原則出發，立人極的哲學論述也同時將整個哲學思維的旨趣指向實踐，指向有實踐旨趣的教化上，這種教化同時具有能涵攝宗教經驗的意義，唐君毅也明白稱這種目標為「成教」──「哲學之目標在成教」[8]。如此看來，所謂「立人極之哲學」便意味著對哲學基礎的重新奠基以及對實踐意義的融合。

雖然，唐君毅畢生都以哲學作為主要的工作場域，但是，此

7　唐君毅，《生命存在與心靈境界》（上），頁3。

8　同前書，頁33。

一成教的構想對於哲學的地位構成一定的挑戰，至少有一定的緊張存在，因此，如何「哲學地」證成「成教」之可能乃是一個首要必須面對的問題。由於哲學作為一門學問，乃源自近代西方文化衝擊後的思維方式，故而，此種哲學地證成「成教」預設著一種跨文化的脈絡。在唐君毅的時代脈絡下，則是以「中西哲學」這樣一種中國哲學／西方哲學的分別方式來看待，當以境界體系來進行融合時，則涉及到中國哲學與西方哲學會通與融合。如何分判中國哲學與西方哲學的位置時，便涉及到分判的原則。如果參考中國大乘佛學吸收各種自印度傳入的佛教各宗思想時所採取的一種方式，即，天台宗、華嚴宗的判教，那麼，唐君毅意欲融通哲學體系而進行分判的作法，也可以類比地視為以儒家哲學進行新判教的工作。其次，分判並不單單只是分別、指出差異，分判也意味著會通，這一會通本身如何成為原則也值得思考。

　　關鍵就在感通原則上，在證立生命存在與心靈境界的體系時，涉及到成教與判教中哲學的地位。同時，感通原則乃是整體境界成立的樞紐原則，也是判教中會通的原則。最後，在感通原則下有一賦予位置的場所效應，此一效應使得各種境有相應的位。以下將分就成教（判教）、感通原則、場所意識三個面向來進行討論。

一、成教與判教：性情之教

　　生命九境的成立是根據此一感通原則而對於種種境以相互並立的橫觀、依次序先後的順觀、高下層位的縱觀開展出來。

（一）從哲學到成教

生命九境的安排是一種立人極的哲學，同時，又以「成教」為目標，這又必須考慮到判教的必要。判教用在分判哲學所能夠完成的成果上，並在成教的要求下為哲學劃下界限。唐君毅的判教跨越文化界限的不同哲學觀點，原本在傳統的中國思想脈絡中已經有儒、釋、道的價值分判，若再加入西方哲學傳統後，更有中西哲學的分判，甚至是不同的東西方宗教的分判。但對於唐君毅來說，這仍是一種哲學內部的吸收融通。怎麼說呢？

「成教」這一個規定有兩面性，一方面是「教」的規定促成「如實觀、如實知、如實行、生命真實存在」的目標，亦即，歸向實踐的旨趣；一方面則是「教」也構成哲學的再定位，按照「哲學的哲學」[9]一詞的說法，這是一種對於哲學活動的自覺反省，也意味著唐君毅從哲學家的身分來檢討哲學活動的條件，既入乎其內又出乎其外。「哲學的哲學」預設了現存的各種不同哲學主張，各自根據不同的心靈方向面對宇宙人生提出自成其類的哲學，進而說明不同哲學觀點彼此衝突的事實，最終將有衝突的觀點予以重新安排於一個體系中。

但是，所謂「哲學的哲學」並不是後設哲學（meta-philosophy），而是超越先前一種哲學進入另一種哲學的歷程。在此一點上，唐君毅認為在「哲學的哲學」中有一種次序，既能夠「依一普遍義理概念以遍觀」又能夠不斷超越一種遍觀到另一種遍觀，層層轉進，而在「對諸遍觀的遍觀」[10]中有「不斷超越的歷

9　同前書，頁31。

10　同前書，頁31。

程」[11]。唐君毅不認為需要另外成立一個層次（我們或可設想為「後設」的層次）來安置這種「哲學的哲學」，而認為「哲學的哲學與哲學為同義，亦同層位」[12]；如此說來，以「哲學的哲學」來稱呼，並不意味在哲學的層次上多樹立一個超越的層次，從而帶入一種無限後退的危險，相反地，比較像是在哲學內部進行一種內在的分別，這種分別的判準卻在歷程的多寡上，最後則完成一種真正的哲學[13]。在這一「接近真正之哲學」的看法下，柏拉圖、康德、孔、孟、朱、陸、龍樹、智顗也被歸於此種「哲學的哲學」。不過，唐君毅不將自己的哲學視為囊括前述各種哲學的哲學，他拒絕一種無限後退危險中的名稱——「諸哲學的哲學之哲學」。危險之處在於：囊括乃是一種「收盡一切哲學于此囊中而盡毀之」的危險，這是「哲學世界之大殺機，而欲導致一切哲學之死亡者」[14]。

　　綜合其反省，唐君毅面對著雙重的哲學挑戰：一是僅只局限於一家之說而有的偏執、妄執，其困難將造成破裂的世界，而這違反哲學心靈進行遍觀的初衷，於是從「哲學的哲學」來反省完整世界的可能與內在要求；二則是尋求囊括一切哲學的可能，如此則表現為一種「慢語」，這是藉著「諸哲學的哲學之哲學」一

11　同前書，頁33。

12　同前書，頁32。

13　同前書，頁33。牟宗三也有類似的看法，在詮釋康德所謂哲學之古義為「最高善論」時，牟宗三夾註指出：「這古義的哲學在中國寧名曰教」，見牟宗三，《圓善論》（台北：臺灣學生書局，1985），頁 ii。牟宗三也因此發展圓教的觀點，此一重視「教」的論點，唐、牟兩位是接近的。但在檢討此種「哲學的哲學」與「真正的哲學」時，可發現，康德或牟宗三論「哲學的古義」並不同於唐君毅「哲學的殺機」或「哲學的隱退」之說。

14　同前書，頁34。

詞的反省提出，也以「哲學的殺機」作為警語來對治前述的慢語。

　　相較於「囊括」隱喻下的思考方式，唐君毅既要面對各種有衝突的哲學立場，又必須尊重各自有價值與義理的諸種哲學體系，在面對哲學的雙重危機，其策略是如黑格爾般構成「體系的體系」嗎（如「哲學的哲學」之說）？在能夠「六通四闢，以達於其他不同種類、次序、層位之哲學義理概念」時，這種體系又能否免於哲學的殺機？如果以體系為概念來論述，那麼又如何達成此種體系性的要求又不落於羅網的囊括呢？

　　唐君毅訴求的原則是通，所用的比喻是橋梁、道路。他點出一個一般條件下的會通，其條件蘊含著「包涵」：「以吾心包含此所通者，包涵之，即似無異於囊括之。」15作為一個廣泛的閱讀者，唐君毅對於各種哲學論點的理解（「分別有所會心」）必須歸於他自己的銷融──「然吾之分別有所會心之事，仍統于吾之一心，則吾不得不更觀其通。」16這種通不能是扼殺哲學的怠慢，只能成立於會通（會心而觀其通）的分判──「此通之之心，雖初為一總體的加以包涵之之心，然此心必須化為一分別的加以通達之心」，在通達的努力中，所成就的，「唯是修成一橋梁、一道路，使吾心得由此而至彼。」17通達，所造成的是聯繫，使得理解者與被理解者之間不是全然的斷裂、隔絕。順著橋梁的比喻，對於不同哲學體系的通達包含著兩個層次：一是哲學思考者的心

15　同前書，頁34。此一意義也通見於某些西文的字源，例如，理解，英文為comprehend，在法文為comprendre，有「掌握在一起」之意，也接近德文中的begreifen（概念化活動，產生的「概念」為Begriff）；此兩種語詞都通於「囊括」的意義。

16　同前書，頁33。

17　同前書，頁34。

（如唐君毅的心，「吾心」）在領會哲學義理時，對於各種不同哲學體系的通達，另一個則是不同哲學體系彼此之間的通達；第二種層次中，每個哲學體系（「一切義理概念」）本身都是一座橋梁、一條道路，都可以通達到另一個哲學體系。

　　但是，橋梁道路本身所勾連的隱喻場必定緊接著橋梁道路的盡頭處，換言之，這個橋梁道路要接引到何處呢？接引到成教之處。根據唐君毅的看法，作為橋梁道路的此一哲學體系本身不是目的，成教則是摒棄哲學的「言說」，而歸於「離言、言默」。依照橋梁道路的隱喻，在通過橋梁、道路之前，明顯有此一橋梁、道路出現在眼前，不能忽視；一旦通過橋梁、道路之後，則橋梁、道路已經在身後，如同隱身於後。關注到橋梁、道路的通，其實是抹除橋梁道路本身，而讓橋梁道路本身隱沒、歸於無。唐君毅也將哲學和言說兩者類比來談，以「言說成教」為例，指出：說其所學並非究竟，以說其所學來成教，方是究竟；故而，「學以成教為歸，言說以離言為歸」[18]。此處的「學以成教為歸」，更應解為「哲學以成教為歸」。總之，哲學的成教也意味著對哲學進行判教。

　　判教的分判並非只是將各種不同體系囊括收納而一一予以定位，唐君毅清楚意識到這種囊括收納代表一種哲學輕慢的危險，更是扼殺哲學的危險。相對地，成教的說法卻標示出哲學的保全之道：哲學讓自己隱沒，讓位給成教，才是讓哲學免於殺機的出路。判教的另一層意義，更在於點出前述的離言、成教為「東方大哲所同契」。這一個按語所表達的，毋寧是一種價值判斷，凸顯出東方哲學與西方哲學在歸宗處的大不同，用以陳述避免哲學

---

18 同前書，頁35。

殺機（如當代對西方形上學史的解構，從尼采到海德格有「形上學的終結」、「哲學的終結」的說法）的出路。其次，雖然在文字脈絡中，以佛家的涅槃為喻，但唐君毅所嚮往的成教，在東方大哲之間仍有些微差異，儒教（以性情之教為核心）的天德流行境仍舊是九境中的最終一境界，同時，證成的理由是：不爭高低，但是辨別主從——「辨其主從，以興大教，立人極，以見太極。」[19]「大教」並不是指佛教或基督教，而是儒教；其作用是融合高明配天（一神教）、廣大配地（佛教）與人間道德尊嚴，共融於儒家大教中。此一些微差異原是傳統儒釋之辨的關鍵，但從當代的會通努力來看，以成教為目標的判教，不受限在分判的隔，重點在於強調分判中的通，亦即，融通。

「出路」一語也呼應著「橋梁道路」的比喻，而主導原則乃是通——對於唐君毅來說，這種通是為己之學，是由於對各種哲學體系的論述各有會心之處，而當這些不同哲學體系的概念網絡交會在思考者的心中時，思考者要求有對自己的通達，否則的話，將帶來精神分裂的危險——「因如其不通，則吾之一心先自相割裂而不通，而吾之生命存在即有破裂之危。」[20]與「通達」的要求相呼應的是一種整全性的要求，這種要求也是生命存在的要求。這種生命存在的要求是「生命亦成為無限生命，而立人極」的要求；在全體性、大全的整全性要求中，無限而普遍的感通是活動的關鍵。

將這些看法聯繫到前述哲學體系的重新安頓上，我們可以得出一個通盤的理解：對於唐君毅來說，特別是從晚年大成之作來

---

19 唐君毅，《生命存在與心靈境界》（下），頁156。

20 唐君毅，《生命存在與心靈境界》（上），頁34。

看，真正哲學的意涵是在哲學內部中尋得一種內在安排的原則，這一安排的原則使得哲學得以保全，方法是以哲學來成教，成教必須以判教為依據，而判教則是以感通的會通為樞紐。

　　然而，成教中所謂的「教」意味著什麼？若以唐君毅始終關心的人文宗教來看，這種教所指的既是教化、也是宗教；但其實質內容是什麼？從其思想發展的歷程來看，可以初步推斷：以感通為樞紐的判教所指向的乃是性情之教。以下回顧按照唐君毅不同時期所談，對性情之教略作概念的勾勒。

（二）性情概念的脈絡

　　早在《中國文化之精神價值》（1953）中，唐君毅已經著重地闡述根據性情感通而流露的一種形上經驗，藉以說明中國的宗教精神。在天人合一的原則下，唐君毅進行一種通向宗教經驗的詮釋，他特意將「性情感通」當作一個解說原則，故而，對於孟子「盡心知性以知天，存心養性以事天」[21]的論點添加入一個「盡心、知性、達情」的補充：

> 依中國儒家盡心知性以知天之教，則人之求與此形上實在相遇，又不須於自然世界、人文世界先取一隔離之態度。人誠順吾人性情之自然流露，而更盡其心，知其性，達其情，以與自然萬物及他人相感通，吾人即可由知性而知天。於是此與形上實在相遇之道，非逆道而為順道。[22]

21　參〔宋〕孫奭，《孟子注疏》，影印阮元校勘重刻宋本《十三經注疏》（台
　　北：藝文印書館，1981），卷十三上，頁228。

22　唐君毅，《中國文化之精神價值》（台北：正中書局，1979〔1953〕），頁450；
　　參見《唐君毅全集》，卷四之一（台北：臺灣學生書局，1991），頁462。由

> 然吾若透過吾行為與性情，以觀天地，則我之行為之所
> 往，性情之所流行，皆我之生命之所往，亦即我之精神之所
> 往，我性情之所周遍流行。[23]

以達情的論點來補充，意味著一種對於性情之教的重視，也意味著唐君毅心目中的中國宗教精神原型乃是根據性情而成立。

　　誠如從「盡心、知性、達情」來詮解性情之說，基本上是以孟子為依據，但是，唐君毅的見解則是將此一性情說推到貫串孔子、孟子到易傳、中庸的傳統上。他在分別心的幾種功能時，特別另闢一節專論心之性情，這一專節的目的是藉由心的性情來說明心的主宰義或主宰性[24]，甚至將心的虛靈性、無限性、涵蓋性、超越性都當作以性情為本，這是一種「性情為心之本」[25]的主張。在此一論述中，唐君毅先是將孔、孟、易傳、中庸連貫一起來說，但也指出孔子大多是從自然生命提點一種向上心情，以此心情作為「仁民愛物的德行所本」[26]，唐君毅稍帶保留地將孔子視為原始的性情提點，交代著孔子的「言之較為隱約」，但仍肯定孔子有從性情來論性善的說法。另一方面，重視性情心的積極性，也構成儒學內部孟荀分系的判準，亦即，有別於荀子以性情為惡，以致「絀性情而尊心」[27]的路數。

　　於此書版次多，排版方式略異，但1979年正中版與目前通行的全集版的排版方式相同，僅自正文起頁次差了12頁，讀者可自行核查，以下不另附。

23 同前書，頁451。
24 同前書，頁140。
25 同前書，頁147。
26 同前書，頁142。
27 同前書，頁141。

　　隨後，他較為明顯地是將孟、易傳、中庸一併言說，他強調心情與善性的一致關係，這是「統貫心性情、統貫人心與天心、人性與天性之人心觀」[28]。在引述孟子的見孺子入於井與不食嗟來食的兩個例子時，他強調此類情境中出現的心情顯示出心的生動性，既呈現個體的生命也呈現宇宙的生命。在心、情合稱的語詞使用中，唐君毅強調此種心情中的情不是被動的情，而是主動的情、是有「純粹自動自發之性」顯示、又「直接對當前之境而發」[29]，因此，此種心情兼具主動性與直接性。唐君毅此處的論點含蘊著一種對於性聯繫到生命與心情的詮釋，這一種生與心的統一，化為鋪陳「性」的說明則是：

　　　　吾人之心情，乃一超越於我個體之主觀，而涵蓋他人與外物於其內之一客觀的或宇宙的心情。因而能具此心情之自然生命，亦即包含一超自然個體之意義之生命，而為一精神生命或宇宙生命之直接呈現。[30]

此段說法是將「性字從心從生」的觀點鋪陳為心情與生命這兩種層面，但是也將此兩種分說的層面當作統一在性之中的論點，並藉以分別告子「以生言性」與孟子「即心言性」的不同，這是唐君毅的一個基本詮釋立場[31]。有關此一性情如何涉及感通的問題，

28　同前書，頁144。

29　同前書，頁143。

30　同前書，頁144。

31　從早年起，唐君毅便抱持此種「性字從心從生」的說法，在1937年的〈中國哲學中自然宇宙觀之特質〉中，其中一節提出「心靈生命同質觀」，即已主張「中國哲人把心靈與生命貫穿為一」，見唐君毅，《中西哲學思想之比較論

將於後論。

而就性情之教的層面來說，性情為心的核心作用，因此，唐君毅特別強調「自性情說心」的這一立場：

> 孟子、中庸、易傳皆自性情說心之虛靈明覺，不自心之虛靈明覺說性情。自性情說心，即首自心之與物感通時所表之態度、所生之情說心。[32]

這種「自性情說心」體現著感通的作用，唐君毅也認為從性情出發才具體展現出心與物在交感而相互貫通的彼此充實，他詮釋這種相互貫通的心為「成己成物之仁心」[33]。從性情所流露出的痕跡，可以辨識出感通與仁的密切關係。而唐君毅先概括而後保留

文集》（台北：臺灣學生書局，1988〔1943〕），頁121。其詮釋是一方面將「性」理解為「生生不已的生機」，由於是生生不已，而能夠「不局限於個人而能通於人」，並說「以生生不已之機解性，不僅可通於孟子，且可通於中庸、易傳」（頁121），此一理解從詮釋孟子（「樂則生，生則烏可已，烏可已則手之舞之足之蹈之」）出發又上推到孔子的宇宙是「生生之機流行之境」（頁121），進而解釋「性相近」之說乃是「因為人所稟之生生之機是共同的」（頁121）。在另一篇文章〈中西哲學中關於道德基礎論之一種變遷〉中，更清楚點出「孔子所謂仁，實即不外自己之生機與宇宙之生機共同之生機」，見《中西哲學思想之比較論文集》，頁197。同時，除了以「生生不已的生機」解釋「性」之外，另一方面，唐君毅也以心為生生不已的生機，並以「心性與生可打為一片」（頁122）。這一詮釋原則也延續到《中國文化之精神價值》以及《中國哲學原論──原性篇》，而在《生命存在與心靈境界》中雖然將生命存在與心靈並列來說，但仍舊延續著以性作為生命與心靈的統一體的見解。

32 唐君毅，《中國文化之精神價值》，頁145。

33 同前書，頁146。

的孔子地位，也可從這一仁心與性情之聯繫來思考，雖然，孟子從四端的道德情感表現來說性善，但是，這種情感也同時是由能感通的心所觸發，或者說，感通所得出的作用就是性情。「性情」的實質內容（惻隱、羞惡、辭讓、是非之情）[34]使得心的主宰性（主動性）得以凸顯，並可以提供虛靈明覺的根據。因此，對於唐君毅來說，性情之教幾乎就是仁教的同義詞。在盡心、知性、達情的這一連串梳理論述中，唐君毅的歸結是：為了確立具有宗教意涵的宇宙生命，「必先待吾人真自盡其心，知其仁心仁性之可無不涵蓋，無所不貫注流通而後可。」[35]這一個看法也是肯定孔子的教誨與教化同時是以仁心為中心的宗教精神。

---

34 同前書，頁142。在同一脈絡中，唐君毅也使用「心情」一詞（如「夫人之情，故皆待心感物而後動惻隱、羞惡、辭讓、是非之心情」，同前書，頁143），此中「情」與「心情」互用，但解說「情」是「心感物而後動」，也可視為「感情」或「情感」。唐君毅繼續解說此心情不是被動的，具有超越個體主觀的意味，而有客觀性或宇宙性的心情，進而伸張「此心情所包含之道德價值與善，亦即屬於此心情之自身」，這意味著心情有「一內在之善性之主宰」（頁144）。所謂「道德情感」則是這種依照道德價值主宰而流露的情感，不是生理因果關係中刺激反應的情感；此種道德情感也可視為賦予價值的情感，區別一種停留於感性層次的情感與一種通向價值層次的情感（如「宇宙性的心情」一詞），是可理解的，但並不意味，肯定價值主宰時必定要否定情感的發用。唐君毅在〈孟子之立人之道〉中明顯解說不忍、不安的感情，「此感情，即是人之心靈生命之一內在的感動」，是人異於禽獸的「幾希」；見《中國哲學原論──原道篇》（台北：臺灣學生書局，1984），卷一，頁219。肯定此種性情中的感情，從仁之端加以存養擴大，是性情之教的一個起點。雖然，牟宗三對此「情」解釋為「人之為人之實情」，並斷然拒絕「情感之情」的解釋；見牟宗三，《圓善論》，頁22-23。但此一問題涉及康德解釋的問題，本文不多加涉入。參見李明輝，《儒家與康德》（台北：聯經出版公司，1997），頁136、143。

35 同前書，頁452。

　　幾乎同一時期在1955年發表的〈原心〉（後收於《中國哲學原論——導論篇》）中也稱孟子所論的心為「性情心或德性心」——「其心乃一涵惻隱、羞惡、辭讓、是非之情，而為仁義禮智之德性所根之心。此為德性所根而涵性情之心，亦即為人之德行或德性之原，故又可名為德性心。」[36]以性情心來詮解德性心，顯示出唐君毅所認識的儒家仁教精神，涵養德性的工夫必須落實在性情之教上。在說明孟子性善的特殊指證方式時，他強調是此種性善「是就人對其他人物之直接的心的感應上指證」[37]；此詮釋中「直接的心的感應」，回到性情的直接性上立論，而「感應」一詞也可視為「感通」的同義詞。

　　唐君毅對於性情的重視也見於晚年的《生命存在與心靈境界》中，他論斷九境的根源歸於「當下生活之理性化、性情化」[38]，在〈後序〉中，更有性情形上學[39]的說法。

（三）成教中的性情

　　從上述簡略的線索勾勒中，我們可以看出，性情的概念有一連貫性而不可忽視。若以性情之教的意義來看唐君毅所思考的成教、判教，更能把握判教的旨歸。將教判歸於「依中國儒家盡心知性以知天之教」，而此種教將既是宗教，也是教化。這種教具有兩方面的對照項可以考慮，一是哲學思辨的功能，一是性情的

36　唐君毅，《中國哲學原論——導論篇》（台北：臺灣學生書局，1969），頁75。

37　同前書，頁76。

38　唐君毅，《生命存在與心靈境界》（上），頁52；（下），頁280。

39　唐君毅，《生命存在與心靈境界》（下），頁502。相關討論也參考陳振崑，《唐君毅的儒教理論之研究》（台北：輔仁大學哲學研究所博士論文，1998），頁205-212。

活動。

　　對於哲學思辨來說，性情之教的成教意味著「哲學思辨的引退」[40]。綜合唐君毅的說法，可以從兩個角度來說明此種「哲學的引退」，一是前面所提到的「哲學的殺機」，二則是思辨哲學讓位給實踐哲學，而實踐哲學讓位給生活實踐。唐君毅面對的巨大哲學典範乃是黑格爾，但他也批判黑格爾思辨哲學中的絕對精神，當黑格爾以絕對精神作為最後表現時，代表一種慢語[41]或錯誤[42]。輕慢處在於：此種哲學的終結不能將哲學正確定位為一種歷程，並且定位為通達歷程中的一環，正如本文前面分析橋梁道路的隱喻所得出的歸結。而錯誤則是指「思辨哲學的錯誤」──「其錯誤在不知思辨之隨其所思辨之所對，而自轉易。思辨之目標，在凸出所思辨者。所思辨者既已凸出，此思辨即隱於此所思辨者之後，更功成而身退。」[43]這種引退也呼應著《生命存在與心靈境界》上冊導論中提到哲學的隱沒。

　　唐君毅設想兩個哲學引退的步驟：一是從思辨哲學引退到實踐哲學，二是從實踐哲學引退到生活的理性化。第一個步驟，若從九境的推升來說，可以是為從觀照凌虛境往道德實踐境的過渡，但關鍵在於思辨作用的凸顯與引退這兩面[44]。這個第二步驟便

---

40 唐君毅，《生命存在與心靈境界》（下），頁278。

41 唐君毅，《生命存在與心靈境界》（上），頁34。

42 唐君毅，《生命存在與心靈境界》（下），頁278。

43 同前書，頁278。

44 本文限於篇幅，不能再專就哲學思辨的功能進行討論。但也感謝審查人的提醒，其建議注意談哲學的功能的幾個關鍵文本，例如，去分別執、去法執等三義論哲學的功能（《生命存在與心靈境界》（下），第三十章第三節），精神空間的修養，以及哲學思維開啟理想主義的信心論哲學的價值（〈後序〉）等部分。凡此關節，感謝審查人的提示。然而，唐君毅所論的哲學，原有多層

關聯到性情之教的基本想法，若就九境的關係看，當下的生活初在萬物散殊境，就主體言，通向道德實踐境，就客觀性言，則通向功能運序境，合主客觀，則是盡性立命境。因此，盡性立命以生活中的性情發用為具體情境。

　　對於性情的活動來說，所聯繫的乃是「生活的合理化」中所感發的性情。對於這種生活的合理化，唐君毅特別強調是「當下」、是「當下生活的合理化」，也是「當下的情境」。所有性情的興發都以此種當下情境為起點。對於身處當下情境而有的生活合理化，唐君毅劃歸為盡性立命，而有如下的描述：

> 　　吾人之生命存在與心靈，必須先面對此當下之境，而開朗，以依性生情，而見此境如對我有所命。此中性情所向在境，此境亦向在性情，以如有所命；而情境相召，性命相呼，以和為一相應之和，整一之全，此即一原始之太和、太一。境來為命，情往為性。知命而性承之，為坤道，立命而性以盡，為乾道。乾坤保合而為太極，則一一生活之事之生起，皆無極而太極。45

整個說來，在當下生活的合理化中，是性情之教的具體展現處，而同時這裡的具體而微處則是《周易‧乾卦象傳》的「保合太和」46。故而，從當下生活處境與性情的彼此呼應又上通到乾坤保

　　涵義，故有不同層級的哲學成就，也跨越哲學與宗教的界限，因此，本文主要論述其警覺哲學界限的部分。

45 唐君毅，《生命存在與心靈境界》（下），頁280。

46〔唐〕孔穎達，《周易正義》，影印阮元校勘重刻宋本《十三經注疏》（台北：藝文印書館，1981），卷一，頁11。

合的整全一體（太一）。唐君毅這種性情之教的理想保持一種動態的結構，從分別說的角度來看，包含有情、境、思三個層面，亦即，「境往而情留」、「情往而境留」、「對於境與情的自覺反思」[47]。但這種分別又必須在一個全體中加以融合。融合的要求則是唐君毅性情之教的一個基本態度，他所訴求的，即是在感通過程中的動態循環：在心靈與境界間的往復必須「圓轉如環，而周流不息，以向於環中」[48]。而往復循環的動態感通則被含括在情、境、思之間「互相保合之一全體」中，並且對於情感、境地、自覺思想（情、境、思）三者間一切可能的分裂與矛盾，「皆應有其所以彌補融合之道」[49]。以人的自覺為根基，尋求生活的合理化則保存在心靈與境界的往返感通，具體化在情境的全體中。

　　根據此種性情的描述，當下生活合理化必須兼顧體現融通的全體；但是，即使感通的動態結構是用以擔保融合的目標，融合全體的目標卻未必能實現。故而，唐君毅借用康德有關靈魂不朽的設準，而將此種生活合理化與全部融通的觀念聯繫到對於成聖的「超越之信仰」[50]。以全體性作為內在要求，從此種超越之信仰

47　唐君毅，《生命存在與心靈境界》（下），頁281。

48　同前書，頁283。

49　同前書，頁282。

50　同前書，頁285：「人之今生不能成聖，亦可在他生中成聖，乃一超越之信仰，而不能由一生之經驗必然加以證實者。」按此脈絡，「超越」一詞，應理解為transcendental而非transcendent之意。參照唐君毅《哲學概論》中涉及康德的部分，可以比對出其翻譯原則：a priori翻作「先驗」，transcendental作「超越」；其次，有關「超越反省法」的觀點，也符合此一原則。牟宗三也有相同的翻譯用語，並以「超絕」解transcendent。筆者傾向於分別將a priori作「先天」、transcendental作「先驗」、transcendent作「超越」。對《生命存在與心靈境界》（下）此處的「超越的信仰」（「先驗的信仰」）的「超越」，唐君

作一個普遍化的考慮，就個人來說，則是個體生命的相續不止。
只不過，來生不是以積極義、而是以消極義被看待[51]，在信仰上，
提供一種合理化的前後一致、相互貫通；如此，生命則是超出生
死的轉輪，獲得永恆的意義。全體性要求的另一層面是：不僅只
要使得個人生命有全部的合理化，也要使得所有生命有合理化；
從個人生命到一切生命，成立另一種超越的信仰，但是，由有限
通往無限，則是根據理性生活中產生的「無盡之情」。換言之，
對於成聖的希望也同時產生一種「依理性而生之情」，相應於超
越之信仰，也有超越的願望、超越的情。從融攝佛家破除斷滅見
的消極來生說，到連結合佛家的有情眾生說，但充實以成聖的超

毅的解釋則是指「非此生經驗所能證實」（頁285），甚至也擴充到「永恆之
生命」（頁287）。但就「超越之願望」的解釋來說，他所著重的仍舊是不從
經驗事實來論願望的實現。此種「超越」雖然不受限於經驗事實，甚至對來
生有信仰（「來生成聖」），但也還是以合理性為根據，並不脫離世間生活，
只嚮往出離世間或彼岸的生命（即 transcendent 之義）。至於「超越」是否可
兼容 transcendental 與 transcendent 兩義，則須看如何界定此兩名詞。若不作分
別，則歸於康德以前使用 transcendent/transcendence 之舊義。在《哲學概論》
中也有「西方由柏亞二氏至中古之超越的上帝」，見唐君毅，《哲學概論》
（台北：臺灣學生書局，1982〔1961〕）（下），頁769。「超越的上帝」此種用
語的意義似乎肯定「超越」一詞也有 transcendent 之意。觀唐君毅對西方有關
上帝存在的本體論論證之批評，並不同意上帝有「離世間物之存在」，此一
見解則否定康德意義下 transcendent 之義。參見唐君毅，《生命存在與心靈境
界》（下），頁25、37。如果以「超越而內在」與「超越而外在」來辨別
transcendental 與 transcendent，或許也有可取之處。然而，詳細論證並非本文
要旨，無法在此多作討論。

51 唐君毅，《生命存在與心靈境界》（下），頁286。經驗事實與來生的對比，才
顯出「超越」（「先驗」）的必要，另參照前引書，頁283：「自一般而言，人
之成聖，乃恆為吾人之一生所不能辦者。故來生之生命之肯定與信仰，以使
人之成聖為真實可能，亦為人之盡性立命之事中，所不可少者。」

越之情、超越之願望，唐君毅都以宗教向度來詮釋此種成聖之
「超越的信仰」。

明顯地，性情之教作為一種宗教，其宗教意義是以超越的信
仰（先驗的信仰）為基石。這種性情之教本身就是一種融合著佛
教與儒學的宗教，具體的說法便是：「依此超越的信仰，說人成
聖或有情生命成聖，即是先說人與有情生命，而後說聖。人與有
情生命為始，聖為終。」[52] 雖然，唐君毅同時並列著成佛成聖之
說，並指出最後一境天德流行境中「亦一切佛聖同在之境」[53]，但
究極而言，他念念所繫的卻仍是道德，故而，宗教以道德生活所
充實的合理化為基礎，這是將神、佛都融合於成聖的先驗信仰
中。性情之教乃是通過對當下生活的合理化而肯定依照理性產生
的情感。性情（理性之情感）被賦予一種可以通往形上實在的內
在可能性，進而被賦予一種宗教意義；這是道德的宗教，提升到
宗教意義的道德。相對地，在此種宗教意義的延伸上，性情也概
括了一種以感通為原則的動態結構，這一結構以先驗信仰為核
心，但提供了融合會通的動態原則。換言之，性情之教根據全體
性的要求，將神、佛融合在聖的信仰中，而性情落實在全體的生
活合理化，並不超離此生、空想來生，成聖的理想不停頓於崇拜
特定人物，而是面對一切有情眾生。落實地說，則注重生活的點
點滴滴，從此點滴的生命合理化通向無限的全部開朗、無邊界的
神聖心體[54]。在此意義下，也可以說，性情之教的目標是成立一種
無極而太極[55]的宗教形態。

---

52 同前書，頁291。

53 同前書，頁295。

54 同前書，頁293。

55 同前書，頁280。

（四）性情與餘情

但唐君毅對於性情之教的重視，又讓人必須注意另一個獨特的說法，他認為，生活的合理化必須回歸性情的表現：生活之合理化「其歸極之義，實在生活之全幅成為一性情之表現。若只言理性，尚非至極之言也」[56]。什麼是至極之言呢？似乎又從太極轉回無極。他提出一種情的特徵：一種自然流行而無目的的情，「餘情」。由此觀之，性情有一個獨立而至高的地位。如果將情感只當作是一種過渡或中介的話，用以媒介知與行，當行為完成後，此種完成目的的情則將隱遁，這種情還不是情的究竟義。

怎樣才算是究竟義呢？唐君毅認為：

> 此情之所以為情之究竟義，在由情以有行，由行以成德之後，此德之表現可仍只是一情。此情則為不更以歸於任何實踐之行為目的，而自然流行發生，以充塞洋溢於天地間，而無已者。[57]

真正有究竟義的情，不是依於目的而成立，必須有獨立性與無目的性；此種獨立而不斷生發的情感就是「餘情」。此餘情環繞在境物之外的氛圍中：

> 此餘情者，非剩餘之情，乃充餘之情，即多餘之情。此多餘之情，皆恆由行為之無可奈何處，人面對其行為與境物之

---

56 同前書，頁314。

57 同前書，頁314。

　　外之無限，而生發，亦恆順人之追念、回憶、與想像所及之
　　遙遠事物，非人之行為之所及者而生發。[58]

具體的例子是：追念兒時舊事、遙望故鄉、懷想古人、登高臨
遠、遺世隱居、幻想、詩人的白日夢、無可奈何感、悲劇感等
等。以「多餘」來說餘情，未必妥當，但用意在於揭露：一種情
感不能落實於實境而只能環繞在蒼茫氛圍的虛境。

　　唐君毅進而解釋這種感情與詩情相連：

　　　吾人讀淵明詩，對淵明之能生餘情之情，亦有所感。然此
　　感者何物，皆著之即不見，而吾人感之之情，亦只是吾人之
　　餘情也。人之能有此餘情，則最見人性情之能向前後、上
　　下、內外之方向，作無盡之伸展，而不知其所向者之為何物
　　者也。[59]

對於這種無所固著又不斷生發的情感，唐君毅最後引證的是《禮
記》的「無聲之樂，無體之禮，無服之喪」[60]，而歸諸於「超理
性」[61]。因此，所謂「氛圍的虛境」並非一種消極的或否定的虛假
境界，相對地，此種凌虛境界使得情感意韻能夠迴盪不已，在迴

58　同前書，頁315。

59　同前書，頁316。

60　三無之說為「夙夜其命宥密，無聲之樂也；威儀逮逮，不可選也，無體之禮
　　也；凡民有喪，匍匐救之，無服之喪也」，見〔唐〕孔穎達，〈孔子閒居〉，
　　《禮記正義》，影印阮元校勘重刻宋本《十三經注疏》（台北：藝文印書館，
　　1981），卷五十一，頁861上。

61　唐君毅，《生命存在與心靈境界》（下），頁317。

盪中有一種綿延不斷的蒼茫氛圍流轉著。只是，它不再停留在觀照凌虛境的凌虛，而是指著現實經驗世界的有限性本身的凌虛，這意味著經驗世界本身可以歸於虛、可以被否定，死亡正是這種否定。但迴盪的綿延又呈現出超越此種否定的另一層意義；順著「無聲之樂」的引語，這是將無所終極的迴盪不已，當作一種性情之教的特殊處。唐君毅也用具體譬喻，將此種迴盪不已的餘情當作是環繞在精神空間的空處[62]。

　　為何保留此一餘情的空間呢？似乎意味著有情不能無憾[63]。唐君毅敏銳地意識到追求極致時所需保留的迴環，在肯定聖人可開展一種宗教情操之餘，此種希求成聖的性情之教仍舊有不能無憾、不能無慨嘆的情感出現。這一看法應該是如同《樂記》所論的遺音、遺味，或者也類似於《列子》中的「餘音繞梁，三日不絕」[64]中的「餘音」。在感動的呼喚與情感回應中，有一種出自當下卻又離開當下的作用，不論是回憶或想像，餘情聯繫到的是餘境，是在精神空間中保存一種虛境的可能。有盡性立命的呼應，但卻不強求盡情；正因為情不可盡，故而容許有餘情的迴盪，在情的餘波蕩漾中回味。然而，要回味的並不僅僅是執著的情感，而是肯定的情感，是對於性情成立的根據加以肯定的情感，這種情感所迴盪的場所不在經驗世界中，而在先驗場域內，是作為與先驗信念（信仰、信心）並行的情感。故而，餘情的肯定、重複、反覆、迴盪[65]乃是相較於經驗世界的補充。

---

62 同前書，頁315；另見，頁305。

63 同前書，頁313。

64「昔韓娥東之齊匱糧，過雍門，鬻歌假食，既去而餘音繞梁欐，三日不絕」，見〔晉〕張湛，〈湯問〉，《列子》（台北：藝文印書館，1975），卷五，頁76。

65 迴盪，原指一種聲音留存與擴散的現象，引申為一種效果與作用的模式，詩

在《生命存在與心靈境界》的〈後序〉裡，唐君毅又再度申論「性情的形上學」，就性情的宗教情感來肯定性情與信心（信仰）的密切關係，他稱之為「儒者合形上學之信心，與道德實踐之天人合一之學之教」或者「儒者所謂性情之際，亦天人之際之學之教」，是「合哲學、宗教、道德為一體，以成一學一教之道」[66]。信仰發生之處，就在於解決當然（應然）與實然的相對關係，而認為當然（應然）的可實現性維繫在「當然者無不可成實然之信仰」[67]，這種信仰又立足於有真實感的性情上。這種性情則是帶著願望的性情：

> 依吾人之性情，必望人皆成聖，一切有情生命皆成聖，而不忍一人之不成聖，一眾生之不成佛。吾人之思想，於此若不自此性情之所著處看，而只自情之願望看，此願望之進行，可超過現有之實然之事實而過，則此實然之事實，不能為此願望之礙。[68]

根據這種「依性情而生願望」的說法，性情是召喚宗教宏願的基礎，這種性情其實是宗教情感。宗教信仰中的絕對實在則是順此一性情的願望而被肯定。唐君毅的肯定是：「此絕對真實，則又只在此憤悱惻怛之性情與由之而有之去不合理而求合理之行事

意象造成的讀者反應，即有此一迴盪效果。參見Gaston Bachelard, *La poétique de l'espace*（Paris: PUF, 1957）, p. 2. 另見黃冠閔，《在想像的界域上——巴修拉詩學曼衍》（台北：臺大出版中心，2014），頁148、187。

66 唐君毅，《生命存在與心靈境界》（下），頁496。

67 同前書，頁498。

68 同前書，頁502。

中，忐忑昭露。」[69]

　　但是，實際的現實世界與此信心是否都能如如相合呢？這便是信仰產生作用之處。唐君毅有一重論證：如果合理的道可行，那便是對信心的證實；如果道不可行，信心也不可毀，因為，那是現實世界的不真實，是違反願望的不實在。宗教情感所支撐的信仰或信心正在此出現一種對餘情的肯定。當人們要以信仰來肯定形上真實世界時，卻同時也要否定現實經驗世界中的不合理事物。故而，唐君毅指出：

> 當其行事敗而道不行，唯見不合理之事物陳於前時，則以此信心生於其上，而加以涵蓋，更信此不合理之事物，畢竟不實，以自寧其意。然其憤悱惻怛之性情，則仍未嘗不存於其自心。[70]

重點在於這種性情的自我肯定，前述的餘情並不固著在特定事物上，而在一氛圍中迴盪，在此所談的性情之願也是無所著處，唯一可說的是存於自心。由於性情可以存於自心而無所著處，因此，雖然就願望來說，要求實然的經驗世界與應然的形上世界吻合一致；但如果道不行於天下，也不必受制於經驗世界，而能夠自存於心、自存於天壤之間，成立於宗教性的信心與信仰中。餘情便是性情所形塑的整體氛圍，是在信仰的自我肯定中所浮現的；因此，餘所進行的補充是形上世界對於經驗世界的補充，並不是毫無用處的多餘。餘所補充的是在信仰（信心、信念）與世

69　同前書，頁505。

70　同前書，頁505-506。

界的張力中，源自宗教情感的補充。由於信仰是對經驗世界的一種補充，這種信仰並不否定世界，相反地，性情的獨立性更顯現經驗世界能通往形上世界、更臻於宗教境界的可貴處。

根據前述對性情之教的闡述，我們可以簡略綜結各概念環節的共同思想企圖：唐君毅所構想的根本原則乃是在形上世界中使得哲學、道德、宗教三者融通於一。但就「哲學的目的在於成教」的這一主張來說，從哲學中的形上學通往宗教是一種次第的發展，最終則是將哲學吸納到宗教中。性情之教所顯露的是「依性生情以觀物」[71]，從仁心的發用來貫串心、性、生生不息的宗教意涵。由於這種融合道德、宗教、哲學的基本見解，性情之教同時也是一種以性情為原則的道德形上學。

二、感通的動態形上學

感通，這一概念源自《周易・繫辭傳》「感而遂通」一語：「易，無思也，無為也，寂然不動，感而遂通天下之故。」[72]作為中華文化經典的共同遺產，此一概念變成通用的語詞，原無疑義。然而，唐君毅特別重視此概念，並賦予形上學的概念意涵，尤其在晚年論述中將感通當作貫串心靈與諸境的基本原則；因此，感通值得作為一哲學概念來再思考。

順著性情之教的討論，我們可以發現感通與性情發動有密切關係。唐君毅以「性字從心從生」的含意解釋性情中的性，性蘊

---

71 唐君毅，《中國文化之精神價值》，頁161。
72 〔唐〕孔穎達，《周易正義》，卷七，頁154。

含著一個將生命與心靈聯繫的內在結構。而在使用「生命」、「存在」、「心靈」三種詞彙時，他借用《大乘起信論》所謂「體大、相大、用大」之說[73]，以體、相、用的相互蘊含來說明三者之間的關係。這三者雖然有詞義上的區別[74]，然而，落在立人極的論述重點上，他將三者等而觀之。這一種作法可以當作是一種以人類經驗為主的形上學思考。這種窄化也導致一種以人為中心的人文主義形上學，其結果是上述三者成為集中於人而無區別的語詞：

> 然人有生命存在，即有心靈。則凡所以說生命或存在或心靈者，皆可互說，而此三者所表者，亦可說為一實。[75]

以「一實」來並提生命、存在、心靈三者，這種等同造成的修辭

---

73 參照實叉難陀譯，《大乘起信論（卷1）》，引自《CBETA電子佛典（大正版）》，T32, p0584b-c。體大、相大、用大的用法及解釋也見於《生命存在與心靈境界》（下），頁264。

74 例如，一方面唐君毅認為：在「生命」、「存在」、「心靈」各自以其一為體可以涵攝其他兩者分別為相與用，「此中體、相、用三者，可相涵而說。一『存在而有心靈的生命』或一『有心靈生命的存在』，或一『有生命能存在之心靈』，其義無別。」（《生命存在與心靈境界》（上），頁10）另一方面，他隨著字義的想像與語意用法，進行某種解說而似乎有分別。故而，三者又似乎有一定的分別：「生命之生，乃指由未生而生，命則指既生而向于更生，遂有壽命之命。壽命乃生之自命其生，亦境之許其生，命其生。存在之『存』，存係指包涵昔所已有者于內，『在』指已有者之更有其今之所在。此『所在』，又可為包涵保存此已有者者。又心靈之『心』，偏自主于內說，『靈』則言其虛靈而能通外，靈活而善感外，即涵感通義。」（同上）這一區別更進一步則以生命一詞為著重於次序歷程，存在一詞彰顯著內外的層位，而心靈一詞則有「居內而通外」、「以合內外」的語意特徵。

75 唐君毅，《生命存在與心靈境界》（上），頁11。

效應是使得心與境的對應結構浮現，亦即，一種主觀、客觀（能、所）分立的辯證結構。在設立九境的構造時，所憑依者，乃是心靈（包涵生命、存在而合於一實的心靈）與所對的境界彼此間的感通作用。

因此，雖然從書名《生命存在與心靈境界》來看，似是區分作生命存在與心靈境界兩項，然而，真正有動態關係的是心靈與境界兩者，而生命、存在則被含括於心靈之中。感通是聯繫心靈與境界兩者的關係，使兩者依照能、所的差別而彼此作用，這樣的感通負擔一種中介作用。

在心靈與境界之間，唐君毅特意澄清，在能所關係上，境界一詞取代物的概念，心／境關係取代心／物關係，而境界的意指超過物的部分在於：「境兼虛與實」，且境界概念可再做內部差異化的細分──「境更可分別，而見其中有種種或縱或橫或深之界域，（……）則言境界，而分合總別之義備。」[76]相較於早年《心物與人生》所考慮的問題進路，在晚年以境界一說替代，可以見出唐君毅問題意識的一致性與內在差異。

聯繫著心與境的感通作用顯示出唐君毅源自儒家天人合一論[77]的一貫主張。如以早年作品來作比較，可以見出此一連貫性

---

76 同前書，頁11。唐君毅也舉出其所謂的「境界」，有來自莊子的「境」與佛教唯識宗的「所緣」，接近對象 object, world, horizon 等義。他並且評論以「主辭」、「賓辭」來翻譯 subject/object，更接近他的想法（「主迎賓而賓看主、主看賓，如佛家曹洞宗所言，而主賓之感通之意顯然」；《生命存在與心靈境界》（上），頁12）。

77 早期的唐君毅曾分別了四種形態的天人合一論，先秦儒家為天人通德論，漢儒為天人通氣論，宋明儒為天人同理論，明末至清儒為天人同化論。見唐君毅，《中西哲學思想之比較論文集》，頁287。在《中國文化之精神價值》中

的端倪。早年在〈如何了解中國哲學上天人合一之根本觀念〉（1940）一文中，「感通」雖然並未變成一專門而凸顯的用語，但唐君毅順著傳統儒家的說法，也以感通為說[78]。在1953年的《中國文化之精神價值》也以著重的解說運用到感通的概念。在論述中國古代哲學宇宙觀時，他明顯是順著《周易》的「生生之謂易」[79]脈絡來談：

> 蓋任一事象之生起，必由以前之物與其他物之交感，以為其外緣。而一物與他物之如何交感或交感之形式，則非由任一物之本身所決定。（……）物如何表現生之理，將生起何種事象，可隨所感通之其他物之情況，而多少有所改變。因而一物之性之本身，即包含一隨所感而變化之性。一物愈能隨所感而變化者，其所具之生之理亦愈豐富而充實，亦即，愈為能生之物。由是而中國思想中，所謂物之性，非一必然原則，而正是一自由原則、生化原則。[80]
>
> 一物與他物相感通所顯之功用，亦即一物能涵攝他物，而

則有「唯人能體天心，以人德合天德」，見《中國文化之精神價值》，頁459。此說為陳振崑勾勒「天人合德論」所本，見陳振崑，《唐君毅的儒教理論之研究》，頁200-201。然而，唐君毅論述人德的繼述天德時，也強調三才之道，並借用懷海德所論上帝的先萬物性與後萬物性，來解說「先天而天弗違」、「後天而奉天時」之說，這是唐君毅論述「開天地為二」的獨特想法，見唐君毅，《中國文化之精神價值》，頁461-463。

78 例如：「心之感而遂通，宋明儒者無不言知」，見唐君毅，《中西哲學思想之比較論文集》，頁135。或如：「情是就內外感通之本身言，志則是就內外感通中心之方向言，心力之貫注言。」頁137-138。

79 〔唐〕孔穎達，《周易正義》，卷七，頁147。

80 唐君毅，《中國文化之精神價值》，頁87-88。

能生起具體事象之德性。[81]

但是，他採用感通的這一語詞並不限於宇宙論的範圍，在論及心性論時，他也用感通的概念來賦予道德價值。在解說人性的概念時，他說明人的性善來自一種感通作用：

> 有一超個體生命而與一切人物相感通而成就之之心情；及與我之生命所自來之一切父母祖宗之生命相感通，而順承之之心情。（……）此性亦即通於一切人物之所以生之性。有此性之心，亦即通於天心。故充吾與人物之感遇之性，而盡心知性，則可以知天事天而立命。夫人之情，固皆待心感物而後動，惻隱、羞惡、辭讓、是非之心情，若非感物則不顯。[82]

至於，相應於性情之教的說法，唐君毅也以感通的特徵來說明性情：

> 中國儒家之言感通，則所以顯性情。道家言感通，則歸於物我兩忘。西方哲學中以理性言心者，多紬情感輕經驗。其以意志言心者，則恆不免於尚力，而罕以性情言心者。英文所謂emotion含激動義。Sentiment則指一種感情之鬱積，而亦常含一非理性之義。Feeling一字，則偏自主觀之所感言。西哲中直至現代，乃有勃拉得雷（Bradley）、懷特

81　同前書，頁90。

82　同前書，頁142-143。

海（Whitehead）之重 feeling 一觀念。海德格以存在哲學名於現代。其論人之存在頗重 mood（Gestimmtsein）之觀念。而諸人所謂 feeling、mood，義皆極特殊。然在中國則言「理」者，多連性情言，亦恆連經驗言，曰性理，曰情理。[83]

這一融合中西哲學的語詞比較頗值得討論，可以檢索出唐君毅使用感通概念的哲學背景，其中細節應另行開發討論[84]，由此卻也可意識到感通問題的跨文化網絡。但如果專就翻譯的可能性來說，感通一詞也可以用 sympathy, empathy, compassion 等詞來翻譯[85]。從本文的脈絡看，前述引文中以儒家「言感通所以顯性情」乃本文的論述主軸。

　　到了 1977 年的《生命存在與心靈境界》，唐君毅確定地運用感通原則來建立形上學體系以成就性情之教。在感通這一核心概

---

83 同前書，頁 124-125。

84 唐君毅所舉的幾位哲學家顯示出他的知識背景，頗值得探究，分別可參照《哲學概論》（下），第三部第 16 章第 3 節，頁 939-942；第三部第 17 章第 10 節，頁 986；附錄〈述海德格之存在哲學〉，頁 71（《全集》，13 冊，頁 675）。原典部分參：Francis Herbert Bradley, *Appearance and Reality*, in Colledcted Works of F. H. Bradley, vol. 9（Bristol: Thoemmes Press, 1999）, ed. W. J. Mander, p. 197. *Essays on Truth and Reality*, Colledcted Works of F. H. Bradley, vol. 10, pp. 190, 315. Alfred North Whitehead, *Process and Reality*（New York: Free Press, 1978）, pp. 23, 219ff. Martin Heidegger, *Sein und Zeit*, p. 134.

85 例如墨子刻（Thomas A. Metzger）的解讀主要落在《中國文化之精神價值》上，他以 responding empathetically 來翻譯「感應」，以 empathetically pervading with one's response 來翻譯「感通」，這是以 empathy 來理解「感」。見 Thomas A. Metzger, *Escape from Predicament*（New York: Columbia University Press, 1977）, p. 32. 他也注意到「交感」（mutual empathy），並強調「交感之際」（point at which empathies are interchanged, Ibid., p. 35）。

念上，說明的要點在於：

（1）體用關係：心靈與感通之間的關係，乃是體、用的關係。如果再加上感通的方式、方向、次序作為心靈的相，這些相便成為心藉由感通所成立的種種境界；如此，心靈／感通／方式（成境）之間乃是體／用／相三者間的關係[86]。

（2）心的多義性：感通的意義涵蓋認知，因此，感通一詞不單指知識論層次的問題，還包涵其他層次的問題，如情感、意志等倫理學層次的問題。因此，心靈不只是認識心，還包含情感心、意志心等等。

（3）感通的自由：相較於唯識宗的看法，感通勝過「心之變現」。關於此點，有兩個理由：理由一，在心靈與境界之間有彼此呈現為「作用」的關係，因此，「有心境相互為用之義，不能只言心變現境」。理由二，心變現境有滯留於特定境的危險，但是，心的感通除了可以通於特定境之外，仍然可以「別有所通，而永不滯于此所通」[87]。換言之，心不受制於變現的境，更可以感通，這一界定下的心靈可以獲得自主和自由。

（4）感通的否定性：心靈與境界的感通作用並不分真實境與虛妄境——「說境與心之感通相應，則無論謂境在心外或心內，無論境之真或妄，皆與心之某種感通相應。」[88]而且，可以分別地就真心與真境的相應、妄心與妄境的相應而分別看待。有妄心、妄境的存在，也才有去除虛妄、轉實、歸真的要求。這種去妄歸真的要求必須面對感通所蘊含的否定性，虛妄的存在使得感通必

86　唐君毅，《生命存在與心靈境界》（上），頁12。

87　同前書，頁13。

88　同前書，頁14。

須通過否定才得到本真性。因此，感通並非單純地肯定有可通的狀態，相反地，妄境的存在就表示有妄通的阻隔。

（5）感通的反身性：由感通中妄、真的分別，可以對應著前述成境的相有各種不同層位之別。在「層位」之別中涉及特殊場所意識的部分，將於下節中討論。此處所需指出的是，層位之別意味著有從低層位到高層位的轉變可能性，亦即，由妄轉真的可能性。此種轉變也是一種通，但此處包含著一種辯證的觀點。就妄心、妄境出現的原因來說，乃是源自層位的混淆，這是「妄生於混」的說法；而混（混淆、混同而不分別）的原因則來自「心靈之諸活動，原亦能自感通」[89]。換言之，心靈的自行感通是將不同感通作用下的某一境界與另一境界混淆，但當某一心靈通往其它不相應的心、境時，這種「通往」遮蔽了原本的相應感通，遮蔽造成了一種產生妄境、妄心的不通。不相應的通其實是「不通」，故而，若能夠「通其所不通，亦即依序、類、層位而通」[90]的話，便是恢復相應的感通，唐君毅又稱這是根據心靈的「兼通」才可達成。不過，兼通仍舊是心靈的自我感通所構成，由妄轉真的契機也在於心靈的自我感通。因為由妄轉真的可能性倚靠「自我感通」，而前述兼通或自我感通的可能性也必須以「反觀」或「自覺」來解釋方有可能，因此，如要理解心的感通，必須預設了感通與自我意識為同義詞。

（6）感通的實在性：感通的自我意識同時包含著認知與實踐的兩種層次，如同心靈兼具認知、情感、意志的作用。唐君毅雖然隨順著一般所謂的知情意的心理結構，也將心靈活動概分為

89　同前書，頁19。

90　同前書，頁21。

知、行兩方面，但他卻更強調情與實踐的優先性。例如，他指出：「心對境若先無情上之感受，亦無知之感通；人心若初不求應境，亦對境無情上之感受。又感受、感應，亦是一感通于境之事。人若只有知之感通，不更繼之以感受與感應，則其對境之知之感通，亦未能完成，則知亦可說後于行。」[91]唐君毅又以主從關係來補充先後關係，他認為：「此情意之行，乃主乎此知之生與成者。」同時，知以「自知」為核心，但此種自知又是「必至知其所依以生之情意，而歸于自宅于此情意，而自內照明此情意，與之俱行」[92]。引文中所謂的「主乎」或「自宅」皆顯露出唐先生以情意為主而知識認知為從（「俱行」）的態度。這一說法的內在旨趣是成教的理念，也是為了將「如實知」與「如實行」統一（貫通）起來，感通作為中樞概念調節其間，貫穿銜接了認知與實踐。

上述六點簡單概括了感通概念的基本特徵。然而，觀察感通兩字的使用，可以更進一步見出「感」與「通」分別有不同指涉。

先說「感」。「感」意味著感受、感應、感情，而在「受」與「應」上顯現出被動性與主動性兩者。從實踐的旨趣來說，感受或感應所涉及的乃情感與意志——「感受是情，感應是意或志行」[93]。在感的概念上，注重的是一種直接性、一種直接的經驗。感在最直接的情況下，乃是感覺，但是，如果只是感覺的話，不能局限於各個單一感覺，不同感覺的聯繫（「聯覺」）也被賦予「通」的

---

91 同前書，頁24。
92 同前書，頁25。
93 同前書，頁24。

特徵。出自直接性的感，這是直觀的感，唐君毅稱此為「直覺的理解」──「人必先直覺此所感者之存在於能感之活動中，即直覺的理解其存在，然後能說出存在或有一字。」[94]在此種直觀（直覺）之外，則增加了「感」的擴充與自覺兩種特徵。有關感的擴充，唐君毅申論「存在」的意涵時有一直接性的描述，從人對於自己身體、他人身體到其他物的存在，都有一直接對於存在的感，故而，對於存在（是、在、存）有一直接的肯定：

> 此字（按：「存在」），只是一對其所感之一回應。此回應，只描述其所感者之存於其能感之中。然人相續有所感，即相續對一一所感者，說之為存在。人有所感，更還觀其所感，則此所感者，又存於其主觀之還觀之中。人即知此所感者唯一主觀之存在。然人有所感，而更有所感，以擴大其所感時，更可見其先之所感者，存於其後一擴大之所感中。[95]

順著這種「還觀」，推展出感的擴大範圍而形成一種次第，如此解釋存在的直接感時，也將時間的相續關係當作全體的過程，這是所謂「對於世界之存在之次第發現」。相較於直觀中的主體性，這種次第也是一種客觀化的過程，故而，感有一由內至外的次第程序──「將其所感之事物之存在，不斷感之，亦不斷推出於其所感之外，而外在化知、客觀化之。」[96]從內在的主觀性推向外在的客觀性已經是一種通，但是，唐君毅更強調在感的意義中

---

94 唐君毅，《生命存在與心靈境界》（下），頁435。
95 同前書，頁425。
96 同前書，頁427。

有一自覺作用。

至於「通」，則是著重在心與所對的境彼此的關聯、交接、有合乎於「感」、相應於「感」的往來作用。其次，「通」也涉及不同境界之間的上下、升降、去返等等的交通，而反映著心的自通與兼通作用。根據成教的理想與判教的定位，感通的通也提供不同哲學立場與宗教教義之間會通的可能性。類似的說法，唐先生也以「貫通」[97]或「通貫」[98]一詞來說。感通的聯繫作用或中介作用成為避免斷裂的擔保。對於境界、品類、分位的分判不是做出割裂式的隔離，而必須在各有其位的情況下，仍有通的可能，這便是貫通所希望達成的。為了避免阻隔與斷裂，即使有心與境的對論，但仍舊不能將心與境當作對立分隔的兩項，兩者之間的聯繫中介便是感，唐君毅特別從「執兩用中」[99]來說明感的中介與中樞地位。

在如此解說中，「感」與「通」相互含蘊，不能拆解割裂，兩者方能融在一個「感通」的概念中。在前述「還觀」的說法中，是將感接到自感，是將直觀用在直觀活動自身，但這種自我直觀卻更是存在感的基礎，唐君毅因此指出：「吾人直觀吾人自己之生命心靈之活動，卻未必可不用存在之一名。」[100]這種自我直觀則是被唐君毅稱作「自覺」。對於感通的心靈來說，存在意味著心靈活動對於心靈活動自己的直觀，故而，自覺也是自感；其

---

97 唐君毅，《生命存在與心靈境界》（上），頁56：「貫通九境之道」；（下），頁312：「求其貫通之道」；頁431：「與所感事物之活動之貫通統一」。此語多處可見，此處僅舉例說明。

98 唐君毅，《生命存在與心靈境界》（下），頁259、310，亦多處可見。

99 同前書，頁360。

100 同前書，頁439。

核心命題在於「一切生命心靈之活動存在於自覺之心靈中」。但
這種自覺必須符合自我呈現的「通」，這種自我呈現也被隱喻地
稱為「互相透明」、「相通相明」：

> 心靈之自覺之活動之實義，只是其活動之互相透明之別
> 名。在此互相透明處，諸活動即有互貫通、而互存互在之意
> 義。101
> 此自覺之原則，即存在之貫通透明之原則，以使所自覺者
> 見其存在之原則。102

感通如何能夠進行貫通各種心靈活動與相應（或不相應）的各種
境界？必須根據自覺作用中存在的貫通原則，感通活動是心靈的
自我呈現、呈現存在的貫通原則。相應於橫觀、縱觀、順觀的三
觀，在貫通方面也有橫貫、縱貫、順貫三種貫通，其中的「貫通
之能」便來自「自覺之能」：

> 此自覺之能，既表現於使諸活動相貫，以互存互在，則此
> 諸活動間之阻隔得以破除，而自相往來，以互存於他，互在
> 於他，亦即顯出此自覺之能。103

感通有三觀，也有三種貫通，關鍵在於心有自覺之能。
　　以心為本體的看法，認為心是一形上實在，這一立場已經在

---

101 同前書，頁440-441。
102 同前書，頁442。
103 同前書，頁445。

將生命、存在、心靈等同的態度中顯現。這是所謂「通體是一自
覺心」或者「神聖心體」的立場，在這一心體上，既有心的自
覺、又有一心靈活動而出現的創生活動，換言之，仍舊是心與生
生的綜合統一。這種形上學的立論，肯定著心的實在，也肯定著
生命實在的貫通──生命心靈的活動貫通於「心靈活動所創生
者」[104]，唐君毅更指出，在此種貫通中有一形上學的啟示：「啟示
出一超越於其自身，而在其上其內之一形上的存在者」或「啟示
出一自身完成之形上實在之存在」[105]。但是這一啟示的關鍵卻是在
感通上，貫通的形上學證成一種感通的形上學。唐君毅借用〈繫
辭傳〉的「感而遂通」來說明：

> 凡有所感，無論為對外在事物之感，與對內心事物之感，
> 皆能應之以當然之道，而人之生命心靈之行於此當然之道，
> 即無阻隔之者。此之謂感而遂通。[106]

感通所成立的形上學是藉著從感應的「應」轉義為應當的「應」
──「順當然之道而應」，如此說來，感有也必然有一當然的順
應。這種當然是符合形上真實的應然，但對於唐君毅來說也是事
理無礙的實然。如此一來，此種感通的形上學乃是包含價值肯定
的形上學或道德形上學。

　　從此一「感而遂通」之說，可以進一步思考《周易》經文中
最符合「感」的卦──咸卦。在咸卦的《彖傳》中有：

---

104 同前書，頁448。
105 同前書，頁448。
106 同前書，頁448。

> 象曰：咸，感也。柔上而剛下，二氣感應以相與，止而
> 說。男下女，是以亨利貞，取女吉也。天地感而萬物化生。
> 聖人感人心而天下和平，觀其所感而天地萬物之情可見
> 矣。[107]

此一觀點應是唐君毅的一個重要思想來源。「二氣感應」既符合天地交感的萬物之情，也符合男女交感的人之情。然而，此種人之情卻是立人極的重要開端——夫婦之道。以性情之教的目標來看，家庭的夫婦之道是一個重要支柱，很明顯地，在《文化意識與道德理性》中，唐君毅也是以夫婦間的道義意識作為論述的起點[108]。不過，在論述脈絡中，唐君毅並未分析咸卦的意涵，除了夫婦之道源自仁愛（感恩、道義）以外，他所欲證成的，乃是孝友的形上學。限於主題與篇幅，以下不多論此孝友形上學的內涵，但可以說，根據咸卦奠基的人倫感應，也正是感通的形上學奠定儒家倫理形態的根據。

以上所論乃是《生命存在與心靈境界》中對於感通的形上學原則所做的分析。作為晚年的大論與定論，《生命存在與心靈境界》所揉合的術語脈絡十分豐富而複雜，由造境與對境之說，而可看出佛學術語的深刻影響，這種影響幾乎處處可見，但唐君毅也處處遮撥，既要顯示出佛教論述的深刻處，又要顯示儒家盡性立命達情可以貫通融合的可能。上述所分析的感通概念，即是其中一例。但是，與感通同時並立的思考是設立境界之說，要讓各

107〔唐〕孔穎達，《周易正義》，卷四，頁82。

108 唐君毅，《文化意識與道德理性》，頁71。

個境界有真實意義，卻又有相通的可能。在前面的分析中，分別觸及由感通所成立的觀法，這些觀法用以分判境界的各種位置而有定位的效果。因此，下一節將檢討與定位、判定分位相關的場所意識。

三、精神空間與場所意識

本文固然無法也不企圖深入分別闡述唐君毅分立九境的個別合理性，但對於心靈九境的原理也已經有所觸及。其中另一個有待檢討的層面則是對於九境中分位的「位」，思考此種境、位、分位、定位的意識可以稱為場所意識。

延續著前一節所論的感通的形上學，可以發現唐君毅的場所意識也與感通概念緊密相關，而這是他深受《周易》思想影響的部分。在《中國文化之精神價值》中解說中國先哲的宇宙觀時，主要依據乃是易經思想的時位概念，他指出「一物之位，吾人可說乃由其與其他事物相關係而所在之場所以定。自自然萬物之唯一互相涵攝感通之生化歷程上看，則物之位於此，其所感通者恆在彼，即其位亦不得說定在此。」[109] 此種說法對照著懷海德（Whitehead）的簡單定位說，然而，懷海德面對的是現代科學的空間觀，以座標描述的事物僅取得空間的定位，並沒有位置上的特殊性，牛頓力學的相互作用適用於任何一處。相反地，唐君毅此處所謂的事物並非科學宇宙觀下的事物，他轉化使用易經生生之理的「生化原則」，以相互涵涉感通的生化歷程來延伸物理的交互作用。

---

109 唐君毅，《中國文化之精神價值》，頁97-98。

位或場所是被納入此種感通作用來理解。唐君毅認為：

> 所謂萬物間之空間非他，即萬物來以相與感通之場所。一
> 物之位於所見之空間非他，即一物所以攝受他物之觀景，或
> 安排來感物之坐標也。[110]

從科學宇宙觀中事物的空間座標定位到萬物相感通的場所，這兩
種表述有一形上學背景的差異；這是抽象的空間觀與具體的場所
觀有別之處，唐君毅所本的正是易經的形上學。時間的角色也是
如此地由感通、攝受（prehension）的關係來理解。以感通來說
時間、空間，或許有融通現代科學觀之企圖；但唐君毅既不強調
作為認識框架的感性形式，也不以為時位有客觀性，他注意的是
生成變化過程中的時與位，這就對科學中抽象意義的時間、空間
進行特殊的詮釋策略。他也引入與感通、生化原則相關的「中
和」概念：

> 吾人居此中和之地，以觀今古上下四方。皆充滿其他事物
> 之生化歷程。吾人自己之生命，亦即為一生化歷程，而與似
> 在吾人之外者，恆在相與感通中，使其作用相往來。
>
> 凡物之相感通，皆超拔一限制，即皆為無限之證實處。而
> 凡物之相感通，皆見一時位之物，與他時位之物之交會，而
> 見一中和。[111]

110　同前書，頁98-99。
111　同前書，頁99-100。

以中和來談感通作用中時與位關係，不僅只聯繫到生生化育的動態歷程，也嘗試賦予價值給自然的生生化育，這一種結合自然與價值的觀點，顯然不只是自然的形上學，更包含價值的形上學。價值意識注入時與位的概念後，也使得時與位有一價值秩序上的安排，這正是所謂「各當其位」[112]或「各得其所」的說法。

因此，場所意識是與價值賦予的作用相連結，宇宙、自然、事物是以這種價值狀態被安排在一定的位置與場所，也安排在一定的秩序與時程上。場所意識也開展在道德的秩序上，仁義禮智四德中，義特別展現價值與場所結合於正位的要求：

> 順一一之為特殊，而應之以特殊至當不易之道，而各不相亂，同得其正位：父慈、子孝、兄良、弟娣、夫義、婦順、長惠、幼順、君仁、臣忠，使事物皆得其所，此人之以義制事之平等運也。[113]

根據這一說法，物得其所或者得其正位，不單單是將義當作個別的德性而已，義也同時是在感通作用（相接、順、應）透顯出感通的合理性處。同樣的價值邏輯，也用在人格構成所出現的動態過程中：「求吾人人格內部各種應物之行為，互不相礙，而皆各有所當」[114]或「各當其位」。

同樣的場所意識也延續到晚年的《生命存在與心靈境界》，

112　同前書，頁132。

113　同前書，頁212。

114　同前書，頁218。

由於唐君毅始終以融通各宗（特別是融合中西方哲學與宗教）為
論述重點，因此，融合中如何產生新的理論秩序，也是透過場所
意識的作用來分判。

在剖析心的感通能力時，唐君毅先是運用「層位」這一語詞
來解說。論述「存」與「在」的意義時指出：

> 生命存在為內有所「存」，外有所「在」。外有所「在」，
> 則有其外之「位」；內有所「存」，則所存者在其自身中，有
> 其「位」。若在內者為一層，在外者為一層，生命則居其中
> 層之位，以通內外之層位。此即見生命存在之有其連于層位
> 之義。115

這一層位的論述進而用在心靈活動的不同差異上，依照內外、先
後、高低而分布，分別成立為三種觀：橫觀、順觀、縱觀。這是
唐君毅自己發展出來的一心三觀，橫觀是「觀其相之類」，配合
心靈活動與所對之境的相互並立關係；順觀是面對次序的先後生
起或相隨相繼；縱觀是依照高低層位來觀照116。如果混淆了不同
的類別、次序與高低層位時，將產生種種妄見。

唐君毅在三觀後又提出一種「遍觀」，本文於第一節中曾經

---

115 唐君毅，《生命存在與心靈境界》（上），頁10。
116 同前書，頁17。三種關係內部的關係項之間又各有不同的依賴或蘊含關
　　係。唐君毅借用知覺（聞）與回憶（憶所聞）的動作分別說明，在並立關係
　　中，關係項彼此獨立、互不依賴；在先後關係中，先前者不依賴後起者，後
　　起者依賴先前者，為單向的依賴，邏輯上為「A或非B」的關係；在高低關
　　係中，高層位者「在邏輯內涵的意義上」包涵低層位者；見前引書，頁15-
　　16。不過，筆者並不認為這裡的分別是必然的，僅摘要說明以顯示唐君毅的
　　構思方式，但與本文題旨無直接關係，故不多論。

引述唐君毅所謂哲學作為一種遍觀的說法，然而，此處可以從場所意識的角度來考察。在有關哲學主張的衝突上，唐君毅認為問題出自「不能互觀其所觀」或者「雖各能遍觀，而不能互遍觀其遍觀，不能有對遍觀之遍觀」[117]。而解決方案在於：能在遍觀之後，更超越這一遍觀，另行有一遍觀，超越的遍觀歷程便成為次序鋪陳的歷程，在經歷遍觀之後又可回顧曾經有過的遍觀，在回顧中成就「對諸遍觀之遍觀」，這又屬於高一層位的遍觀，但在不斷超越的歷程中，「此中之種類、次序、層位三者間之互相涵攝，以見其貫通之道」[118]。這種遍觀的超越乃是結合著時間歷程的一種觀，然而，在「超越」的這一說法中所蘊含的是對於界限的超越。故而，此種遍觀的遍觀是一種超越界限的觀照方式，是一種在環顧與回顧中把握實際經歷的觀照方式；唐君毅認為這是一種通於無限的可能。無限，乃是對限制、界限的超越。按照這一說法，在遍觀中出現的場所意識乃是對於界限的跨越，而且是包含著反身性的自我關聯，在此一意義下，黑格爾所謂的反思或自我中介，對於唐君毅的遍觀之遍觀仍有決定性的影響。不過，來自易經的動態思考也構造著貫通三觀的場所意識，唐君毅的精簡表述是「進退屈伸」。

在申論九境源自心靈的三方向時，他仍舊歸於前述提到的種類、次序、層位三者，但「方向」一語顯示一種動態性，配合著進退屈伸，則顯現為：

由前向後而往，由內向外而往，由下向上而往，之三向；

---

117 同前書，頁30。

118 同前書，頁31。

其逆轉，則為由後返前而來，由外返內而來，由上返下而來
之三向。合之為前後向、內外向、上下向之互相往來。[119]

唐君毅便稱此種往來為進退屈伸。而體、相、用配合著三種方
向，在縱觀層位高低時顯出體，在橫觀類別內外時顯現相，在順
觀次序先後時呈現出用[120]，但體、相、用三者[121]又可「互通而相
轉」。藉著三觀與三向的配合分佈，成立為九境。從三觀、三向、
九境的成立顯示出場所意識的鋪陳。遍觀的心靈不只有時間性，
也有場所性。根據互通而相轉的伸屈往來動態，這九個境界在各
自成立之餘，也可以升降、進退、出返去來而融通為一[122]。關於
這三向的場所意象，唐君毅也使用「道」的多重語意來比較，更
具體的意象則是以橋梁、道路、河流來解說，而與山岳、堡壘相
對比[123]，道路與山岳兩種意象表達著可通達與不可通達，亦即，
核心意義仍然以感通為基本訴求。

　　以遍觀來貫通三觀也產生一種隱喻，即，在九境中的經歷有

---

119 同前書，頁39。

120 同前書，頁44。

121 唐君毅除了借用佛學體、相、用之說，還對應著斯賓諾莎的實體、屬性、分
殊（mode），基督教三位一體的聖父、聖子、聖靈，印度勝論的實、德、
業，魏晉的體用本跡以及熊十力的體用論等說法。見《生命存在與心靈境
界》（上），頁42。他又根據漢字的特性說此三者的互轉，以名詞、狀詞
（形容詞）、動詞來對應體、相、用，並用生命、生物、生長三個詞中的生
分別有名詞、狀詞、動詞的義，但可以互通而相轉，見唐君毅，《生命存在
與心靈境界》（上），頁45；（下），頁272-273。

122 唐君毅，《生命存在與心靈境界》（上），頁52；（下），頁271：「感通為
一。」

123 唐君毅，《生命存在與心靈境界》（上），頁34-35；（下），頁418。

如在風景中遊歷；但其中的價值感仍然作為感通作用的引導方向。價值引導以辯證的場所論來顯示。唐君毅總是觸及在境界中的妄見與迷途，而凸顯出王道與勝義，既是有破妄蕩迷的作用，又能夠促成「賴王道之行，以使之各安其位」[124]。從妄見與迷途中撥亂而反正，王道的破妄蕩迷、使得眾人的各安其位，其論述的方式總是饒富辯證的意味。唐君毅的著書與論述的陳述方式是劣義先出、勝義後出，其中蘊含著辯證式的場所思考。各安其位，並非只樹立起既定的秩序（皇極）而根據此秩序來賦予各種位置，而是經由價值分辨而得出的分位（人極），在王道蕩蕩的蕩迷中，也需要有價值的歸往，在隱喻中則是「人民自然歸往」。皇極中仍有不可或缺的人極。孔子與立人極之道相呼應，唐君毅幽微地指出孔子「原為無位之素王之聖」，其意義是：雖然孔子「恭以下人」，勝義並不凌駕劣義，而是「居後居下」、不使之「居上居先」。從場所精神來看，身處於「無位」卻給予成位作用一種無盡的內在可能性；在「無位」與「成位」之間也有一辯證關係。在「道」的方向引導意義下，「無位」所開顯的是「位」有價值意義，是依照勝義／劣義的價值分別而浮現。唐君毅的行文中，也回到「道路、河流」的意象上解釋王霸之辨，「霸道」是單純地以勝義凌駕劣義，而「王道」是從劣義引導到勝義，是「百川所歸」，但也是「卑而上行」。故而，唐君毅以謙卦象傳的「謙尊而光，卑而不可踰」[125]作解；孔子的「無位」合於謙德，具有價值引導的意義。九境的分位使得各安其位的可能性建立在此一不互相凌駕、不互相逾越的條件，進而能夠「盡其辭」（如同

---

124 唐君毅，《生命存在與心靈境界》（上），頁54。

125 同前書，頁54；《周易正義》，卷二，頁47。

盡性立命一般），而後歸於勝義。

　　然而，逾越與安其位之間如何看待呢？感通、會通中能夠升降來去各個境界層位，這一感通的根本特質乃是跨越界限的特質。這種跨越界限的「通」是不是逾越？這必須回到位與成位的考量。最徹底的位乃是素王的無位，但成位的徹底性源自價值賦予的作用。從界限的安立（各安其位）到界限的跨越（通於九境）都繫於場所意識中的價值賦予，每一個層位都動態地源自成位作用。故而，是這種價值賦予使得種種層位成立，有所逾越也意味著價值的轉變，但如需轉變則必須回到價值賦予的作用上來衡量。當場所意識與時間意識連結時，亦即，時與位的並論時，顯示出成位作用不是時空的簡單定位，而是存有論連結著價值論的存在定位。感通乃是這種成位作用的動態力量。

　　唐君毅所謂「精神空間的建立」，在觀念論（心靈）之外，也有場所論的意義，用以衡量與安排價值世界。生命存在是一個存有論的陳述，當此生命存在置身於各種境界中而成立其世界，他也同時將自己放入此世界中而產生種種行動。生命存在透過實踐行動使得一個場所、境界從存有論意義導向價值論意義。心靈的自覺活動顯示出一種自我關係的反身性裡「如有一精神的空間」，使得道德實踐的遷善改過得以運行。對於此一精神空間的論述，唐君毅借助一種經過價值賦予的自然意象——「頂天立地」。在人人面對自己的精神空間中「不礙其各自獨立而頂天立地」，「不相黏附」[126]。除了在道德實踐的自覺中有精神空間的可能外，在自覺與目的之間可以有精神空間（精神距離），在目的與手段之間也可猶如有一種精神空間，事實上，這些精神空間僅僅

126　唐君毅，《生命存在與心靈境界》（下），頁304。

以可能性的樣態被看待。真正要使得此種精神空間成立的，除了
有一心靈自覺之外，更需要有修養工夫，精神空間隨著修養而擴
大 127。精神空間乃是根據實踐的價值賦予而成立的空間；同時，
實踐的動態過程也使得此一精神空間處於一種開拓的狀態中，得
以隨著修養的開闊心胸而拓展精神空間。這種拓展形成一種空間
在程度上要求──在深度、強度、廣度上拓展 128，而符合感通在
前後、內外、上下的面向之延伸。因此，精神空間並非獨立於心
靈九境而獨立存在的空間，相反地，精神空間是由九境所撐起的
空間。但這種空間總是在一種動態過程中，並且也呼應著在《中
國文化之精神價值》中所指的「空間作為萬物感通的場所」這一
命題；故而，精神空間乃是精神心靈感通的場所，而其度量則是
依於價值賦予的程度（深度、廣度、強度）。

　　根據這種價值賦予的作用，可以類比地說，在隱喻地使用
「精神空間」這一詞彙時，其中每一個空間的位置都是依照一種
價值衡量而成立。按照場所意識的分析，這種位置的取得可以稱
為成位作用，而成位作用對應著價值衡量。賦予一個位置、安置
於一定的場所便意味著一種價值的賦予。

　　唐君毅在九境上的分判，基本上也反映著這種價值賦予的作
用。他念念在茲的是價值定位的問題，而那是價值賦予的場所意
識使然。在這種特殊的場所意識中，首要的問題是如何各當其
位，如何各自賦予適當的位置。但由於所涉及的是形上學與宗教
的判教問題，所謂的各當其位更引入了價值轉換的問題；這不是
一種單純的尋找相應物或價值交換的問題，而是必須面對一種全

---

127 同前書，頁305。

128 同前書，頁310-312。

體性：一種以跨越界限為試煉的全體性。姑不論這種全體性是否仍舊適用，但是，以感通的性情之教來勾勒這個全體性的構想，至少顯現出價值轉換的動態特徵。如果要重新評估唐君毅藉由分判九境而形成的體系性，也不由地將進入這種價值轉換的檢討中。伴隨著由場所意識所勾連的價值賦予與成位作用，我們至少可以也被迫必須思考不同情境下的場所意涵，亦即也必須思考相關的價值賦予與何種位置、如何成位的種種問題。

結論

　　本章藉著性情之教、感通形上學、場所意識三個主題的探究，探索唐君毅的境界感通論。性情之教雖然帶有關於「教」的歧義，卻凸顯出唐君毅所構想的人文宗教所具有的教化與宗教的雙重意涵。其宗教融合論所欲融合的恐怕不僅只是各種宗教而已，更欲融合哲學與宗教，而真正的挑戰在於價值意識的融合。這種融合所展現的是各種價值的安排，因此，哲學的體系性是與價值的體系性相連結。這不是哲學本身的體系性問題需被考量而已。

　　使用「性情」一詞，本身已經是種價值選擇。選擇「盡心、知性、達情」作為性情的內容，已經意味著一種詮釋的方式，而強調「達情」也是一種價值選擇。為使此種性情之教與性情形上學全幅展開，唐君毅也採用感通作為整個形上學的動態原則。感通的意義卻是涵蓋著從感覺攝受、知覺體察到概念、反思，以至於情感、意志的使用都在作用範圍內，就此意義來說，感通的作用本身已經進行著一種中介的聯繫，對於不同的場所、層位進行跨越與連結。雖然，感與應不能一概而論，但如果感、應兩概念

都涵蓋在感通的概念下，籠統說來，這種感通總是落在交互作用中來被理解，這種交互往來是動態原則的特徵，亦即，以通引導、開展著感。然而，即使性情與感通都有一種形上學的意義，亦即，以性情為內容、以感通為動力，但是，這種形上學的目標卻是在實踐方向上。場所意識在結構上補充這種形上學的思考，並且也透顯出價值賦予對此種實踐的形上學如何起一引導作用，目標是對價值形上學的肯定。

　　如果將眼光移到《中國文化之精神價值》、《文化意識與道德理性》與《生命存在與心靈境界》的寫作風格，可以發現，章節安排的次序都依照價值分配的位置來安排。讀者不難發現，唐君毅所欲極力證成的始終是一種由價值感所充實的世界，這個世界內部的等級層次便是一種價值定位的成果。唐君毅始終一致的努力卻也在於，使得這一個被證成的世界秩序本身產生價值引導的功能。在唐君毅書中所充塞滿溢的悲願乃是其性情的具體展現；他所致力調停的以及曲境通幽的乃是價值衝突的矛盾。他期望能夠怯迷除妄，一一引導到各當其位而不出其位。在《生命存在與心靈境界》的〈後序〉中，唐君毅自述寫作的緣起是「應此時代的召喚」[129]，呼應著召喚意味著呼應天命，但是也可視為呼應價值的召喚。這一種場所意識的歸結乃是在價值中安身立命。唐君毅透過境界分判而加以心通九境，所達成的是對於自己、世界的價值賦予，而最終的根源是一種自我的價值賦予，是自己對於價值呼喚的回應。

　　感通作用所揭露出的是這種回應的結構，而如同唐君毅在精神空間所展示的感通關係一般，生命存在的場所乃是這種呼喚與

129　同前書，頁466、453。

回應的交會往來。在強調一個全球化或跨文化的時代脈絡中，對話與溝通似乎已經實際發生著，但是對話預設著聆聽與回答，因此，必然進入這種呼喚與回應的結構中。重新回到一個價值賦予的根源處，在具體情境中聆聽價值的呼喚而予以回應，這或許是唐君毅的境界感通論在我們當前時代中一個可能的貢獻。

第四章

仁道詮釋
感通論與德性工夫

前言

　　唐君毅在其晚年中極力疏通人類的生命與思想境界中的種種差異，並將這些差異安排為不同等級的次序關係，這種疏通是哲學的努力、也是進入教化、宗教論述的努力。疏通的原則是成立方向性的三種觀（順觀、橫觀、縱觀），而後依此三觀而立三極（人極、太極、皇極）、開三界（人性世界、人格世界、人文世界）、成三祭（祭父母祖先、祭聖賢、祭天地）[1]。無可諱言，這一種疏通的努力與原則都是為了成就儒家的教化，重新在當代的文化論述中，論證儒家價值與思考方式得以續存的可能性。這是一種人文主義的表現方式，其宗教意義突破有神論的宗教性，更接近教育與養成的教化，立人極的教化是「性情之教」。

　　唐君毅採取一種觀念論的立場來證立性情之教，其根據在於

1　唐君毅，《中國哲學原論──原道篇》，卷1，頁2-3。

心靈的作用。心靈的感通作用呼應於性情之教，這種感通作用也可積極地與前述體系性的疏通原則彼此一致。感通作為一種詮釋的原則，提供了疏通價值與存在方式差異的基礎，這是一個方法論上的特點。再者，感通不僅僅用來詮釋，而且也在儒學體系中有工夫修養的意涵。

　　本章從唐君毅對「仁」的詮釋陳述感通論的原則，一方面注意感通論成立所需的具體條件，另一方面也在此條件中思考其限制與可能開展。孔子仁道的詮釋涉及儒學的根源性理解：儒家的價值選擇有哲學上的決定性作用；仁的詮釋並不停留在文字詮釋上，而更強調仁的實踐有不同的工夫次第。綜合而言，感通論所具有的哲學意義與工夫意義可以並見於唐君毅的仁道詮釋中。

　　唐君毅對於仁的詮釋由來已早，但本章以其晚年《中國哲學原論──原道篇》中〈孔子的仁道〉上、下兩章所論為基本材料。事實上，《中國哲學原論──原道篇》幾乎是平行於《生命存在與心靈境界》的同時期作品，都代表唐君毅晚年確定的見解。感通被提升到一個哲學概念的層次，不是一時興起的隱喻或借用，而是一個哲學家在晚年總結地申述其理解進路時所採用的概念。因此，從感通概念的梳理可以考察唐君毅所理解的儒學底蘊究竟安置於何處，並看到儒家經典的詮釋如何轉出哲學語言的鋪陳。本章將分析感通概念所蘊含的三種模式，亦即，自我關係、人我關係、天人關係，並考察從思想到倫理行動、從義理到工夫的具體化過程。

　　按照唐君毅〈孔子的仁道〉的剖析，他認為有一種感通的模式貫串著「仁道」：

　　　此渾然與物同體之感，又可說為吾以與其他人物有其生命

之感通，而有種種之愛敬忠恕……之德之原始，亦通于孔子
之言法天道之仁，人事天如事親，與「仁于鬼神」之旨者。
此則吾三十年前中國哲學史稿已及其義，亦嘗布之于世。來
港後講授中哲史之課程，初仍本此意講述。十年前〔筆者
按：1957年〕新亞書院移天光道，乃將此諸意綜攝而說孔子
言仁之旨，更開之為對人之自己之內在的感通、對他人之感
通、及對天命鬼神之感通之三方面。皆以通情成感，以感應
成通。此感通為人之生命存在上的，亦為心靈的，精神的。
如說其為精神的，則對己之感通為主觀的精神之感通，對人
之感通為客觀的精神之感通，對天命鬼神之感通，則為絕對
的精神之感通。2

這一段長引文有幾點想法包含著本文關心的問題：

（1）唐君毅自己進行的詮釋模式。按照此處的自述，以感通為
詮釋仁的方式，源自1930年代未刊稿《中國哲學史稿》。但是，從
對己、對他、對天三方向來鋪陳感通，則是自1957年以後的事。

（2）感通的基本特徵也可歸為「通情成感、感應成通」。這其
中的一個關鍵基礎是「情」；感通與感應也被等而觀之。

（3）這一以情為基礎的感通，聯繫到精神、心靈、生命存在；
在用語上，這固然仍舊是唐君毅注重「心」的一貫立場，但較之
於系統著作《生命存在與心靈境界》的主軸來看，除了「境界」
一詞並未出現，實質上將生命與心靈並舉的作法已經可以見得。

（4）唐君毅也特意凸顯出黑格爾哲學中精神的概念，他標舉
出三方向的精神感通分屬主觀精神、客觀精神、絕對精神。這種

---

2 同前書，頁76。

用詞不僅僅顯示黑格爾影響的痕跡，更值得思考的是三元性的概念組。

　　根據上述四個要點觀察，仍舊值得提問的是，既然儒學以孔子仁教為基礎，那麼對於仁道的詮釋模式是否也因此具有特殊的決定性？本章的問題也希望就此展開討論。

一、感通概念的定調與價值世界

　　由於未刊稿《中國哲學史稿》不可得見，對於其中詳細有關仁的詮釋，無法核實查驗。「感通」這一概念如何成為唐君毅的一個重要哲學概念，本文暫時無法有確切的答案。同時，本文的目的也不在於找出唐君毅何時明確地標舉感通為一哲學概念，儘管確實有某些線索值得注意。

（一）〈意味之世界導言〉中的「感」

　　1944年發表於《哲學評論》的〈意味之世界導言〉中，唐君毅一方面分別著意義與意味的概念差異，一方面則在奠定意味的概念內容時，以「感」為其說明基底[3]。在「意味」的規定上，唐君毅指出：「意味是未意識到的意義之領略」[4]，或更仔細說，「對

3　意味與意義的分別似乎類似弗雷格（Frege, 1848-1925）所做之意涵／意指（Sinn/Bedeutung, Sense/Reference）的分別，但是，唐君毅著重點不在邏輯與意義基礎的立論上，而著重在一種對象關係與否的分別上；而且意味與意義的分別雖然並非上述「意涵／意指」分別的直接對應，但後一概念更直接地與對象的指涉有關。

4　唐君毅，《哲學論集》，收入《唐君毅全集》（台北：臺灣學生書局，1991），卷18，頁96。

於意義之領略是謂意味。所以一種認識對象的意味不在其本身，而在其與其所含意義之關係上。」[5]意義和意味兩者間真正的分野來自對於對象的超越：「我們要得其意味，我們正須忘掉對象」或「在真感受意味時，我們的心是有所感而無所對」[6]。這種說法的傳統根據是「得魚忘筌」、「得意忘言」的言意論，但也從意義感（亦即，意義生成的基礎）的角度，賦予新的思考面向。

再進一步說明意味時，唐君毅更從「感」出發來考慮此種泯除對象性的可能。對於意味的「感」可以從對於生滅的「感」來看待，包含了「一純動之感」[7]。一種觀念論式的建構也順此「純動」而分別成為時間、空間、力量、物質、生物、人（精神）的一系列階序，其背後未明言的指導原則乃是《易經》生生不息的健動力量。

此一觀點的解釋前提是「把時空質力都視作純動之流表現的方式」，進而解釋感通為純動流之間的交互關係，也成立為各種現象——將萬殊之物視為「只是同一之純動之流在交相感通」[8]。這種交相感通便是物與物之間的交互作用，既在自身之中展現純動之流，也在其他物上展現出此物超越自身的外部關係，如此成為物與物之間的交互攝入。由於關鍵作用在於「感」，超越對象關係的意味感也隨此一建構而出現；在描寫現象的交互關係為「一切物之動交相攝入」，這是「一切物之動之純粹意味交相貫徹」，「此為物與物交感之本態」[9]。從這一交感關係進而推至一種共感的

5　同前書，頁97。

6　同前書，頁100。

7　同前書，頁102。

8　同前書，頁104。

9　同前書，頁105。

存在，物的存在就建立在能感與所感兩者交感而成立為意味的統一上。

在統一的感的基礎上，無生命的物質與生物有差異。物質只能夠「感他物為一意味」，而生物是「感了其自身之物之感」、「能感其生命本身為一意味」[10]。換言之，物質與生物的分別在於他感與自感的不同上面，在「感」之中已經包含一種超越限制的可能性。在此差異基礎上，各種生物間的差異導向人類的特殊性，差異處在於感的時間性上，生物受限於「現在感」，而人能自覺、回憶、想像，故時間感不局限在現在感，而聯繫到過去與未來。這種多重的時間感帶出了「更高的超越」[11]，進而能夠追求朝向真善美的理想。從這樣的層層的超越往上開出了精神領域，每一層的超越都產生新一層的意味，有層層的超越，就有層層的意味。整個建構式的說明用意在於說一種「意味的世界」，在此種層層超越的感（意味感）中所要肯定的是宇宙的一大意味。

《道德自我之建立》可算是同時期的作品，其中提到「有所感」（意味感）也是一種限制的破除[12]，基於超越的動作是跨越界限的，有所感或意味感的發生，乃是有感於自身的限制又超越此一限制。但在〈意味之世界導言〉裡，對於宇宙的意味是一過程：從有限的宇宙意味出發而朝向無限的宇宙之大意味邁進，整個過程就是「超越有限而到無限」，而且，「無限即透露於有限中」[13]。這一個說法看似以宇宙中純動流為基礎，從物質層層上至

10　同前書，頁106-107。

11　同前書，頁107。

12　唐君毅，《道德自我之建立》（台北：臺灣學生書局，1983），頁32。

13　唐君毅，《哲學論集》，頁112。

生命、精神，最終是希望建立一種意味世界；但是這種意味世界
不是純宇宙論的，而是包含道德形上學的。因此，唐君毅也認
為，人之活於意味世界，乃是展現為人之活於價值感的世界中；
感覺的形形色色本身不是價值感，但是這些形色可以超越自身
「而成一純粹之意味，然後使人生價值感」[14]。個人依照感的能力來
產生價值感，價值感的層級也隨著意味以及對意味的意味（或稱
更高的意味）而升高，這種意味的意味等同於自覺的自覺。

　　以〈意味之世界導言〉來說，「感通」一詞固然出現（「同一
之純動之流在交相感通」），但並未真正作為主要的核心概念被使
用。在此文中，核心觀念是「感」，同時也針對「感」所開出的
「意味」作出一種層級性的建構，然而論述模式著重在從感引出克
服對此感的限制，這是與同時期出版的《道德自我之建立》相同
的。「意味」被當作不同於「意義」，其立論點在於超越對象性的
限制，這似乎是觀念論立場的表述，但更重要的是價值的成立。
意義，被放在價值論的角度來衡量。從純動之流的交互感通到價
值感成立的意味世界，這一過程實際上符合《周易‧繫辭傳》的
基本構想。主要的觀念則放在「感」上，尤其是根據「乾坤相
感」的原則立論。在同時期（1945）的〈易傳之哲學淺釋〉裡，
唐君毅確實也提到「乾坤天地之相感通」[15]一語，在脈絡上以相
感、交感為乾坤之間的作用，而太極乃統合乾坤相感的生生原
理。在論述中，感應與感通被當作同義語，萬物之間的生生變化

---

14 同前書，頁113。

15 同前書，頁119。另篇文章〈易經經文所啟示之哲學思想〉（1946）則發揮
　　《周易》〈彖傳〉、〈象〉辭的思想而提出十點要義，其中也指出「乾坤相感
　　義」、「自然含價值意義」等通至後期的看法；見同前書，頁140、141。

則描述為「物之相感應而相通相親，即物之功能作用之互相流貫，即物德之互相流貫，於此而見天道之仁焉。」[16]這裡所浮現的論述主軸也是從自然通向價值的論點，仁則是與智、義、禮並舉。雖然這並非將感通提到哲學體系核心中來使用，但也從感來立論並努力處理從自然世界開展向價值世界（道德世界），這種作法已經構成一個帶有唐君毅特徵的理解基礎。

（二）《中國文化之精神價值》中的「感通」

真正以感通為核心哲學概念來進行體系性解說的，似乎是完成於1951年而出版於1953年的《中國文化之精神價值》。此書雖然涵蓋甚廣，但基本精神也確立出往後唐君毅哲學的基本關心，其中之一是對於宗教精神的重視，而具體主張則見於「太極、人極、皇極三極一貫」[17]的肯斷。如同在《中國哲學原論──原道篇》中的詮釋策略，在《中國文化之精神價值》中直以孔子精神為中國哲學的源頭。然而，在此文化精神陳述的著作中，並未專對仁的哲學概念作完整而深入的詮釋，這須在晚年〈孔子的仁道〉一文中，方得以見。不過，「感通」的概念大量出現在《中國文化之精神價值》中，而且往往是作為核心概念來進行解釋。

若與前述〈意味之世界導言〉相較，《中國文化之精神價值》更明顯地以「感通」來解釋宇宙論意義下的交互作用，獨特之處在於，唐君毅放在「中國自然宇宙觀」中來討論，其根本命題（第五章第三節標題）為：「中國自然宇宙觀中，共相非第一義之理。物之存在的根本之理為生理，此生理即物之性。物之性表現

16　同前書，頁123。

17　唐君毅，〈自序〉，《中國文化之精神價值》，頁捌。

於與他物感通之德量。」[18]唐君毅同時明白點出，這是「自然中生生不息之理」，是「《易》中所謂生物成物之乾坤之理。亦即宇宙之仁之理。」[19]接著，他解釋物與物之間的交互作用是一種「交感」，進而認為：

> 物如何表現生之理，將生起何種事象，可隨所感通之其他物之情況，而多少有所變化。〔……〕一物之由創造之生起以表現自由，又非在其與他物感通時不顯。且物必愈與他物感通，而後愈有更大之創造的生起。〔……〕個體之德量，由其與他物感通，新有所創造的生起而顯。[20]

在這一說法中，舊有的「純動」以較為顯豁的「自由生化之原則」取代，而實際上則仍歸於《易傳》的基本思路。如同在意味世界中有「一切物之動交相攝入」，在此處的說明則是「物皆由其與他物感通之德，以見性，是一物之本性，能涵攝他物，即物中有虛也。」[21]感通也如此指向物與物之交相涵攝，但此種涵攝、攝入表示出唐君毅希望進行中國與西方精神的區別；「涵攝」意味著「物中有虛」，故而，不同於物質的實體性。

對峙於這種「西方」物質性的實體觀，「中國自然觀」中的五行代表「物與物相感通時所見之功能」或者「一物能涵攝他物，而能生起具體事象之德性」[22]。在這種概念操作中，自然物之

---

18 同前書，頁86。
19 同前書，頁87。
20 同前書，頁88。
21 同前書，頁89。
22 同前書，頁90。

間的關係有不同的宇宙論規定，形上學的形態也顯出不同，因
此，感通在此脈絡下表示一種形上學原則。然而，物與物之間的
感通關係不是力量關係，也不是物質與物質之間的嚴格分立、甚
至排斥。唐君毅以「德量」、「德」來稱呼，又蘊含著一種通往價
值世界的可能[23]。他指出：「剛柔動靜之德，唯由物之感通而見，
亦即皆由虛之攝實、實之涵虛而見。」[24]在這一關注下，「八卦表
物德」──「以八卦之相配，所成六十四卦即可以表示一切萬
物，互以其德性再相感通，而成之一切事變。而每一事變之歷
程，又皆物之以其德再相感通，以形成新事物之歷程。」[25]此處用

23　事物的「德」未必是「泛道德化」的表現，而可能有常識的基礎。在古希臘
　　所謂的「德」（arête, virtue, excellence）也有廣義與狹義的分別，在狹義的使
　　用裡，才當作倫理的德性，在廣義使用裡，只要能發揮完善功能的都可稱為
　　「德」，例如，亞里斯多德在《尼高馬科倫理學》卷2便指出：「一切的德性，
　　對於那些德性所隸屬的事物來說，既是使得事物在良善狀態下，也使得事物
　　得以良善地完成其作果。例如眼睛的德性使得眼睛有好的狀態也有好的功能；
　　因為，是藉著眼睛的德性才有好的視力。」（Nic. Eth. II, 5, 1106a15-19）見
　　Aristotle, *Nicomachean Ethics*, tr. H. Rackham（Cambridge/London: Harvard
　　University Press/Heinemann, 1975）, pp. 88-89; Aristote, *Éthique à Nicomaque*, tr.
　　Jean Tricot（Paris: Vrin; 1972）, p. 102；中文翻譯參考亞里士多德著，高思謙
　　譯，《亞里士多德之宜高邁倫理學》（台北：臺灣商務印書館，1979），頁
　　31。眼睛的德量（virtue）正是眼睛有價值之處。唐君毅所本的也有中國古代
　　傳統的資源，像是鄒衍的五德終始說，也正是將五行與五德匹配起來。至於
　　「德量」一詞，也有佛學的根據，如法藏的《華嚴一乘教義分齊章》：「四德
　　量差別，謂宅內指外。」（T45, no. 1866, p477, c5(2)）或智儼《大方廣佛華嚴
　　經搜玄分齊通智方軌》：「歎聖臨機德量由致。」（T35, no. 1732, p13, c6(6)）
　　以上分別引自CBETA中華電子佛典：http://www.cbeta.org/result/normal/
　　T45/1866_001.htm; http://www.cbeta.org/result/normal/T35/1732_001.htm

24　唐君毅，《中國文化之精神價值》，頁93。

25　同前書，頁93-94。

到「歷程」的說法是將大《易》生生化成等同於懷海德（A. N. Whitehead, 1861-1947）之歷程哲學[26]，但唐君毅特別凸顯宇宙論與倫理學的內在關係；「物德」一詞正是此一脈絡下的標記。

　　這種感通作用成為核心詮釋模式，也可見於時間、空間的規定。空間是「萬物賴以相與感通之場所」，而時間是「萬物之相承而感通之際會」；而類似於〈意味之世界導言〉與《道德自我之建立》，這裡援引感通作用，用意在顯現從有限到無限的歷程——「凡物之相感通，皆超拔一限制，即皆為無限之實證處。」[27]時空論述的重點不在於宇宙論模式，而是宇宙論與倫理學的關係。唐君毅認為，感通之超越限制，顯現的是「中和」，這呼應著生生化育的倫理意涵；進而主張則是「天道之仁，即表現於自然」[28]。

　　感通歷程也與仁相關。唐君毅自1940年代起便提及「宇宙之

26　此一說法也用來與懷海德（文本作「懷特海」）的事件概念比較：「每一事物之生起〔……〕皆依於已成他事物之相感通，與新理之由被覺攝而實現。而此事物之相感通與新理之實現，皆為實現一種價值。因而亦為新舊事物之各表現一種德性。」（同前書，頁91-92）此段說法綜述唐君毅對懷海德的理解，但並無確定的文本依據。「覺攝」為prehension的翻譯（唐君毅也作「攝握」），感通則為feeling之意；feeling作為「情感」，也作「情」，但唐君毅將兩者等同——「此情為整個之握境之『能』，故此情即是與境感通之『感』。故下文直譯之為感。」參照，《哲學概論》（台北：臺灣學生書局，1982），下冊，頁939。按照懷海德的界定，prehension（覺攝、攝握、攝受）乃是將現實存在物的一般特徵再產生出來（A. N. Whitehead, *Process and Reality* [New York: Free Press/Macmillan, 1978], p. 19），而feeling（感或感通）是prehension（覺攝、攝握、攝受）的一種，屬於積極的攝受，表示主觀形式（p. 23）。

27　唐君毅，《中國文化之精神價值》，頁100。

28　同前書，頁109。

仁之理」、「天道之仁」的基本看法。根據《中國文化之精神價值》的〈自序〉所言，唐君毅自承早年論天人合一的天乃只自然現象之全，而對形上學的天心並未著力，甚至自謂「個人之補過」[29]。但從前述〈意味之世界導言〉、〈易傳之哲學淺釋〉等1940年代後的作品中，則愈見此一德性價值義的凸顯。將生生不息的生化原理聯繫到宇宙的仁理、天道的仁，乃是此一論述的發展，其中的解釋關鍵在於感通上。從自然世界推向價值世界，乃是從人性之仁推向天道之仁。

唐君毅的前提是：「蓋中國先哲之論人性之仁，其本質乃一絕對之無私」、「真正絕對之無私，當為不私其仁，不私其德」[30]。他希望肯定「我以外之他人、他物可有仁心仁德」，更重要的是認為仁德涵蓋自然生物與無生物：「可謂其有類於我心之仁德者。」他的推論則是：

> 人之仁，表現於人之以其情與萬物感通，而成己成物之際。則在生化發育中之自然物，吾人明見其與他物相感通，而開啟新事物之生成，則吾人又何不可謂亦有仁德之表現？[31]

物與物之間也有感通，元亨利貞、仁義禮智都適用於（自然與非自然的）物、事物。他進一步的推論可整理為以下三點：（1）是物固然對所表現的德性不能自覺，但物的行事方式（德）與人的行事方式立基於相同的道理，斷定只有人類有德而物無德，「在

29　同前書，〈自序〉，頁叁。

30　同前書，頁109。

31　同前書，頁110。

經驗上無根據」，(2)以德（元亨利貞、仁義禮智）來解釋自然界
萬物的生成，是屬於人類思考的一種必然性，是「情之所不能
已」，(3)即使不能將各種德歸諸自然界的個體，也應當歸諸於整
個天地，因為整個自然宇宙是「一個生化發育之流行」[32]。

　　唐君毅的推論雖然帶有某種退讓（「即使……也應當……」），
但是，從「經驗上無根據」到情感的必然、再到應當歸諸整個天
地，這一推論過程肯定自然世界的萬物與人類有相同「德」，卻
是在證成人類形象論（anthropomorphism）。這一個推論明顯是傳
統類比論證的「推」，在人與人之間為同情心的「推」，進而
「推」到宇宙與人在價值上的類比。主要的旨趣在於最後的論
斷，亦即，唐君毅以感通為基礎，將自然宇宙視為生生化育的大
化流行，事物的消滅是為了成就新的創造性。不過，他的理據之
一是「不私其德」，卻值得玩味。如果「德」的概念是屬於人類
的，不將此一概念占有，而能夠釋放給自然界的萬物，這有豈不
是有去除人類中心主義的可能嗎？不占有而釋放，這也有著解放
的可能；不能不說，唐君毅的辯證思考有他的獨到處。

　　類比論證確實有其跳躍之處，但跳躍的原因不在於缺乏理性
根據，而在於唐君毅認為「謂物無德，經驗上無根據」這一斷
言。因為，若要肯定「物有德」有經驗依據，其意義乃是形上學
的。經驗層面指的是道德經驗、倫理經驗、價值經驗，而不是認
知經驗。唐君毅藉著這種「道德精神客觀化其仁德於宇宙間」、
「天道內在於萬物」的觀點來批判西方自然主義，相對地，他是
從道德形上學的觀點，肯定自然世界與人文世界在價值上的類比
連結。根據此一角度來想，自然與文化並非斷裂的兩塊，而是有

---

32 同前書，頁110-111。

化育的同一性。

　　倫理價值的類比論證是以「仁」為基礎。在人際之間可以類比於物與物之間，都以仁的感通為基礎，因此，仁是「一切德之始」，而物物之間的感通也是「一切生生之事物所自始〔……〕事物之仁也」[33]。根據這種「事物之仁」的說法，唐君毅認為物與物之間的矛盾鬥爭是第二義的，應該以事物內部生存的仁（生化發育）為基礎：——「凡自然界之鬥爭、矛盾與險阻，依易經之教，又無不可由擴大各自所感通之物之範圍，以協調彼此之關係，而歸於並存並育之大和。」[34]自然界中生命體內部的統一與和諧可以存在於生命體之間，這種和諧的基底也作用在感通上。這一觀點既批判達爾文演化論的生存競爭，也批判階級鬥爭說、乃至批判社會契約論所預設的相互為敵的自然狀態。儘管有許多值得討論的空間，但若就思想發展的理路來說，唐君毅的論點有立足於《易傳》道德形上學的新境地；《中國文化之精神價值》的篇章布置是先談自然觀，而後談人心觀，這也意味著是從自然形上學轉向道德形上學的轉變。

（三）性情心的感通

　　人心觀的論述也脫落了自然主義的心理學理解，推向形上學傾向的性情心。性情心與自然心理並不等價：

　　　　西方心理學家，所謂人心對環境之適應或反應，在中國哲人相近之一名為與物之「感應」或「感通」。西方言人心之

33　同前書，頁110。
34　同前書，頁111-112。

反應，多謂其乃所以滿足人心之要求慾望。中國儒家之言感通，則所以顯性情。道家言感通，則歸於物我兩忘。[35]

這裡的對比顯然在於指出：西方意義的心乃自然心理的心，而中國所說的心是具有形上學意義的情感心（儒家）或虛靈心（道家），同時，中國脈絡下的兩種心都不注重認知的對象性，而傾向於取消對象（無對性）[36]而樹立一種通透內外的形上學主觀性。唐君毅的論述很明白地將「心之性情」當作是核心問題[37]，以「性從生從心」這一詮釋原則為基礎，將「性情」連結到「生生化育」而通於天心。「天心」之所以有意義，也如同「天道之仁」一般，必須從道德形上學的角度來理解。

　　具體說法見於唐君毅對孟子「盡心知性知天」這一句話的詮釋：

　　依中國儒家盡心知性以知天之教，則人之求與此形上實在相遇，又不須於自然世界、人文世界，先取一隔離之態度。人誠順吾人性情之自然流露，而更盡其心，知其性，達其情，以與自然萬物及他人相感通，吾人即可由知性而知天。於是此與形上實在相遇之道，非逆道而為順道。[38]

　　然吾若透過吾行為與性情，以觀天地，則我之行為之所往，性情之所流行，皆我之生命之所往，亦即我之精神之所

35　同前書，頁124。
36　同前書，頁125-126。
37　同前書，頁140。
38　同前書，頁450。

往，我性情之所周遍流行。[39]

這一說法以「性情感通」為詮釋核心，並濃縮為「盡心、知性、達情」，加入了「達情」的補充，也開啟後來《生命存在與心靈境界》論「性情形上學」[40]論點的先河。以孟子為論述所本，性情心的指引不是落在經驗界上，而是形上世界（「形上實在」），特別是價值感貫串的道德形上世界。

在肯定「性情心」的立場上，唐君毅也認為，除了人類的個人心情外，還有一種宇宙性的心情，超越個人主觀性而涵蓋他人、他物的客觀性。性情心可以通至宇宙心，但不同於道家的虛靈明覺，這是儒家系譜：「孟子、中庸、易傳統貫心性情而一之」[41]，呈現出價值意涵。性情心以感通為主要作用模式，尤其在情[42]（倫理情感）的表現上有作用。雖以儒家為宗，但是，性情感通並不否定道家系譜下心的虛靈明覺以及相關的普遍性，只不過強調性情的「充實化」：「此心之虛靈明覺，必特殊化而具體化，復因有所感通而充實化。」[43]儒、道對比的意味潛藏其中，「充實化」相對於「虛靈」，若就孟子脈絡言，則是「充實而有光輝之謂美」這種德性式的充實。充實的實在性顯現在具體的感通作用上，肯定交相感通之間的作用與兩端的存在；因此，有「自己、他者、作用」這三方面的實在性，但唐君毅認為這種感通原則造就兩方面的充實——自求充實與充實於境。境是遭遇所構成，但

---

39 同前書，頁451。

40 唐君毅，《生命存在與心靈境界》（下），頁502。

41 唐君毅，《中國文化之精神價值》，頁144。

42 同前書，頁145。

43 同前書，頁145。

實即為生活境界[44]，是由自然生命與自然事物經過感通所「交感而互貫通」得出的生活所成。整個關鍵論述也在於一個對仁心的闡述上：

> 吾人之自覺的求與物交感以相互貫通之心，即吾人之成己成物之仁心。〔……〕由此自然生命與物之交感相互貫通，而成物成己之仁心之充拓中，乃見此自然生命自破其限制，而見有所謂精神生命存於吾人之自然生命中。[45]

感通作用的重要性不僅僅是就意志自由的主體性上肯定超越性，更藉由種種交互關係的成立來賦予新意義，而證成此一超越性。性情心的超越性也有無限性，但此一無限性是突破限制，在自然生命的向度中開立出異樣的向度，亦即，以他者的介入開啟精神向度。這是從生命的自然態度轉入更具奠基性的意義世界。

性情心在虛與實之間往返，縱觀有返虛之功，而橫觀的對境則時時求充實，縱觀與橫觀彼此對比，感通作用有心靈的虛、實交織。心的虛實交錯頗可與唐君毅晚年順觀、橫觀、縱觀三觀的角度對照，晚年的順、橫、縱三觀著重在涵攝融合的特色，這一對比顯出中、晚年唐君毅哲學體系構思上的細微差異。

綜合來說，唐君毅自中年後有一持續地對價值世界安立的關懷，特別凸顯從自然世界通往價值世界的可能性。感通便是在此

---

44 值得注意的是，「生活境界」或許可以與胡塞爾所謂「生活世界」（Lebenswelt）相關聯。

45 唐君毅，《中國文化之精神價值》，頁146。

一論述方向上被特別著重，這一觀念不僅僅承認感通與情感的關係，更將感通當作是物與物、人與物、人與人之間的一種形上學作用關係。在晚年中，感通原則直接落在對於孔子仁的概念解析上，其效果有兩面：一是文本意義中所透顯的義理、價值意涵，二是內在的工夫論意涵。下節即順此兩面來闡述。

二、仁學詮釋與工夫論意涵

在〈孔子的仁道〉上篇末，唐君毅有另一番綜結：

> 一己之生命之內在的感通，見一內在之深度；己與人之生命之通達，則見一橫面的感通之廣度；而己之生命之上達於天，則見一縱面的感通之高度。[46]

這一個綜結雖然像是只歸到三方面，但這三方面有一空間布置上的意涵，或者，可說有一場所論意義的配置。內在深度、橫面廣度、縱面高度[47]這三者所配置的乃是一種「精神空間」的操作。

---

46 唐君毅，《中國哲學原論──原道篇》，卷1，頁108。

47 誠如審查人提供的意見，在《生命存在與心靈境界》裡，唐君毅強調精神空間中的三向度，在方向上是前後、內外、上下，而思想作為具體理性的實踐則開展為順度（普遍性）、橫度（特殊性）、縱度（普遍與特殊的相合），就心靈活動的開展程度則是有深度、廣度、強度之別。「強度」之說與此引文的「高度」並不同，然而，唐君毅主要強調心量之能，既能「無所隸屬、無所黏附」，又能「觀其同異、求其貫通」，此三方向的區別是此能力的展示，見《生命存在與心靈境界》（下），頁307、312。至於縱通乃是上下通的方向，此軸向是「形而上之能通、之能下澈，或現實生命心靈之自超化而上升」（同前書，頁450），是通向「聖神之境」，也有「以禮卑法地，以智崇效天」

　　這種三方向的關係，如同唐君毅所自述，有合於主觀精神、客觀精神、絕對精神的黑格爾概念意味，我們也可理解為：在己的、為己的、在己且為己的或自在自為的（絕對的）這三種辯證法表述。不過，本文重點不在關注唐君毅挪用黑格爾之處，而在於思考此三方向感通作用如何落於孔子詮釋中，而又如何從中闡發德性工夫的意義。

　　按照唐君毅的層層追問，他對於仁的詮釋並非自頭徹尾即有明確的演繹順序；相對地，他的詮釋進路同時是一種反省的理解陳列，亦即，透過自我反問、自我陳述其理解的途徑來整理出「仁的本質」。這種本質不是預定先在的理論見解，而是從簡易平常的入路，進而推到內在的理路。這種內在理路不是依照時間順序或文字篇章而定，而是依照工夫進路的方式來衡定，進而從感通的場所布置，分別開出三種層面（順、橫、縱或己、他、天）彼此通透的仁道工夫。考慮〈孔子的仁道〉上、下兩篇的書寫分量，在上篇中努力說明德性工夫貫通於仁而呈現出層次之別，由此排比德性與工夫之間的次第關係，根據的是本於心的感通歷程；而下篇則致力說明天命、鬼神的感通方向，終歸於禮與祭祀，所證成的除了是三祭禮制，更且引導祭祀的宗教面向而賦予形上學意義。唐君毅自述其乃按照孔子由志於學、立、不惑、知天命的次第。如果不限於此一文字詮釋的脈絡，可以視為此一工夫次第與感通歷程有一內在結構，亦即，感通的歷程從道德的自我感通、推至倫理的己他感通、歸向宗教的天人感通。整個企圖是樹立一種道德形上學的主軸，以便回應兼顧特殊性、普遍性、

　　的上天下地之通，而在此形上實在的揭示過程，也不能忽略下學上達的次第，上下之間，有淺近、也有高明的通貫。

超越性的文化挑戰。

（一）我與他人的感通

　　考諸整個德性工夫與感通歷程的次第，則歷程上是從我與他人感通開始，我們可以說，首先出現的是一種源自日常生活的「自然態度」。這種態度顯現在對於外於自己的他事、他物的注意，也具體展現在事功的追求上；事功本身並不是仁，卻可以引導到仁的觸發。唐君毅在此一初步階段，進行一種詮釋的扭轉，在工夫歷程上企圖還原出個體德性的本質，將事功、才藝、事業的追求暫時擱置；這一擱置並非否定，而是先肯定事功、才藝都有內在的基礎，亦即，必須「依於仁」，但才藝、事功本身不是「仁之所在」。詮釋扭轉的進程便是展開「還原」的歷程。

　　扭轉產生在為學之始的「孝弟」。「仁之本」的「本」並不指「基礎」，而乃是「初步」、「原始」。詮釋的根據來自自己與他人的感通：

> 　孝弟者人之生命與父母兄弟生命之感通，即人之生命與他人之生命之感通之始也。〔……〕人之行于仁道，皆必以孝弟為先，即以其生命在日常生活中，與父母兄弟之生命相感通為先，再及于愛眾親仁。[48]

這一說明符合前述所提的「推」的類比邏輯，同時，也樹立起一種內在目的論的差別。根據家庭體制的血緣親密性建立起初步的感通，這種感通是「生命的感通」。詮釋的重點不在於注重此種

---

48 唐君毅，《中國哲學原論——原道篇》，卷1，頁81。

出生於家庭中受父母、兄弟、姊妹環繞的原始社會結構，或者只停留於此種結構的限制中。生命的感通包含著兩種側面：一是自己的生命，這種生命是關係性的，本質上是在自我限制中包含他者（孝弟）的結構；二是此種關係性結構帶出整個他者全體的存在，有一全體性範疇總是取消自我生命限制，進而促成一個動態的感通。在類比的感通歷程中，朝向他者開放的全體卻包含著不確定的他者（路人、陌生人、敵人），這使得全體性範疇本身也有一不確定性。相反地，從入手處說此初步的感通則有確定的他者：父母、兄弟、姊妹（進而包含夫妻）。與確定他者有持續且親密的感通，乃是實踐工夫的起點，構成倫理要求中的孝、友。在《哲學概論》與《文化意識與道德理性》中特別申論此種「孝友的形上學」（孝、友分論）[49]，即依據從家庭出發的感通原則，而從倫理關係奠定起一種貫穿天人的形上學。但值得注意的是，唐君毅在此處點出，他人（他者）在感通中所居的關鍵地位。

　　在論工夫起點的討論中，並不乏內部分歧，為了遷就「孝弟也者，其為仁之本與？」[50]與「吾十有五而志於學」[51]這兩句話的意味，唐君毅既談論孝弟，也談「志於道（志於仁）」的詮釋。因此，「志於道，據於德，依於仁，游於藝」[52]這句話濃縮為「志於仁」，其詮釋是：

　　　　志于仁，即依于仁。〔……〕學為仁，即成己之仁德，以

49　唐君毅，《哲學概論》（下），頁1025；《文化意識與道德理性》，頁73-93。

50　〔宋〕邢昺，《論語注疏》，〈學而第一〉，影印阮元校勘重刻宋本《十三經注疏》（台北：藝文印書館，1981），頁5。

51　同前書，〈為政第二〉，頁16。

52　〔宋〕邢昺，《論語注疏》，〈述而第七〉，頁60。

為己之所據；學禮樂才藝，即可成人己之事，以通人己之情。而志于道者，則不外志在此己之有通達于眾人之道路，使己行于此道路，己有此道路可行；同時求人之同行于此道，以至天下皆有道可行，有路可走也。[53]

解說的原則在於以感通來貫通自己與他人，用的隱喻是「道」本身作為「道路」而有所通達的隱喻，在此隱喻上也推論出有「行道」的先後次序。故而，「志道、據德、依仁、游藝」有一工夫次序，從「成就自己」到「通達他人」時，有內／外、己／他的分別，也有聯繫的次序：「自其屬于內而觀，即是德，自其兼通于外而觀，即是道。而志于仁者，亦必須同時求與其外者相感通。」[54]感通的基礎在成己，進而要求聯繫自己與他人。詮釋的重點在於：「志」與「仁」兩者如何實現在心的原則與實踐工夫上；事功的追求並不是此種工夫實踐的本質。

因此，關於「子張問仁」[55]、「樊遲問仁」[56]、「子貢問仁」[57]三個問仁的脈絡，唐君毅也一律認為是政事、事功方面的問題，孔子的回答則欲扭轉回人自問自己的本心。「志」的重視，並不全然是德性的展現，反而是提點本心的一個工夫開口，其意義在於工夫的扭轉。因為若一味停留於事功、政事此類公共領域的參與，容易忘卻真正的「仁」源自心的發用。

從「志於仁」出發，更推展到恕、忠、信、禮、敬、愛。同

---

53 唐君毅，《中國哲學原論──原道篇》，卷1，頁81。
54 同前書，頁82。
55〔宋〕邢昺，《論語注疏》，〈陽貨十七〉，頁155。
56〔宋〕邢昺，《論語注疏》，〈顏淵十二〉，頁110。
57〔宋〕邢昺，《論語注疏》，〈雍也第六〉，頁55。

樣的原則也貫穿著更進一步的工夫。

孔子強調「下學而上達」、「己欲立而立人，己欲達而達人」，唐君毅歸之於「行恕」的德性。從內部分為消極的恕（「己所不欲，勿施於人」）與積極的恕（「己立立人，己達達人」）；行恕工夫注重在自己與他人之間來回不斷的感通——包含體察好惡、改過去惡——，形成「恕」的無盡省察：「此是以己及物之仁，即推己及物之恕，而亦為人皆可終身行之而不盡者。」[58]在自己與他人關係之間，恕道顯示出恆常不間斷的感通歷程，但卻還不是呈顯己與己的感通、己與天地的感通。從恕道推擴，忠是忠恕之道的完成：「恕成於忠，而忠可攝恕」。由忠也可推擴至信，這是「忠之至，而為信者」或「主忠信乃以信為終」[59]的論旨。根據這種詮釋，〈述而〉的「子以四教，文行忠信」[60]是歸結在「忠信」的德性上。工夫入路的次第在於德性的層層培育，以「己所不欲，勿施於人」、「己立立人，己達達人」為原則，下學上達，進而貫串著恕、忠、信的德性層次。

更高的一個層次則是禮敬的工夫。禮原本是屬於公共領域的一環，但同時也有通於自己與他人、自己與天地之間的感通作用。唐君毅在恕、忠、信之後，列出禮、敬的說法，有更深的兩個層次意義，其文本依據主要在於答顏淵問仁的「克己復禮為仁」[61]，從而聯繫到回答仲弓時的「出門如見大賓，使民如承大祭」。仁與禮的公共行動源自於「對人民有一至禮極敬之情」[62]，如

---

58 唐君毅，《中國哲學原論——原道篇》，卷1，頁90。

59 同前書，頁92。

60〔宋〕邢昺，《論語注疏》，〈述而第七〉，頁63。

61〔宋〕邢昺，《論語注疏》，〈顏淵十二〉，頁106。

62 唐君毅，《中國哲學原論——原道篇》，卷1，頁94。

此說的目的在於揭示禮與政治的基礎是「復禮之心」，亦即「一如見大賓、如承大祭之至禮極敬之心也」[63]。禮的內涵比注重事功的外在表現更高許多，也比忠國愛民的政治施為高一層。

愛與禮的分別順此一情感的公共性展開，根源於愛的敬已經比恕、忠、信適用範圍更廣，但是根源於禮的敬卻帶出一個縱深，另外具有朝上舉的超越面向：「愛之為橫施之情，與禮敬之為上達之情不同。」[64]「升舉」、「向上興起」、「上達」、「揚升」等詞語顯示了縱深向度，這種場所隱喻蘊含著向上感通的一種面向。只不過此處尚且只是「如承大祭」，不真正是「承大祭」；「如」字的分別也決定著真正的感通向度。因此，此處的禮、敬並不是通於天命、畏天命的禮、敬感通。

（二）自我感通

再來的更高層次轉入對己感通的層次，這是一個反轉曲折的自我關係。不同於「直道而行」的直接性，相對地，唐君毅稱智、勇、義三者為「由曲以成直」的德性，乃是因為三者不是更往外推擴的向外感通，而是返回內部的自我曲折；這是根據內在感知得出的感通，是「己與己之一內在之感通」[65]，向內折返是一種艱難曲折的歷程。以智為德性能夠對於感知、感通的東西加以辨別，這是在自己內部的反身關係。唐君毅同時討論勇與義的德性，注重說明「仁可攝智，即亦攝義。合義之勇，不出於欲」的涵攝關係，意在說明仁統諸德的功能。從感通的關係來看，這種

---

63 同前書，頁96。

64 同前書，頁97。

65 同前書，頁100。

統攝之外還包含著另一種關係，亦即，自己感通中的反身關係。有一種迴環的效應構築於仁德統攝諸德的關係上，唐君毅稱之為「圓德」，用以詮釋「以尋孔顏樂處為工夫」：

> 人之德行必完足圓滿，而更能自己受用之，或自己感受之者，而後有其長樂。〔……〕由人之直道而行，或由曲而成之德，再返回於人之自身，以為人自己之所受用感受，而自周流於有德者之生命之內之所成。[66]

所謂的「圓」是一種迴環，是從自己出發，通往他人，而後又返回自己自身中，在擴大充實的德性工夫中達到一種內在感通而自足。這種迴環的自足開啟另一個向度，此一向度應是天的向度，但即使是天，也仍舊有自然之天與形上之天的層次可分別。將自然之天包含入感通作用時，首先不排斥的是與自然物的感通[67]或與風月的感通[68]，這種感通也自有其樂處。

如果將此整個過程暫時作一綜結，可以發現，感通的向度固然沿著自己、他人、天地這三個軸向配置，但其模式並不是一往不返的，而是有往有返的。在初步的感通之際也仍有一種素樸的自然態度橫亙著，必須有更高層次的超越作用使得此一感通得以開展擴大，而在推擴之際，也有充實的效果。在進行感通時，往返的作用出現在自己與他人之間的往返，也出現在自己與自己之間的往返、人與天地（「天命」）之間的往返，所有這些往返形成

---

66 同前書，頁104。
67 同前書，頁106。
68 同前書，頁105。

一種迴環歷程，在德性的描述上呈現一種「圓德」的構想。若按照論述層次所欲披露的工夫次第，感通的三個軸向也有次第轉進的秩序關係。從自己與他人的感通折返入自己與自己的感通，進而預備人天感通，這也意味著，人天感通是通過內聖的途徑而不是透過外王的途徑。由此也可看出，唐君毅始終是以心學路徑立論，此一心學立場必須回到本心的發動，才能成就自己與天的感通。

三、宗教向度：天人感通

前述的德性工夫限定在人的自我感通與我他感通，也是〈孔子的仁道〉上篇的論述範圍，至於下篇則專就天人感通的向度談，此一向度開啟仁道的宗教性之可能，也等於是回應西方宗教挑戰的一種詮釋策略。

在天人感通的向度中，唐君毅特意引入的模式乃是一種「命令召喚與回應」的模式。這種模式相應於前述的迴環歷程，相當於天與人之間感通的往返來回。其基本規定出現在孔子的「知天命、俟天命、畏天命」上。從孔子生命歷程來看，有一種對其生命遭遇的回應關係，這是所遭遇的天命與人生命彼此呼應的關係：

> 貫于其生命歷程或成學歷程，而有一真實存在之意義，如實對其有所命令呼召，而待于其知之、俟之、畏之，以為其義所當然之回應。[69]

這種回應必須帶有實感與直感，從心的發動回應此種召喚。孔子所謂的天命不是「就其為存在上本然實然者說」，也不是就「當然之義，或當然之性理之所以然」[70]（如朱子所見），而是在直感中以義所當然來回應，這是「即義見命」之說。這種呼喚與回應的關係並不停留在人格神的命令語言，而是以德性工夫來回應。如果與西方作為神所囑咐的命令（後衍生為天職〔vocation, Beruf〕）比較，此處的回應呼喚是從倫理關係中的報恩返本說[71]得出的。

　　唐君毅也認為「天命」不是一種必然性，可能有的必然性只有道德必然性。就實質生命歷程來說，命有歧義，擺盪在必然性（天命）與不確定性（自然生命）之間，也正是如此，生命歷程應該轉化出道德必然性。「即義見命」，建立在兩條件上，一是以天命結合著人生命存在的境遇或遇合，另一則是能以「義」的當然來回應。這使得義命不二的關係衝破了純然遇合的偶然性、也扯裂定命的必然性，而開出一種只能從德性工夫證成的道德必然性。

　　「畏天命」的詮釋，便在梳理必然性與偶然性的關係。唐君毅詮釋「子畏於匡」[72]一節時指出：「今孔子忽畏於匡，孔子亦即同時感天之存在。然於天之所命者為何，則初不能定。此則由於孔子於其自己生命之存亡，原不能定之故。」[73]所謂「不能定」是在所有遇合情境中出現的原始不確定性，也等於是說天帶來自然生命的命運蘊含著不確定性。但孔子隨即回應著這種原始不確定

70　同前書，頁116。

71　參照唐君毅，《哲學概論》（下），頁1026：「對此愛與養育之恩之一回報」；《文化意識與道德理性》，頁70（「感恩意識」）、頁74（「返本」）。

72　〔宋〕邢昺，《論語注疏》，〈子罕第九〉，頁77。

73　唐君毅，《中國哲學原論──原道篇》，卷1，頁119。

性，以「義所當然」（「文不在茲乎？」）與「斯文自任」來回
應，因此也擺脫不確定性，而定立出道德確定性。如此從「畏天
命」可以積極引向「俟天命」、「知天命」的作為。詮釋的邏輯按
照感通的要求進行，從境遇的實際存在感受引出了感的發動，相
繼而來的是在此實際感受中的直接面對（「直接顯示、直接發
出」），並能夠對著這種實感、直感有回應（「義之所當然」）。但
這種回應在不確定中設立了確定性，而有突破限制的作用，拉出
從天命到自命（命義）的連結。

故而，天命的存在呈現為一種直接的動態感通：

> 人果有一「發憤忘食，不知老之將至」之生活態度，則其
> 生命即無時不在一新境中〔……〕無時不可實感此天命之不
> 已不息，若恆超越乎其昔之所以自命者之上，以呈於其前，
> 而亦無時不在「知天命」「俟天命」「畏天命」之心境中矣。[74]

固然知天命、俟天命、畏天命三者其實有分別，但唐君毅認為僅
僅可視為對待天命的態度不同（知情意），卻不能說有不同的天
命；天命的同一性被稱為「渾然一體之天」或「統體之天」[75]。天
雖然不是在個人的範圍內，在回應的原則上，卻又不是不能感通
的。所需要的是「次第感通」[76]，一旦能感通，則所分隔的不同處
便得以被連結起來。

以統體之天的面貌出現，這種天不被當作人格神意義的天

---

74 同前書，頁121。
75 同前書，頁128。
76 同前書，頁127。

神，而是規定為：「人所敬畏之一真實之精神的生命的無限的存在。」[77]這是在相對於人自己的關係下被設定的，包含著實在性、精神性、生命性、無限性。不能忽略的是「敬畏」一詞，這種「敬畏」保存著天成其為天的超越性，卻又容許以恭敬心來接近。天雖然是無限的存在，但是，天若可接近，則可感通，這時出現一種天的雙重性：超越的天可以恆常地拉開一個不同於人己社會關係的異樣向度，但是，天的向度也朝向所有人開放。

從敬畏、恭敬而出的感通不同於環繞著祕密、神祕的感通，其原因正是在於天的超越性不排除對人的開放而有感通的可能。在此意義下，感通作用進行著揭露，但所揭露的不是神自我隱蔽或自我隱遁所遺留的祕密，而是原本呈現在生物變化的創造活動中。這一種條件可稱為「顯現的條件」，使得人天感通成為可能：

> 此天之原無必然須保留之祕密或神祕。故此天，永只在其由隱而顯，由微而彰之一歷程中，而亦恆內在於其所生之人物之中；亦容吾人之由對此天所生之人物之感通，以與天相感通。[78]

同樣地，顯現的條件也蘊含不同的主體性概念；以能實現感通作用為前提的主體，以開放性為特徵，面對著自己、他人、天命。這種主體是在關係中的主體，也是一始終承受召喚而有所回應的主體。唐君毅認為這是存在於人倫關係中、及與天地萬物之關係中的「一己」，主體的主體性在整個感通的關係脈絡中：

77　同前書，頁131。

78　同前書，頁133。

　　吾人之一己，原是一能與其他人物相感通，而此其他人
物，亦原為可由此感通，以內在於我之生命之存在中者。依
此思想，則一人之為一個體，即原為通於外，而涵外於其內
之一超個體的個體，亦即一「內無不可破之個體之硬核，或
絕對祕密，亦無內在之自我封閉」之個體。[79]

主體性概念有所修正。感通中的主體特徵是「內無不可破之個體
之硬核」、「無內在之自我封閉」。這一感通的個體是一個開放
的、通於外的主體。如此一來，開放的主體性概念意味著從天的
感通回溯至個體主體性時，天命的意義不能捨棄個體中的自己、
他人，不能成為孤懸而無可通達的超越天（祕密天或人格神）。
反過來說，天的感通也受到己我、己他感通的制約，這種天也不
是純然的客觀的天（對象意義的天、自然的天），而是朝向主體
性開放的天；甚至可以說，如果沒有此種感通的主體性的話，天
無法呈現其形上學意義。

　　唐君毅對於鬼神的意義也另闢蹊徑，他不從鬼神的存在與否
下定論，而是從感通之情肯定一種時間性之中的聯繫。一方面這
是為了證成祭祀之禮的主體性根據，一方面則是肯定對消逝者的
思念情感。根據此種思念情感而有感通的可能，其實所依據的條
件乃是一種情感類比，以及把握對此種情感的意義充實：

　　吾人自對其昔日之我之經驗，有此一感通，則吾人即可謂
昔日之我之經驗，存在於今日之我對之之回憶重念之中，而
其自身亦為存在者。順此意而推擴言之，則鬼神果在思念與

---

79 同前書，頁132。

> 祭祀之禮之中，為人之感通之所及，自亦存在於此感通之
> 中。80

天人感通預設了顯現的條件，在鬼神祭祀中則以對消逝者的情感作為顯現的條件。以《論語》「祭如在，祭神如神在」81為詮釋張本，唐君毅分析的是祭祀的意識活動。「如在」一詞所意味的是一種意識的現前化，並從時間性的意識現前化作用來奠定回憶情感的基礎。重點並不在於鬼神的存在與否，同樣地，也不真正涉及死亡與未來的問題，而以回溯（retention）或前瞻（protention），亦即，以回憶的思念與未來的希望兩者來分別貫串祭祖與祭天的共同意識基礎。

　　「祭如在」明顯地是用到類比論證；能否理解此一類比的關鍵在於感通的可能性。如同前述，感通作用調整了天的意義，也賦予了從自己、他人、天之間互為關係式的主體性。此一關係式的主體性對應於開放的主體性。感通揭示了「如在」的存有論意義，「存在」的意義歸於感通的動態歷程所顯現；存在不能離感通，而感通可賦予存在：

> 實則吾人亦不能離吾人對任何事物之感通，而問其自身如
> 何存在。〔……〕凡吾人之所感通所及者，吾人皆可謂其在
> 此感通中，為一所感通之存在，而凡可感通者，亦皆可說之
> 為存在。82

---

80 同前書，頁139-140。

81 〔宋〕邢昺，《論語注疏》，〈八佾第三〉，頁28。

82 唐君毅，《中國哲學原論──原道篇》，卷1，頁140。

表面上，感通等同於直觀的直接肯定或直接經驗；然而，唐君毅肯定的是一種專屬「如在」的存有論，這種存在不同於「一般之生者之在」，而有的「只是一純粹的在此感通中之『純在』」[83]。以「純在」稱呼，意味著去除所有經驗內容、止息對幽冥狀態的想像推測，而保存著主體中的他者。面對幽冥，取決的是誠敬的意識：「純粹的對死者之平生之回念與純粹的誠敬，以與其『純在』相契應、相感格，而使吾人得仁及於鬼神。」[84]這樣的「純在」可視為一種形式性的存在，回歸於不可見、不可聞的狀態；就其本身而言，是一種不能顯現者，但由於感通而得以彰顯，也只能以不可見的方式彰顯於呈現意識的現前化作用中。肯定「純在」的可能性，意味著不可見的他者的存在，而此一追念不在者的生者意識使得現在（現前）成立，也使得過去與未來在此一現在中連結。「純在」的說法使得這種連結（現在與過去、未來，可見與不可見、主體與他者的連結）不會以再現他者的方式出現，因為，他者是不可化約的、不可見的純粹存在，此他者使得主體被含括在「為他者」、「承認他者」、「受他者感通」的狀態中。

「純在」的感通通於幽冥。唐君毅認為祭祖、祭聖賢忠烈的祭禮是對「人神」的禮、敬行為，將消逝的人禮敬為神，目的在於「天神與生人之連結」，「無人神，則天神可只至尊無上，而非生人之所企及。則天神與生人之間，上下大小，互相懸絕而難通。」[85]人神乃是「祭」的中介概念，而中介的基礎在於「互相懸絕而難通」的關鍵斷言。天神、人神、生人之間有三重關係，感

---

83 同前書，頁142。

84 同前書，頁142。

85 同前書，頁144。

通的聯繫雖以「無所不感、無所不通」為原則，卻必須透過間接的中介來進行。唐君毅捨棄感通的直接性而採用間接性，此模式是否引發別的問題與困難，也值得深思。

　　綜結本節討論唐君毅對孔子仁道的詮釋，其關心點在於仁的感通對應於下學上達的德性工夫，因此，有層層的進境。同時，感通的模式結合著自己、他人、天這三種向度，也成為一種往返迴環的交互關係。對於天的感通則是由曲折返己的內我感通所預備。而在天命感通的狀況中，唐君毅以召喚回應來進一步說明此種感通作用，也凸顯出「顯現的條件」與開放的主體性。這種顯現的條件取決於意識的現前化作用，而意識則必須有所呼應（追憶消逝者與瞻顧未來者），從而將存有論與倫理結合在一起。

結論

　　根據前兩節的梳理，可以看到感通概念在唐君毅的哲學論述中實占有一核心地位，尤其注意到以感通為運作方式詮釋人在世間、天地、歷史中的位置與行動。唐君毅的思想轉折也可從中略窺一二。雖然他一貫以證成價值世界為目標，也極力說明中國思想中價值世界的安立以德性工夫為依歸，但仍然可見到些許內在差異。在《中國文化之精神價值》中，強調從自然世界通往價值世界的可能性，而在《中國哲學原論——原道篇》〈孔子之仁道〉中，則從為仁之方的工夫進路進行詮釋，也將三向度的感通融入此一詮釋中，三向度的三觀則同時是其晚年著作《生命存在與心靈境界》的基本論據。

　　唐君毅的立論明顯是以心為本，以心的發動為情，在情之中

感動、交接、貫通。這仍是以性情心為核心的論述。感通的感不限制於感官的感，更多的是感情的感。更精確地說，是不排除感官而能聯繫到感受、感情、感觸的感。在通的原則下進行感的聯繫，這種通也包含著自己、他人、天地（萬物自然、天命）的聯繫。在此種感通的聯繫中，規定著能感的主體為一開放的主體，而主體之間成為一種關係網絡，這種開放的主體也同時是關係性的主體。這樣的主體性已經脫離了從實體性角度思考的主體性。天的意義也根據此種感通的動態而得以被把握，這種把握是一種意識呈現或顯現的把握，不是退藏於密、收攏於沉默密意的把握；因此，顯現的原則節制著感通作用。相對地，顯現訴諸感通進行聯繫時的內在關係，以時間感的交相聯繫（如時間意識中的回溯或前瞻）而言，則訴諸於感的意識在當前的現前化作用。這一思考方式其實揉雜著黑格爾的辯證現象學與胡塞爾的先驗現象學。儘管唐君毅並沒有明確地點出他受現象學的影響，但他的理解與說明，十分注意意識的呈現與種種幽微細節，並總是點出先驗我的奠基能力，很自然地貼近當代胡塞爾的先驗現象學。唐君毅有一獨特關注道德形上學的立意，更明確地說，是涵攝普效性道德而容許特殊性倫理構造的倫理形上學；其整個論述風格以層層追問鋪排，在追問中逐步釐清內在基礎，這種人倫形上學又以仁的感通為基礎。只不過，這一思路並非完全沒有困難；以感通為動態歷程的敘述，往往必須訴諸類比論證，特別是情感類比，這裡便顯出一個值得深入探究的問題。聲稱感通的普遍性往往在此遭遇巨大困難；感通的交互關係往往出現著不對稱的傾斜，特殊性往往比普遍性更可得見。

　　如果回到這種人倫或倫理的軸向，我們確實可以從唐君毅這種明顯的黑格爾現象學與隱含的胡塞爾現象學路數，來思考內部

豐富的倫理經驗。唐君毅所論的倫理形上學有可以與列維納斯對比之處，列維納斯也盛言一種回應的責任關係，在直接面對（face-à-face）[86] 他者面貌的關係中，凸顯主體不能不回應、不能不面對的責任。他人、他者[87] 不能被化約到主體的投射中，而逼迫著主體的回應，在唐君毅的說法中，這種要求正是感通的要求。而感通中的不對稱關係也如同列維納斯所分析的無限與我之間的不對稱[88]，由此引發的是無限的責任。兩者在同樣思考倫理形上學的路徑上，有不少分歧之處，但卻共通地深刻思考一種朝向他者、超越者開放的主體性。在列維納斯那裡，他者、他人的面貌引導到一個絕對的超越他者，亦即，不親身顯現的神[89]；在唐君毅的構想中，則是兼顧宗教與教化的性情之教，這是一種人文宗教。由此可見，唐君毅如同列維納斯一樣都關注宗教面向，但也不放棄哲學論述，這是一種融合宗教與哲學的作法。更重要的是，價值意識與不可化約的他人緊密相連；對唐君毅來說，此種價值融合的課題是不可忽略的主軸。尊重價值而給予適當的安排，這是一種靜態的價值處置；但使得價值起作用，而在他人、自我、天（超越者）之間動態地發用，則仰賴感通作用。故而，感通作用蘊含著一種責任意識，在呼喚與回應的結構中，這種責任意識如何發動可以被理解。

　　召喚與回應的結構刻畫著責任意識的深度，這一向度原本特

86　Levinas, *TI*, pp. 23, 52.

87　這是形上學的他者（l'Autre）與倫理性的他人（l'Autrui）之分別，但兩者相通；見 Ibid., p. 13。

88　Ibid., p. 173.

89　超越（transcendance）有分離（séparation）的意義，也須與無限（l'infini）、無限者（l'Infini）概念一同考慮；見 Ibid., pp. 19, 21, 171 等處。

別展現在人天感通的宗教向度中。感通的三向度原來就相互涵攝，這種召喚與回應的結構可視為感通的基本結構。如果配合著感通三向度的往返迴環構造，則召喚回應的責任意識便含蘊著一種尋求價值安立的對話倫理。唐君毅注重三祭的宗教向度，尋求建立其形上學基礎，這個走向是價值形上學的走向，想要以儒家為核心的倫理架構來回應基督教所「代表」的西方有神論。以孔子仁道所開展出的詮釋整合三種感通向度，特別引導到宗教向度上，唐君毅的行文間多以基督教或耶穌的角色作對比，其目的正在於宗教的回應。這種回應方式與牟宗三相當接近。但是，唐君毅尋求的其實是一種價值重估或價值融合的道路，亦即，從價值意識出發而安排價值層級的方式。感通的三向度、三觀正是為此價值安立的可能性奠基；不能忽視的是，這種價值安立所得出的價值體系也有一從德性工夫出發的實踐旨趣。如此一來，價值不是以客觀的方式被安立，價值安排不是以強力的方式進行，而可以在召喚回應的責任意識中，落實在開放的主體與交互主體關係上。

　　從這裡應該可以展開一種略微不同的思考。如果感通所作用的多重迴環關係不是單純的同一性，而是在保存特殊性中的聯繫，那麼，感通的聯繫總是有在開放中斷裂的可能性。這種斷裂可以是人倫關係鏈的斷裂或感通關係的斷裂，面對斷裂的威脅也正是一種責任的開始。經過斷裂而重新訴求的感通不會是同一個過往感通的重複，而是新的感通。感通所希望建立的並非過往秩序的重新恢復，而更可能是新的開放可能性，是直接面對自己、面對他人、面對自然、面對天命的一種可能性。這種可能性無法封閉，無法回復到斷裂以前的情形，也因此召喚著新的責任。這也或許是今日重新思考唐君毅感通論的一個意義。

第五章

哲學與宗教之間
唐君毅與西谷啟治對現代性的省思

前言

　　唐君毅有強烈的宗教意識，「哲學的目標在成教」點出了宗教與哲學之間的張力。天人感通的思考在價值形上學中安立了宗教的向度，顯然，唐君毅的宗教觀不能與其哲學體系切割。然而，唐君毅也有基於對現代性挑戰的回應，而重視宗教精神的積極作用。

　　歐洲自文藝復興後，開始人文主義的思潮，一方面擺脫基督宗教的神權體制，一方面回溯希臘羅馬文化的資源，從此開啟現代民族國家在政治、語言、文化上的獨立性。科學知識與技術發明引發的工業革命，改變了人與環境的關係，並隨著資本主義的發達，人類生活逐漸被經濟生產的價值與市場機制所宰制。宗教生活的影響也在此一背景中退居次要的地位，隨之而起的是，以世俗化原則構築的政治社會生活。古典時期的笛卡爾樹立了知識自明原則，人類據此原則可自行建立科學體系，人對其自身來

說，具有一種獨立自由的特徵；反映在科學知識成立的歷史上，則是科學擺脫宗教解釋的歷程。同樣地，哲學與神學的關係也改變了，具體的情況是，自啟蒙時代之後，宗教與哲學的問題以不同的方式被思考、挑戰與重構。在此啟蒙的脈絡下，康德的道德形上學重新奠定了宗教的道德基礎，《理性界限內的宗教》（*Die Religion innerhalb der Grenzen der bloßen Vernunft*）的標題便摒棄了啟示宗教的權威。在觀念論的脈絡中，謝林以「哲學的宗教」來賦予宗教在哲學上證成的意義，晚年積極哲學所談的神話與啟示更是一徹底奠基的嘗試。施萊馬赫（Friedrich Daniel Ernst Schleiermacher, 1768-1834）則沿襲浪漫主義精神，從宗教感來詮釋宗教的意義。到了 20 世紀，海德格從存有神學（Ontotheologie）的角度判定形上學對存有的遺忘，藉以解構形上學史，也為宗教的當代意義投下新眼光。

事實上，海德格對西方形上學的批判、解構有一尼采的根源；透過尼采對基督教的系譜學批判，海德格也面對著歐洲虛無主義的問題。尼采藉由價值轉換的方式，針對基督教道德觀中的價值設定提出徹底的攻擊，但其問題不僅僅以一個特定宗教為箭靶，更涉及現代文明的基督教體制。一般宗教的價值設定究竟建立在哪種體制上，便需要批判的考量。海德格透過尼采對虛無主義的批判，同樣不是只攻擊形上學的神學根據，相對地，更是在價值設定、價值轉換的問題上，檢討存有歷史（Seinsgeschichte）的現代性特徵。最終，海德格也以他的方式面對歐洲虛無主義，藉以回應（歐洲）現代性的問題。海德格開啟 20 世紀一個特殊的哲學思考面向，從存有學與形上學的徹底差異關係中，揭開一個獨特的追問方式，同時，他拋擲出形上學解構的想法，也帶動了德希達的解構主義，甚至在一些不同的關係脈絡下也構成傅柯、

德勒茲（Gilles Deleuze, 1925-1995）的哲學發問基礎。而海德格
在納粹問題上的政治涉入，也同樣聚集了廣泛的批判與檢討，不
論攻擊或辯護，在此脈絡中，哲學與政治、倫理學的關係受到非
常深刻的檢視，這方面，列維納斯代表另一種思考的典型。就此
一當代的要素來說，確實不能任意地排除海德格對20世紀哲學的
影響。

　　此處無意重述海德格的種種想法，而是透過虛無主義的問題
設定，來檢視兩種東亞回應歐洲現代性的模式[1]。在此回應中，或
許可以當作「東亞現代性」在哲學議題上的凝鑄，但同時，在中
國的例子（唐君毅）與日本的例子（西谷啟治）卻又呈現極大的
分歧。唐君毅立足於儒家的價值思考有其現代性的回應，而西谷
啟治（1900-1990）則是以日本的佛教來回應，兩種回應都帶有宗
教性的特徵，因此，也對哲學與宗教的關係提供深刻的反省。

　　從這兩種回應的角度來檢視東亞現代性的哲學影像，或許有
助於建構新的哲學對話，其意義有三：一是從東亞現代性折回歐
洲現代性，即使在不同的時間差中面對文化衝突的挑戰，但這種
折返在當代世界可以產生新的意義；二是在現代性回應中檢視中
國與日本的兩種案例，分別展現為儒家與佛教的哲學思辨方式，
可以進而觀照東亞現代性內部的曲折；三是藉由兩位哲學家透過
宗教的回應方式，從普世性意義的角度反省當代之哲學與宗教關

1　在新儒與京都哲學家的對比上，本章所論延續前輩論述，例如吳汝鈞，〈當
　　代新儒家與京都學派：牟宗三與久松真一論覺悟〉，《儒家哲學》（台北：臺
　　灣商務印書館，1998，頁273-298）以及林鎮國，〈東方鏡映中的現代性〉，
　　《空性與現代性》（台北：立緒文化，1999，頁131-157）兩篇都已經作為先
　　驅勾勒梗概，兩位文中分別就久松真一、西谷啟治與牟宗三作比較，本論既
　　受此兩文啟發，將目光轉向唐君毅。

係，為我們自己的哲學研究道路投下一些新的曙光。

　　從當代的角度重新出發，已經是一種遲來的關注，這一種「當代」早已身處於現代與後現代、乃至超現代性（過度現代性〔surmodernité〕）[2]，但我希望此處討論的問題能投向對當前處境的思考。誠如林鎮國所言：「當吾人專注於傾聽來自西方爭吵時，卻遺忘了此問題早在 1940、50 年代以前即已『繞道』東方，鏤下深刻的痕跡。重尋舊徑，始令人驚訝於未來早已書寫於過去。」[3]本文也希望透過此種「書寫於過去」的未來能在現在開啟新的設問。

一、現代性中的人文主義危機與虛無主義

　　從具體脈絡來說，留學德國的西谷啟治從學於海德格時，清楚地面對海德格藉著尼采的批判而診斷歐洲虛無主義的問題。當西谷啟治回到日本時，他帶著此一問題意識重新面對日本文化的世界地位。儘管西谷啟治與海德格都共同地在二次大戰時站在主戰的右派陣線上，遭受嚴厲的批判，但這種政治巧合卻有一哲學意識作為支撐。

　　相較之下，從未在求學時期留學外國，外語能力恐怕限於英語的唐君毅，接觸到海德格的思想受限於英文翻譯[4]，對於海德格

2　法國人類學家歐傑（Marc Augé）認為「超現代性」的特徵是「過度」，意味著當代社會所充斥的是事件的過度膨脹，見 Marc Augé, *Non-lieux. Introduction à une anthropologie de la surmodernité* (Paris: Seuil, 1992), pp. 42-43。

3　林鎮國，《空性與現代性》，頁 133。

4　唐君毅在 1953 年出版一介紹論文，〈述海德格之存在哲學〉，後收於《哲學概論》（下）「附編」，頁 648-709。1961 年另撰有短文〈海德格之「人生存在性

透過尼采檢討虛無主義的論點，並未深入。同時，唐君毅的性情並不接近尼采，在哲學歸趨上也相當有距離[5]。事實上，他在政治衝擊上所面對的主要是共產主義的擴張，以及中國傳統價值的崩解威脅。

然而，身處於20世紀戰爭風暴中的唐君毅與西谷啟治，兩者都站在傳統價值與歐洲新價值交替的世代中，也都以其獨特的方式面對價值轉變的挑戰，關注宗教的立場也為其原來的哲學訓練投入不同的眼光。這種「異中有同」、「在差異中有類似」的特點，構成本研究的一個出發點。若回到20世紀在哲學上的轉振點上，歐洲虛無主義對傳統西方哲學的衝擊即是一個參考點。在唐君毅與西谷啟治的交叉點上，虛無主義與人文主義危機的挑戰乃是思考現代性問題的一個重要線索。

（一）尼采、海德格與虛無主義

受到尼采與海德格影響的義大利哲學家瓦蒂莫（Gianni Vattimo, 1936- ）站在後現代的分水嶺上，回頭來思考類似的問

相論」〉，收於《哲學論集》，《唐君毅先生全集》，卷18，頁402-413。其閱讀痕跡，見《日記（上）》，《唐君毅先生全集》，卷27（台北：臺灣學生書局，1988），頁98、111。1950年後，在存在主義的脈絡下，唐君毅也常提到海德格，在宗教意義上，他掌握到海德格所謂「上帝隱退」的時代（牟宗三也有此見解），見《中國人文精神之發展》，頁72、74。但他也對海德格的納粹歷史表示質疑：「海德格之同情納粹，為吾人所最難解者。」（同前書，頁93；參考頁83）他表示「難解」，但並未深究此一哲學與政治掛勾的問題。

5　與其說唐君毅較少受尼采影響，不如說他站在批判尼采的另一面來拒絕尼采，在這一線上，尼采、馬克思（Karl Marx, 1818-1883）、佛洛依德（Sigmund Freud, 1856-1939）都被歸於屬於私欲（權力欲、生存欲、性欲）的同一組脈絡，見唐君毅，《人文精神之重建》，頁78。

題。瓦蒂莫對「後現代」的「後」解釋為一種對於現代性的「克服」（Overcoming, Überwindung, *Verwindung*，超克、超越），這是由於尼采與海德格對於歐洲思想遺產都採取了激進的質問，但拒絕任意提供對此遺產的「批判克服」方法（a means for a critical 'overcoming', un 'superamento' critico）[6]，以避免陷入整個思想傳統的同一套邏輯中。「克服」的觀念帶有對於「根據—起源」的恢復和調適占有，尼采與海德格既不想落入同一個過程，也不想另立一個基礎，而瓦蒂莫認為這種尋求擺脫現代性邏輯（現代性意味著指向新基礎的批判「克服」[7]）的作法，與後現代的想法非常接近。引入瓦蒂莫的後現代反省，有助於我們重新整理有關西方現代性的思考框架。姑不論形上學的終結、歷史的終結、哲學的終結等等「終結」是否迫使我們跟隨，但當代的哲學思考確實已經纏入這一系列的問題叢結裡。現在性的陣痛並未結束，儘管每一波的來襲都引發思想的重新布置，當瓦蒂莫連結尼采、海德格與後現代時，也彰顯了西方現代性的臨場狀態，亦即，現代性的問題仍未消散。

海德格將尼采解讀為虛無主義的完成，然而，其意義是在檢視形上學歷史中對存有的位移、遮蔽上凸顯出來。在清楚勾勒尼采的形上學原則上，海德格挑出了「同的永恆回歸」、「權力意志」、「超人」、「虛無主義」、「正義」[8]作為骨幹。他對於尼采虛

---

6 Gianni Vattimo, *The End of Modernity*, tr. Jon R. Snyder（Cambridge: Polity Press, 1988）, p. 2.

7 Ibid., p. 3.

8 在海德格的兩冊《尼采》中，第1冊涵蓋1936-1939年的講課，集中於權力意志與永恆回歸兩組概念，第2冊為1939-1941年的講課，著墨於虛無主義以及形上學作為存有歷史的檢討。1940年題為〈尼采形上學〉的講稿，則綜合地

無主義的分析，則是既繼承、發展尼采，又批判尼采。當海德格以尼采形上學為主要論著軸線時，已經點出他自己的解讀立場：虛無主義以深刻的方式遺忘與遮蔽了存有。

　　虛無主義被尼采理解為「最高價值的貶值」（Entwertung der obersten Werte）[9]，這同時意味著價值的轉換（Umwertung）以及新的價值設定。在海德格眼中，這種價值轉換其實發生在西方形上學的歷史行程中，並具有關鍵地位，甚至規定了整個西方形上學的完成（終結，Vollendung）[10]。然而，所謂的「虛無」蘊含在「價值轉換首先將存有思維成價值」[11]，亦即，以「價值」遮蔽了「存有」。海德格順著尼采的脈絡，分析虛無主義的三種心理狀態（意義或目的、全體性或體系化、真理），而三種心理狀態凝結為三種理性範疇（「目的」、「統一」、「存有」）。新的價值設定涉及對於價值的宰制，也因而關聯到權力意志[12]，在意志的概念軸線上，從現代哲學開端的笛卡爾轉置了主體性哲學，尼采也重疊著此一主體性哲學的歷史，並因此完成了以主體性為核心的現代歐洲形上學歷史。這種歷史性並非只是一種歷史事實的陳述，相對地，當海德格肯定「虛無主義彰顯為我們自己這個時代的歷史」時，這種歷史即具有驅迫性而對「我們（歐洲人）」有所要求，

以五項基本概念來概括：權力意志、虛無主義、同的永恆回歸、超人、正義，見Martin Heidegger, *Nietzsche II*, pp. 257-333。

9　Heidegger, *Nietzsche II*, p. 45. Friedrich Nietzsche, *Der Wille zur Macht*（Stuttgart: Kröner Verlag, 1952）, p. 11: "Was bedeutet Nihilismus? — Daß die obersten Werte sich entwerten. Es fehlt das Ziel; es fehlt die Antwort auf das 'Warum'. "

10　Heidegger, *Nietzsche II*, pp. 34, 45.

11　Ibid., p. 35.

12　Ibid., p. 89.

故而，這種歷史本身就是「我們如何立足與行止、我們如何存有
的種類與方式（die Art und Weise, wie wir stehen und gehen, wie wir
sind）」[13]。海德格所謂「我們如何存有」，意味著「我們如何成為
我們」、「我們如何地是我們」，具有一種反諷的意涵；因為，與
這種「是」或「存有」連結的乃是「無」，亦即，倒轉地通過
「無」、「虛無」而成立為「是」或「存有」。從虛無主義決定了價
值設定，具體在歷史上勾勒出價值貶抑、轉變、重新設定，歷史
的歷史性通過尼采所剖析的虛無主義導引出「虛無主義作為歷史
的設定性」（Gesetztlichkeit der Geschichte），海德格認為，不能
將這種虛無主義理解為價值墮落、崩解的「原因」，而是必須提
升到一種根本的理解，將虛無主義當作是這一歐洲現代歷史的
「內在邏輯」[14]。按照這種尼采—海德格的說法，虛無主義所導引的
歷史根本地規定了歐洲現代性，也在成立了海德格所謂的「我
們」時，決定著歐洲的自我認同。海德格延續著尼采的判斷，肯
定歐洲文明（尤其是哲學，由形上學所整體規定的文明形態）實
際上透過虛無主義來辨識自己的身分。

　　對於虛無主義的克服則必須透過權力意志來考慮。由於權力
意志以價值設定為主軸，按照尼采的說法：「『價值』的觀點是關
係到內在於生成變化的相關生命綿延的複雜形態而有的保存條件
以及超升條件的觀點」[15]，海德格延續權力意志的立場，將此種保
存以及超升當作是「權力的保存與權力的超升（Macht-Erhaltung

13　Ibid., p. 86.

14　Ibid., pp. 92, 278.

15　Cf., Ibid., p. 101: "Der Gesichtspunkt des 'Wert' ist der Gesichtspunkt von
　　Erhaltungs-, *Steigerungs- Bedingungen* in Hinsicht auf komplexe Gebilde von
　　relative Dauer des Lebens innerhalb des Werdens," p. 233.

und Macht-Steigerung）」[16]。對於權力的超越克服仍舊在此種「保存與超升」的邏輯中，並未脫離權力意志的機制。權力的占優勢（Übermachtigung）[17]只是在超越前一階段的權力狀態時產生新的權力狀態，換言之，即使某一權力優勢被超越，卻也使得下一階段的權力得以保存。按照此一邏輯，虛無主義的超越克服也包含在虛無主義的權力意志邏輯中。一旦克服了不完全的虛無主義，得出的是具有肯定意味的虛無主義，並因此完成了虛無主義。從被動的虛無主義發展到極端的虛無主義，得出了一種主動的虛無主義形態，海德格分析尼采所構思的「進程」——從出竅的虛無主義（der ekstatische Nihilismus）[18]轉變為古典的虛無主義——，則將此種虛無主義的超越當作是「自我超越」，但同時卻是虛無主義的完成。海德格也依此批判尼采所樹立的是「本然的」、「真正的虛無主義」（der eigentiliche Nihilismus），這種情況使得尼采不只未曾克服虛無主義，也不能克服它[19]；最終，尼采根據權力意志的形上學，也體現著主體性的形上學，並再次重複著形上學的存有神學特徵（der onto-theologische Grundzug der Metaphysik）[20]。海德格獨特的存有思維，則根據這種遠離存有而使得存有缺席或缺位（Ausbleiben）、隱蔽（Verbergung）[21]、抽離（Entzug）、離棄（Seinsverlassenheit des Seienden）[22]的「無」為存有的場所，進而推

16　Ibid., p. 102.

17　Ibid., p. 105.

18　Ibid., p. 281. 日本哲學用語慣常用「脫自」、「脫自的」來翻譯 Ekstasis, ekstatisch。

19　Ibid., p. 340.

20　Ibid., p. 348.

21　Ibid., p. 354.

22　Ibid., p. 355.

進他自己的回應之道：以此種存有的場所性來規定人的本質：
「存有作為如此的場所的場所性乃是存有自己。但這種場所性是
人的本質。」[23] 對海德格來說，這種人的本質並非繫於主體性，亦
即，既不能占有、也不能宰制、操控，相反地，乃是迎接存有的
來臨。人的此有（Da-sein）[24] 才以「此」聯繫到存有的場所性。因
此，順著尼采所完成的虛無主義，海德格推向一種從存有的立場
思考存有的虛無主義，並非專屬於人、由人所掌控，卻又屬於人
的本質。

　　虛無主義與人的本質相關，在此脈絡中，海德格操作著一種
與「無」相通的另一個「克服」的邏輯。對尼采來說，對於虛無
主義的克服同時就是虛無主義的完成，相對地，海德格轉置到
「無」與「存有」的交織邏輯上。本真的虛無主義與非本真的虛
無主義統一在虛無主義的本質中──在宣稱存有即是價值時，忽
略了存有作為如此（存有）的缺席（das Auslassen des Ausbleiben
des Seins als solchen）[25]，但這種虛無主義的本質雖然並非純然拆毀
性的、破壞性的，因而，只是存有本身的顯示與遮蔽（存有
論），像是全不屬人間事（倫理學），卻仍然連結到人本質的事
（die Sache des Wesens des Menschen）[26]，亦即，仍有倫理學奠基意
味的存有論。對海德格來說，獨特的「克服」邏輯意味著：

　　　克服虛無主義以及想克服虛無主義──按照其本質來想

---

23 Ibid., p. 357: "Die Ortschaft des Ortes des Seins als solchen ist das Sein selber.
　　Diese Ortschaft aber ist das Wesen des Menschen."

24 Ibid., p. 358.

25 Ibid., p. 361.

26 Ibid., p. 363.

　　——，這是說，人從自己出發，在存有的缺席中，對抗存有
本身。[27]

存有的缺席由人所填補。海德格將現代的主體形上學連結到虛無
主義，但他無意為了克服虛無主義而回到前現代的實體形上學，
在柏拉圖之後的形上學帶有遺忘存有的病徵。對形上學史的批
判，使得海德格重複尼采的足跡，說明權力意志的主導、宰制形
態，按照價值設定的方式將存有規定為存有者。以基本存有學為
綱領，海德格堅持著存有學差異，透過這種差異來說明存有的缺
席如何連結到人的本質。虛無主義的「無」指向這種存有的缺
席、缺位，試圖克服虛無主義也連帶地試圖克服存有（ein
Überwinden des Seins），如此卻使得人的本質脫鉤了（das Wesen
des Menschen aus der Angel zu heben）[28]。然而，「人的本質」卻並
非現存的事實，相反地，本質來自一種要求：存有自身在缺位的
方式下對人的本質提出要求，以人的本質當作存有的居所
（Unterkunft），使得存有的無遮蔽在此居所中來臨。在居所
（Unterkunft）與來臨（Ankunft）之間，搬演著場所性與出竅時間
性——未來（Zukunft）——的遊戲。從存有的場所偏離，則是帶
來了有關「出乎其外」（aus）的遊戲；從樞紐位置脫鉤，反顯出
人的本質也在此種偏離存有的場所關係中。克服虛無主義並非取
消虛無主義，它強調的是要經歷虛無主義，在此種經歷中完成虛
無主義；海德格將這種獨特的關係描述為「忽略存有的缺席（缺
位）」，此句中連續兩個動詞auslassen（忽略、排除、刪除）與

27　Ibid., p. 365.

28　Ibid.

ausbleiben（缺席、缺位、懸缺）都帶有「出乎其位」的「出」（aus），而「無」則是對於此種「出」、「離」的雙重偏離、雙重否定。

回到存有歷史的內在邏輯，海德格的解讀堅持讓那不可現身者維持不現身，因此，若要迫使這一不現身者暴露在無所遮蔽的情況底下，以便克服「不現身」、「缺位」、「隱蔽」的情況，這種暴露反而壓迫了存有。讓存有歸位，意味著存有歸於「不現身」的缺位狀態。人的本質卻著力於壓迫這種不現身者（存有），但人與虛無主義的緊密關係也在此，人的本質脫不了這種承受存有又對抗存有、壓迫存有的關係。維持在這種存有歷史的形上學關係中，意味著，無法取消與存有的關係，在此意義下，虛無主義的克服有其無法克服之處[29]。對海德格來說，這既是現代人的本質，也是現代歐洲人所身處的「命運」（Schicksal, Geschick）[30]、「神祕」（Geheimnis）、「謎」（Rätsel）[31]。基於此，他認為要聽任命運：要聽任的是，存有的自行給予，存有自己給出以供思維（Daß Es, das Sein, zu denken gibt）[32]；但無可避免的是，人始終糾纏在對虛無主義的克服意願（Überwindenwollen）中[33]，在現代性的形上學命運中，則是主體的宰制性糾纏著人的具體在此存有。

從另一方面來看，虛無主義也決定了「人的本質」，亦即，通過歐洲現代性所辨識出的歐洲人身分來規定「人的本質」。這

29　Ibid., p. 371.

30　Ibid., p. 369.

31　Ibid., p. 372.

32　Ibid.

33　Ibid., p. 375.

種特徵也帶出了人文主義的危機。事實上，這種危機具有雙重性：由虛無主義所規定的「人性」或「人的本質」，使得這種本質帶著「虛無」的特徵，也就是以遮蔽了存有為特徵來規定「人性」。再者，歐洲虛無主義帶出的人文主義危機，使得「非歐洲性」也同時被置於危機之列。儘管，海德格或尼采對此種非歐洲性並未有置一辭，但若從歐洲性所宣稱的普遍有效性來看，回應此種歐洲現代性的姿態，似乎可以本質地考慮非地域性、非局部性的「非歐洲性」。西谷啟治與唐君毅所立足的東亞可以拉出這條思考的軸線，亦即，同樣地思考人文主義的危機，也同樣地思考人的本質，但從具有差異性的普遍觀點來考察、批判歐洲現代性所宣稱的「人的本質及其危機」。

　　在回答波孚瑞的問題時，海德格在《人文主義書簡》中，除了反對沙特式的存在主義之外，也重新界定了他自己認可的「人文主義」。在分析當代存在事實性上的無家可歸感時，海德格引用了賀德林（Friedrich Hölderlin, 1770-1843）的詩〈返鄉〉，一方面認為，無家可歸是對於存有的遺忘（Seinvergessenheit）[34]，而返鄉、返家則是接近根源（Ursprung），一方面他也指出，由於現代人的無家可歸必須從存有歷史的本質來思考，尼采同樣也經歷了此種無家可歸感[35]。馬克思所謂的異化也歸於此一大歷史中。對於海德格而言，如果要重新賦予「人文主義」一種名義的話，必須回到人的本質（das Wesen des Menschen, humanitas），在把握到人以出竅方式（Ek-sistenz）存在的情況下，從存有本身出發

---

34 Martin Heidegger, *Über den Humanismus*（Frankfurt am Main: Klostermann, 1959), p. 26.

35 Ibid., p. 25.

（vom Sein selbst her）[36]，所面對與揭露的是存有的真理。在海德格的這種關注中，人文主義所緊密相關的倫理學也「是」一種存有學（Ontologie）[37]。倫理生活（êthos）[38]意味著安居的處所，安居則是以思維的方式懷想存有（das Andenken an das Sein）[39]。海德格也指出，思維並非為了築造存有的屋宅而遁居不動，相對地，仍在「歷史的出竅存在」（die geschichtliche Eksistenz）中飽受虛無化的對抗。在「虛無」上出現的否定式的「不」，乃是對於「非」的肯定[40]。海德格這一論點回到《尼采》書，接續對存有歷史以及存有遮蔽的論述脈絡，再次地以肯定的方式經歷虛無主義的挑戰，在「超克」虛無主義的對抗中保存了虛無主義的最高價值。

　　瓦蒂莫也追隨海德格的立場，將人文主義的危機當作整個形上學危機的一部分[41]，同時也從「超克」（*Verwindung*）一詞的使用──多重意義中包含：從疾患恢復、委身聽任某物、接納（他人的判斷）[42]等等──看出問題的癥結。「超克」的時代性並非單純脫離，而是有承認歸屬、療癒疾患、認可責任的多重積極意義。如同海德格所言，「超克」當作人文主義危機的深層哲學基礎，涉及「集置」（Ge-stell）所蘊含的現代科學技術宰制，並歸於主體形上學的限制。現代科技的影響連結到藝術表現，瓦蒂莫進而結合詮釋學與尼采、海德格來說明後現代哲學的回應，他延

---

36 Ibid., p. 31.

37 Ibid., p. 41.

38 Ibid., p. 39.

39 Ibid., p. 42.

40 Ibid., p. 43.

41 Gianni Vattimo, *The End of Modernity*, p. 40.

42 Ibid., pp. 39, 172.

伸「神的隱退（神的死亡）」此一論題，但注意到遺留下的痕跡
——科技——當作重新轉化人性內容的一個起點。因此，瓦蒂莫
希望從世俗化[43]的角度省思宗教、科學、人文主義的當代面向。
這個跨越一世紀的線索，提供我們重新思考虛無主義與人文主義
危機的一個參考軸線。

（二）西谷啟治論虛無主義的超克

　　將眼光轉回東亞，西谷啟治的《虛無主義》（《ニヒリズム》）
一書（英譯本作：*The Self-Overcoming of Nihilism* 虛無主義的自我
超克）[44]呈現出一種面對歐洲以及世界歷史的企圖。雖然深受海德
格影響，但西谷啟治自年少起已經閱讀尼采，而在《虛無主義》
的成稿中，所希望面對的不僅僅是海德格開啟的道路，更有洛維
特（Karl Löwith, 1897-1973）批判虛無主義的曲折在其中。西谷
啟治所理解的尼采是柏拉圖主義的顛覆倒轉，但意義並不僅限於
形上學，更推及於倫理學，故而價值的翻轉是「柏拉圖／基督教
體系如何失去歷史影響力？」[45]西谷的作法包含兩個層面：一是從
歐洲哲學內部的價值體系重新設定來提虛無主義的「自己超
克」，另一則是從尼采的佛教聯繫找到回應歐洲虛無主義的契機。
　　就第一點來說，西谷解析尼采的「命運之愛（amor fati）」、

43　Ibid., p. 179.

44　此書初次出版於1948年，後收於《西谷啟治著作集》，第8冊（東京：創文
　　社，2001）；以下稱《著作集》。英譯本：Nishitani Keiji, *The Self-Overcoming
　　of Nihilism*, translated by Graham Parkes and Setsuko Aihara（New York: State
　　University of New York Press, 1990），abbr. *SNH*。

45　Nishitani, *The Self-Overcoming of Nihilism*, p. 70；《ニヒリズム》，《著作集》，
　　8: 188-189。

永恆回歸與戴奧尼索斯（Dionysos）來當作融入生成變化的大歷程，藉以拒斥實在論與觀念論的立場，否定機械論與柏拉圖主義，也把價值或詮釋化為觀點的主張（符合權力意志的設定）。西谷充分掌握到尼采虛無主義體驗的雙重性，他引述尼采的用語：永恆回歸是虛無主義的完成與危機，或是，虛無主義的自我克服（自己超克）。西谷的說明是：

> 因為此種虛無主義是現代歐洲歷史所朝向的終點，虛無主義的完成——「永恆無意義」的觀念——同時就是一種落在歷史上的危機，也是歷史中的轉捩點。46

西谷特別注意到，這種在歷史進程內的完成才能觸及歷史的轉捩點。虛無主義在自身中走到盡頭處時，才會產生自我克服的契機。得以轉出自我克服的情形下，虛無主義成為肯定的虛無主義，這是從永恆回歸肯定痛苦與歡樂有一體性而得出的。西谷引入戴奧尼索斯說明尼采有別於齊克果（Kierkegaard）贊同基督教的立場，他認為，戴奧尼索斯肯定痛苦的宗教立場是一種反基督的泛神論47，是種肯定生命的宗教。

　　這種宗教性的理解導引到西谷啟治的第二層態度上。在解說尼采的《查拉圖斯特拉如是說》（*Also sprach Zarathustra*）有關「笑」的幾個片段時，西谷比對於禪宗的「笑」。他認為，宗教上能夠達到笑的境地的，唯有禪宗。唐代藥山禪師惟儼（751-834）登山，忽然見到「雲開」、「月現」的情景，大笑一聲，九十里外

---

46 Nishitani, *SNH*, p. 64；《著作集》，8: 98。

47 Nishitani, *SNH*, p. 65；《著作集》，8: 100。

都能夠聽到笑聲。朗州刺史李翱（字習之，744-816）作詩贊曰：
「有時直上孤峰頂，月下披雲笑一聲。」[48]百丈懷海也有他的笑：
「丈拈斧作斫勢，蘗遂與一摑，丈吟吟而笑，便歸」[49]；這是百丈與
黃蘗的禪機交鋒，以行動與笑來交換體悟。雪竇讚頌仰山的笑是
「笑罷不知何處去，只應千古動悲風」。與「笑」相關的宗教特徵
還有「愚」，西谷認為痴、愚都顯示出宗教經驗的高度。查拉圖
斯特拉憧憬於大笑，也憧憬於「超人」之想，但這是尼采眼中虛
無主義的自我克服所表現的形態。

　　西谷的禪宗解讀並非單純從尼采所謂的「佛教的歐洲形態」[50]
衍生而出，相對地，呈現的是西谷的回應姿態。1936-1938年之
間留學德國弗萊堡，受到海德格的尼采講課影響[51]，西谷對於海德
格的解說也扣在虛無主義上，他在此有（Dasein）的情調式存在
（Gestimmtsein）上解讀到「虛無性」（Nichtigkeit）[52]的揭露，因此
也在時間性的概念上看到虛無主義的根基。海德格規定「此有」的
出竅時間性具有「被拋擲性」（Geworfenheit）、「籌畫」（Entwurf）

48　西谷啟治，《著作集》，8: 102。參見《景德傳燈錄》，卷14，《大正新脩大藏
　　經》，第51冊，CBETA: T51n2076_p0312b19-p0312b27。

49　另參，《二隱謚禪師語錄》，第8卷，《嘉興大藏經》，第28冊，CBETA:
　　J28nB212_p499a03-p0499a05。

50　Nishitani, *SNH*, p. 62；《著作集》，8: 96。

51　具體的例子是《虛無主義》第4章末尾引尼采詩〈致歌德〉以談「世界遊戲」
　　（Weltspiel）（Nishitani, *SNH*, p. 67；《著作集》，8: 102），與海德格在〈虛無
　　主義的存有歷史規定〉（1944/1946）所引的段落重疊（Heidegger, *Nietzsche
　　II*, pp. 380-381），海德格將此種世界遊戲連結到權力意志與永恆回歸的統
　　一，並回到主體形上學的規定。

52　Nishitani, *SNH*, p. 162；《著作集》，8: 153：「そこに虛無が根柢として見
　　出」; cf. p. 221, note 12。我將德文Stimmung翻譯為「情調」，西谷作「氣分」
　　（「人間存在は『氣分的』な存在」）。

的特徵，西谷在他的解說中掌握到一種超越世間的存有者整體時，有一種虛無性：此有是固著於虛無中（Hineingehaltenheit in das Nichts）。英譯者（Graham Parkes 與 Setsuko Aihara）清楚點出，西谷啟治在佛教的基礎上，對於海德格此一論斷印象深刻[53]。西谷通過「焦慮」分析得出「無」以及有限性中的超越（而超越也只是「虛無」的展現），他認為海德格「此有」所蘊含的存有學理解將存在、自由都連結到「虛無」的基礎上。最終，西谷借用史提爾納（Max Stirner, 1806-1856）所用的「創造性的無」[54]來淬鍊出「無」的創造性，他判定海德格致力於「創造性的虛無主義與有限性兩者之間的根源性統一」[55]。

　　西谷啟治從歐洲虛無主義回到東方的企圖，在他的時代有一凸顯的意義。當流亡的猶太哲學家洛維特在 1940 年於日本批判歐洲虛無主義時，西谷啟治在《虛無主義》中並未遲疑地加以回應。介紹歐洲的虛無主義思潮，西谷啟治的目的在於將日本納入世界史的框架中，而在以海德格為終結的引介、檢討中，西谷抉發出一種肯定的虛無主義，這種肯定姿態出自對現代歐洲根本危機的警覺，卻以一種「從根克服此危機」的方式出現[56]。克服歐洲虛無主義的危機也構成對於日本文化危機的診斷。1949 年，二次大戰結束不久，面對日本戰敗的歷史情境，西谷並未明白點出這

53　Nishitani, *SNH*, p. 164: "Dasein is being held out into Nothing"；《著作集》，8: 159：「現存在が無のうちへ差しかけられてあること」；cf. p. 224, note 24，尤其譯者是對「差しかけられ」的解說。

54　Nishitani, *SNH*, p. 106；《著作集》，8: 114：「創造的な無」（das schöpferische Nichts）。

55　Nishitani, *SNH*, p. 172；《著作集》，8: 174。

56　Nishitani, *SNH*, p. 174；《著作集》，8: 176：「その危機の根源的な超克といふ意圖をもつて。」

種具體的歷史情境，但藉由虛無主義的檢討，他拋出一種哲學的反省：日本的西化只是片面的，從明治維新之後，日本成功的現代化，這雖是國家的決定，卻也是受到世界史大勢發展所迫，其實精神層面並不曾真正地吸收歐洲精神文明，基督教信仰與希臘文明以降的歐洲文化並未被含括入日本的現代化。因此，他認為，日本文化危機的發生在於：隨著歐化以及美國化的進展，明治以後的世代逐漸喪失「精神的核心」，以至於到20世紀中葉形成根基上的空白──「最糟糕的是，這種空白不是透過奮鬥所贏得的空白，也不是被經歷體驗的虛無」[57]。歐洲虛無主義的矛盾在於：虛無主義並未被嚴肅看待。他隱含的推論是：克服虛無主義的創造性無法產生；為了能夠克服虛無主義，將歐洲虛無主義當作普遍意義下的虛無主義，也將日本文化重新安置於世界歷史的天平上，必須站立在「無」的根基上。西谷啟治借用尼采所強調的對祖先的責任意識，指出要「回歸祖先而面對未來」，這才是「根源的意志」，西谷因此點出克服虛無主義以及真正自由的根源意志：

> 對我們當前的日本人來說，恢復這種根源意志才是最根本的課題。歐洲虛無主義在此處才開始顯露出對我們而言的根本意義。[58]

以此根本課題為設定，西谷認為「現代日本是在精神基礎上有空洞性的活生生矛盾。」透過虛無主義，西谷首先點出虛無主義對

57　Nishitani, *SNH*, p. 175；《著作集》，8: 178。

58　Nishitani, *SNH*, p. 177；《著作集》，8: 180-181。

現代日本的兩種意義：一是能夠讓日本人警覺到虛無，使得虛無成為日本的歷史現實，如此才可能帶領日本人到一種尼采式的「肯定的虛無主義」；二則是藉以克服日本的「內在的空虛」、「精神的空洞」，能夠讓日本人不會喪失與自己的接觸[59]。

　　指出這兩層意義後，西谷發展出日本的自我批判；他認為若不能嚴肅地面對歐洲，乃是由於不能面對歐洲文化及其危機，而更深的理由則是缺乏智慧與精神能量，亦即，喪失了明治時代日本先祖的高度文化成就。在二次世界大戰敗戰後，西谷判斷日本文化站在明治文化的反面，真正的挫敗是源自精神的墮落：

　　　　這不是單純因為戰爭的結果使得邁向強國的道路受到挫折，而是因為明治時代人們從以前所繼承的睿智與道德能量已經喪失，取而代之的是，同樣在明治時代，人們天真地信賴西洋文化，但西洋文化的危機在我們眼中看來已經十分顯著。[60]

在此段引文中，西谷將二次大戰、太平洋戰爭含括進來，但又轉向精神危機的診斷論述上。然而，西谷引述洛維特所說「在其他者之中成為我們自己」，加重了「成為我們自己」的解讀，但洛維特強調其他者的存在以及面對其他者的必要，並且在典範上尋求古典的希臘文化為歐洲根源的資源，注意到希臘文化能夠吸收外來文化的開放性與創造性。西谷的「成為自己」也是回到傳統，但他弔詭地加入兩種逆轉解讀：一是在反省東方傳統中，進

59　Nishitani, *SNH*, p. 178；《著作集》，8: 182。

60　Nishitani, *SNH*, p. 178；《著作集》，8: 183。

行對於「過去」的徹底批判，二是將傳統理解為西化的終點
（eschaton）：「我們的傳統應該從我們所面對的方向來調適，當作
一種新的可能性，從超過尼采的『觀點』的方向來調適。」[61] 在批
判的意義下，日本傳統也應當如同歐洲文明危機一樣地成為問題
而被考慮。

　　經過這種批判的問題化程序，西谷得出第三種意義，也是克
服虛無主義的意義：從東方傳統，特別是佛教「空」的立場來面
對未來，並藉以面對過去。這種與傳統的連結才是克服虛無主義
的契機，也是從危機轉出創造性的虛無主義的契機。儘管西谷的
討論顯得簡短，也並未在《虛無主義》一書中深入剖析與回顧此
一日本或東方傳統，以展示如何銜接傳統的具體作法。但他所標
明的方向也已經將「克服現代性」的一種版本勾勒出來。從他在
二次大戰期間所發表有爭議性的文字〈我論現代性的克服〉（「近
代の超克」私論）來看，「主體性的無」已經構成一種進入世界
史、克服現代性的解方，只是當時他所設想的傳統宗教是神道。
然而，前段引文中出現的「道德能量」一詞，在 1941 年「世界
史」討論會上已經出現，他引用的是蘭克（Leopold von Ranke）
的 moralische Energie（moral energy，道義的生命力）說法[62]。從

61　Nishitani, *SNH*, p. 179: "be appropriated from the direction..." ；《著作集》，8: 183。

62　Nishitani Keiji, "My views on 'Overcoming Modernity'," in *Overcoming Modernity. Cultural Identity in wartime Japan*, ed. and trans. Richard Calichman (New York: Columbia Press, 2008), p. 57. 原文〈「近代の超克」私論〉刊於河上徹太郎、竹內好ほか，《近代の超克》（東京：富山房，1979）。另參見 James Heisig, *Philosophers of Nothingness*（Honolulu: University of Hawaii Press, 2001），p. 204. Horio Tsutomu（堀尾孟），"The *Chûôkôron* Discussions," in *Rude Awakenings*, ed. James Heisig（Honolulu: University of Hawaii Press, 1995），p. 306. 轉引自林鎮國，〈東方鏡映中的現代性〉，《空性與現代性》，頁 140。

「無」轉向「空」的立場，則似乎意味著同一脈絡下更深沉地回應現代性的企圖，1961年出版的《宗教是什麼》清楚地闡明了此一立場。然而，同樣放在克服現代性的脈絡上觀察，尼采的戴奧尼索斯與查拉圖斯特拉固然顯露出新宗教的意味，海德格的基本存有論也被洛維特稱為「無神神學」[63]。西谷啟治的克服之道是從哲學轉向宗教，這一立場似乎有橫跨不同時期的一致性，但也顯出這位東亞哲學家在面對現代性時的一種選擇。

（三）唐君毅論人文主義危機

當我們轉向唐君毅的現代性回應時，也可以發現有從哲學轉向宗教的類似作法。

唐君毅並沒有明顯的尼采—海德格思想的影響，在他的著作中，虛無主義及其歷史也不是核心主題[64]。然而，價值問題卻是唐君毅關注的焦點，在唐君毅的著作中，價值意識乃是一個論述的主要解說項，尤其是「精神價值」一詞更是觀念論（理想主義、唯心論）的代表。而不同於其他的哲學概論撰寫方式，唐君毅的《哲學概論》則以「價值論」取代了一般所習用的「倫理學」或

「道義的生命力」一詞按照林鎮國的翻譯。

63 洛維特（Karl Löwith）著、區立遠譯，《一九三三：一個猶太哲學家的德國回憶》（台北：行人出版社，2007），頁54。

64 尼采在中國有極廣泛的影響，但對唐君毅來說，並不具關鍵影響力。然而，在《文化意識與道德理性》中以「權力意志」為論述基礎，並從權力意志表現為客觀價值，這種談法雖然沒有沾上任何涉及尼采名字的痕跡，但或許可以說具有尼采式的問題意識。見唐君毅，《文化意識與道德理性》，頁192。《哲學概論》中提及尼采「一切價值之重新估量」的概念，僅僅在〈價值選擇之原則〉一章的參考書目裡，列入作為《查拉圖斯特拉如是說》、《善與惡之外》兩書，而附上一小段說明；見《哲學概論》（下），頁543。

「道德哲學」，以「人道論」與「價值論」並列，以對比於天道論
——形上學的分支；這一方面像是反映唐君毅成學過程中，
axiology一詞的鑄造與風行，一方面唐君毅深入的比較研究也顯
示出他挑選「價值論」一詞的實際用心[65]。

　　對比於價值意識的成立，唐君毅面對中國現代性所遭遇的危
機，則診斷為文化危機與價值危機；實際上，他採用的語詞是
「人文主義」。儘管現代中國不斷遭遇經濟、政治、民族、文化種
種外來挑戰所形成的危機，然而，唐君毅親身體驗而不得不深切
回應的是1949年中國內戰後所造成的共產主義政權。他的反省具
有長遠的歷史縱深，但面對的癥結則是國家分裂的狀態，以及共
產主義對中國傳統價值體系的動搖。

　　1953年出版的《中國文化之精神價值・自序》指出，寫作構
想可溯源自十年前[66]（推估為1941年二戰期間，抵抗日本侵略之
際），可以看作是具有時代意義的著作。同一時期的著作《人文
精神之重建》（1955）、《中國人文精神之發展》（1958）則扣緊人
文主義的問題發揮，具體的問題意識卻部分連結到中國的歷史處
境，而唐君毅從文化診斷的角度來斷定，問題癥結在於文化衝突：

65　早年的唐君毅已經將價值問題提到哲學的基本問題之列，如少作1935年撰
　　就、1936年出版於《新民月刊》的〈論中西哲學問題之不同〉中提了兩點，
　　一是在「人應當如何」的道德問題上的價值理想，他指出「中國哲學家把自
　　然與當然人性與人當實現的價值理想合一」，見《中西哲學思想之比較論文
　　集》，頁82。另一是「價值理想之層疊hierachy」問題（同前書，頁83），亦
　　即，價值位階的排列問題，事實上，此一價值位階問題延續到晚年的心靈九
　　境說，形成唐君毅一貫的關心。另一文〈二十世紀西洋哲學之一般的特質〉
　　（寫於1932年、出版於1935年）則點出20世紀特別注重價值問題（同前書，
　　頁413）。

66　唐君毅，〈自序〉，《中國文化之精神價值》，頁叁。

> 中國之當前之災難，乃由中西文化之衝突，中國文化之缺
> 點與流弊，及西方文化之缺點與流弊混合之所生。中國人之
> 成此悲劇之主角，不能專責他人，亦不能專責自己。[67]

類似於西谷啟治將日本（東洋）與歐洲（西洋）對舉，唐君毅也如同當時許多知識分子所慣常採用的中西文化比較對舉方式來論述。但是，什麼是中國與西方的文化缺點呢？唐君毅的概括顯然仍以歐洲為主要著眼，他也將中國的挫敗經驗放在與歐洲歷史中的挫敗經驗一併地反省。面對歐洲的現代，他觀察到：原本具有合理性的民族國家獨立、政治民主、經濟平等，卻轉化為「罪惡的工具」，實際的代表例子為：「利用民主自由之拿破崙（Napoléon）失敗了，利用民族國家意識之希特拉（希特勒，Hiltler），失敗了，利用社會主義潮流之斯太林（史達林，Stalin），人們亦信其必將失敗。」[68]根據這些失敗的評價與估計，他反省到西方近代文化精神的根本缺點。關於帝國主義、資本主義、極權主義的根源，他歸結為兩個原因：一是權力欲的極端擴張，來自「見噴」的偏執，二則是喪失「真正的尊重人之人性、人之理想理性之精神，而陷落于一種現實主義、自然主義之精神」[69]。基於這種凸顯出「人的人性、人的理想理性」的觀點，他進而特別高舉人文精神，並主張人文精神的重建。

　　唐君毅追溯西方人文主義的發展源流，醞釀出對人文主義的反省，要點有二：

---

67 唐君毅，《人文精神之重建》，頁15。

68 同前書，頁153。

69 同前書，頁155-158。

（1）批判地重構一種理性的人文精神，他所謂的人文主義，也是在危機後重新定位的人文主義。

（2）宗教經驗的提舉。

關於第一點，人文主義的內容除肯定人性外，也肯定人所創立的文化，然而，關鍵在於內蘊的張力。唐君毅並不單純同意以人為中心的人形論（anthropomorphism），但也抗拒「反人文、非人文、次人文」的思想趨勢，其目的是「使人真正自覺的充量的尊重人與其文化」[70]。類似於唐君毅的看法，在同一時期，牟宗三也加重地提出人文主義的議題[71]。然而，唐君毅廣泛地將儒家界定為人文主義，並以儒家的人文主義當作一個新的公約數，進而以此公約數為論述平臺，剖析中國與西方人文主義發展的得失。這種作法具有兩方面的批判意義：一是正面面對現代歐洲文化與中國文化彼此交流滲透的接受史，但透過批判此種歐洲文化的現代性缺失來挪移出一種不同的空間，為了他所謂人文精神的「重建」提供可能性；二是透過批判現代中國文化的內在缺陷，提出調適的方向，在基本上則配合著吸收西方（歐洲）文化的必要性來轉化出新的中國文化樣貌。這兩種批判意義結合為一種不同於現代性實況的文化構想，表面上，他讚揚西方的古典精神，特別是基督宗教的中世紀精神，而在中國文化中也像是在維護舊文化、舊體制中的儒家價值，但實質上，上述兩方面的批判意義已經架接出一種新的空間。儘管唐君毅在1949年之後以深沉筆調所撰寫文章，夾雜著呼籲與分析。他的發言空間並不在國共兩邊的

---

70 同前書，〈人文主義之名義〉，頁595。

71 較近其的詳細討論，見林鎮國，〈重訪人文主義〉，收於《辯證的行旅》（台北：立緒文化，2002），頁38-69。

政治場域中，而是處在政治軍事對峙中所居的英國殖民地香港，這個花果飄零的位置，已經意味著一種身處分裂的新空間中。這種位置反映出前述的兩重意義，所謂的「靈根自植」毋寧是重新樹立一種新的價值空間，讓批判與轉化的新論述位置出現。我們不能忽視唐君毅的保守性格，但其中卻蘊含著某些歷史發展中不得不然的新義，如同西谷啟治從歐洲虛無主義得出的逆轉運動一樣，面對傳統是為了朝向未來，唐君毅透過人文主義危機所定錨的也正是分裂局勢中所投射的未來，用他自己的話來說是「返本以開新」的模式[72]。

在穿越人文主義危機所希望分析出的文化要素裡，唐君毅接受現代性對中國未來的要求有二：政治的民主制度與真理追求的科學精神；他對這兩方面都有回應，但最關鍵的卻是宗教精神的提倡。在此意義下，他若有對決或判教的對象，也將是基督宗教。不過，從吸收歐洲現代性的實際後果來說，他對於共產主義所造成的政治影響，有一種政治意識批判的回應，對科學與技術所帶來的宰制形態也點出限制來。尼采所極力批判舊價值中基督教帶來的虛無主義，並非唐君毅脈絡下的問題意識，他一方面傾向於將屬歐洲文化精神的宗教與科學分開，二方面則認為科學追求真理的要求可能落於欲望的伸張，而流於自然主義[73]。他也斷定現代性的困局之一是立基於欲望爭奪的自然主義：

> 西方近代之精神，陷落于一種現實主義、自然主義，然後

---

72 唐君毅，《人文精神之重建》，頁21。

73 按照宗教與科學分立的架構，道德也有不同的基礎，唐君毅判斷希臘的柏拉圖、亞里斯多德都是以真理把握為最高的道德生活，也因此是被科學精神主宰的道德生活；同前書，頁88。

> 人們之精神，乃陷落于現實的民族的、階級的、政黨的私利
> 權力之爭奪中，使學術文化成權力爭奪之工具。[74]

在另一脈絡中，他認為科學所抱持的理智精神，若執著於無盡的分析，「最後便會落入否定一切人生直接經驗，與一切人生價值的絕對懷疑主義、虛無主義」[75]。這種虛無主義並非尼采所提的「徹底的懷疑主義」，而是接近一般理解的虛無主義，但唐君毅的描述則有根據虛無主義而引向重新設定價值的可能：

> 　　然而人真正落入此絕對的虛無主義懷疑主義的心境，真覺
> 人心中之理智本身，要去無限的分析事物，而又不斷的超越
> 之，四顧茫茫，無駐足處時；人同時亦就會奇怪此理智的分
> 析要求，何以會不竭於於流出，何以無物能滿足之，而又何
> 以我把他止不下來？這個時候，人會有一莫大的惶惑與戰
> 慄。此惶惑與戰慄，便必會逼迫人作一抉擇。（……）而此
> 抉擇，亦即一種神與魔之交界，生命與死亡之交界。[76]

科學的虛無主義走到盡頭，反而轉出一種宗教情境。唐君毅在此所用的「神與魔之交界，生命與死亡之交界」，並不單是譬喻，相反地，他正是透過此一逼顯，轉向「以仁心作主」的宗教立場。他肯定「仁心是人之價值意識之根原」[77]，則實際上進行了價值轉換的論述行動。這也讓我們進到第二點特徵。

---

74 同前書，頁158。

75 唐君毅，《中國人文精神之發展》，頁130。

76 同前書，頁131-132。

77 同前書，頁132。

　　關於第二點，宗教經驗的提舉。儘管唐君毅受的是哲學訓練，但在價值意識的引導下，他特別提出宗教價值在當代中國文化轉型中的價值。如前一點所言，宗教價值的地位鑲嵌在文化體系中，居於關鍵的一環，但也被安置於與歐洲文化的遭遇框架中，這意味著中國當代文化危機承受的是現代歐洲宗教價值轉變的後果。因此，唐君毅採取他獨特的文化翻譯手法，將基督宗教的人神關係轉譯為中國脈絡的天人關係（此為「返本」），曲折地以人與超越者的關係含括儒、釋、道三教與基督教、回教等一神教的新價值體系安排（此為「開新」）。宗教具有雙重脈絡化的意義，亦即，以「返本以開新」的模式調適東方脈絡中（以中國為論述主題）西方宗教危機的衝擊。就正面主張來說，唐君毅的態度始終一致：

> 　　中國古代儒家精神，原是即宗教、即道德、即哲學者，亦重利用厚生者，本當涵攝科學與宗教。然後代儒者，因要特重人而不免忽略其中之宗教精神，並忽略對物界之了解與加以主宰之事；乃未能充量發展此儒家原始之精神。[78]

　　有關科學的問題及其批判，我們在第一點已經觸及，在此段引文中，我們將關心點放在宗教上。伴隨此一回歸原始儒家的態度，唐君毅所面對的當代，有一種在危機中朝向未來的任務，內容是跨中西文化的，其中包含「中國文化之發展，顯示出人文化成之極致」與「西洋未來文化將以宗教精神之再生、理想主義之發揚，救治人類物化之趨向」兩者的合一。

---

78 唐君毅，《人文精神之重建》，頁22。

　　唐君毅從宗教精神出發的文化診斷，在保守的表面下含藏著激進性，他檢視現代西方文化的反宗教特質：「近代西洋人總覺自己對自己之命運、一切都是有辦法的」；生物的與社會的達爾文主義反映出這種認為進化「是自然且必然的」[79]的觀點，這種現代性（「近代」）逆反於承認有罪、需要一超越力量拯救的宗教精神。激進處在於：

　　　真宗教的精神，即是承認自己有罪，承認整個人類有罪。
　　（……）東方之中國人、印度人亦有罪。我們不能抵抗其
　　〔筆者按：近代西方人〕權力意志之征服，當了資本主義、
　　帝國主義、極權主義的奴役，即我們之罪。[80]

如果抵抗的態度意指一種對決（通過危機而產生抉擇），那麼，唐君毅將對決的平臺拉到宗教上。

　　宗教經驗的提示、宗教精神的提舉，代表唐君毅的一個特殊姿態。不論是「即宗教、即道德、即哲學」中的「即」或同一性，或者是在哲學反省中藉著宗教的張力重新建構──或者像《人文精神之重建》批評黑格爾之後的哲學落向非理性、反理性的發展[81]，或者像晚年《生命存在與心靈境界》點出哲學的限制與成教的目標──，哲學與宗教之間的差異關係都是一個哲學家在面對價值危機時的思考關鍵。我們也可以在唐君毅的激進批判

79　同前書，頁29。
80　同前書，頁34。
81　同前書，頁478。

中，發現宗教性的關鍵影響。對比之下，西谷啟治從佛教的立場回應徹底的虛無主義，這種「徹底」也有他的激進性。在日本文化中的逆轉傳統以面對未來，肯定的虛無主義所肯定的是宗教性的虛無，隨後轉成佛教的空。因此，也有從哲學轉向宗教的機轉，這種獨特的東亞現代性回應也構成我們另一環節的反省。

二、宗教與哲學的抉擇：差異、張力、轉換

按照前一節的檢討，我們重新回到一個既新又舊的問題上：如何面對哲學與宗教的關係。然而，我們關心的問題不是，一般來說，宗教哲學如何可能的問題，也不單單是哲學與宗教是否、如何相容的問題。相對地，在既有問題的脈絡下，如謝林所提「哲學的宗教」之說，或如海德格所拒斥的「基督教哲學」（christliche Philosophie）——同一問題也構成吉爾松（Étienne Gilson, 1884-1978）處理中世紀哲學的起點——，我們希望在保存差異的立場上，觀察唐君毅與西谷啟治如何考慮哲學與宗教之間的「關係」，這關係包含差異、張力、轉換的不同機制在內。

（一）西谷啟治的轉換

西谷啟治具有一種獨特的代表性，曾受業海德格，也經歷尼采、史提爾納的宗教批判，對於海德格論及的形上學之存有神學體制也相當熟悉；那麼，在這種哲學基礎上，西谷為何提升宗教經驗的位階呢？我們以1961年出版的《宗教是什麼》為基礎來討論。

虛無主義的考驗仍舊是一條王者之道，西谷啟治認為「宗教是什麼」與「宗教為了什麼而存在」彼此相關，宗教的必要性出

現在虛無的否定性起作用時。西谷指出：

> 唯有當其他事物對我們而言失去其必要性、無法發揮作用、完全沒有任何助益，在這樣的生命階段，宗教才成為必要。[82]

> 在我們自身的根柢處，有了一道深淵開顯出來。面對此深淵，先前形成我們生活內容的事物，都沒有任何助益。〔……〕虛無從我們存在的根柢現起，我們的存在本身對我們自身化現為疑問號。[83]

西谷啟治也不採取有神論的宗教界定，直接從另一個角度出發：「實在的自我實現」與「我們對實在的自覺」一時並起。在此，西谷已經離開哲學，認為這種自覺乃是對實在的體認、體得[84]，同時，既不是哲學的認識，也不是理論的認識。為何排除理論認識？因為這種認識乃是非對象性的認識，只是歸於自己的適己調

---

82 西谷啟治著，陳一標、吳翠華譯注，《宗教是什麼》（台北：聯經出版公司，2011），頁9；以下稱《宗教》。《宗教とは何か》，收於《西谷啟治著作集》第10卷（東京：創文社，1987），頁5。

83 西谷啟治，《宗教》，頁10。《著作集》，10: 6。

84 《宗教》，頁13-14；原文作「即ち自己と共に事物一切のリアリテイのリアリゼーション（實現即體認）」，見《著作集》，10: 26；譯者附原文與英譯對照：「realな體得，real appropriation。」德譯本作Realisation（in beiderlei Bedeutung als "Verwirklichung" und als "Verstehen"），見Nishitani Keiji, *Was ist Religion?*, Übertragung von Dora Fischer-Barnicol（Frankfurt am Main: Insel Verlag, 1986）, p. 66。結合雙重意義的realisation具有如實理解與如實實現的意義，當此實現歸於自己時，有從己而成的意義，亦即，英譯所用appropriation的字。在文字脈絡中，西谷提到「本來面貌」，也是從「自己」與「本來」的如實、現實化來看的。

適或適己化作用（appropriation）[85]。但由於這裡的自己不再能夠化為對象性的自己，因此，對於自己的成立，有一種主體性的肯定；但這主體卻是否定自己作為對象的主體，於是，在肯定與否定之間的緊張中，使得自己的存在不化約為意識存在。意識場則是「存在之根柢的虛無被遮隱蔽之場」——自己「以主體性的方式立足於虛無之時，自己就更根源性地成為自己自身」[86]。

對西谷而言，虛無的出現於自己中，是使得自己成為「大疑」。重點不在於停留於單純的「疑」本身，而是開啟一種轉換機制——成為「開啟無的場所」[87]，同時是「作為從此罪而來的轉換而意味著救贖的信」[88]被開啟，是「死生轉換的瞬間、絕對否定與絕對肯定為一的瞬間」[89]。宗教的必要性所執行的是這種存在性的轉換，在根柢、基礎喪失的同時，抽換地置入一種無根柢的根柢、以虛無為基礎的基礎。從意識到實在，轉換出實在在此意識中的實現，進而否定意識的對象性，對意識的否定才召喚出虛無的否定性作用，在同時否定意識承載體的自己時，也展現為自己的無化。宗教的信仰過程體現了從實在到虛無的轉換，但意識到信仰智慧的過程，則是「轉識成智」的過程。

轉換[90]，意味著一種動態過程，從一般生命到死亡、再從死亡

---

85 從 appropriation 這個字，可聯想到此處執行有關自己的弔詭邏輯，與 proper, Ereignen, eigen 的適己作用連結。這是海德格所運作的邏輯，而德希達接續地批判，並逆轉討論 expropriation 的差異化機制。

86 西谷啟治，《宗教》，頁29。《著作集》，10: 22。

87 《宗教》，頁34。《著作集》，10: 26。

88 《宗教》，頁40。《著作集》，10: 31。

89 《宗教》，頁44。《著作集》，10: 34。

90 德文翻譯用 Umkehr 與 Umwandlung 兩個字來翻譯「轉換」，見 Nishitani, *Was ist Religion?*, p. 43。多數的地方使用 Umkehr。

到真實生命的轉換過程。這乃是基礎的抽換，而啟動此抽換的是虛無。依照西谷啟治的分析，啟動價值轉換的是宗教，而觸動宗教價值轉換的啟動機制則取決於虛無的「大疑」。如果回到一般宗教意義上看，西谷則與基督教有神論保持一個距離，他的作法是一方面將虛無主義的無神論推向極限，另一方面則將虛無引入神性的思考中。

　　如此，現代無神論不同於以往的無神論（「唯物論、科學的理性主義以及進步觀念三者的複合」[91]），它與存在主義結合，透過「主體化，虛無成為自己存在的脫自性（筆者按：ekstasis，出竅）之場所」。西谷認為尼采的無神論遠比沙特更深刻，因為沙特受限於人文主義，而「無神論本來就不是單單關係到人之存在（筆者按：存有）的問題而已，它也關乎到存在事物的全體亦即世界的問題。」[92]這種論點除了處理了人、存有、神與世界的關係外，關鍵處在於以「出竅」（譯文作「脫自性」）作為「虛無」的判準。所謂的「自己」以及「對自己的自覺」，既不是將自己當作對象客體，也不是意識到自己的主體實體，而是意識到自己的虛無化；這是作為無根基[93]、無根柢、無基礎的出竅的自己。以此關鍵處為軸心，西谷另闢蹊徑地尋求對基督教的銷融，他選取艾克哈特大師（Meister Eckhart, 1260-1328）的

91　西谷啟治，《宗教》，頁72。《著作集》，10: 62。

92　《宗教》，頁73。《著作集》，10: 63。

93　此一說法顯然以謝林為奧援，但西谷也追溯到艾克哈特大師的來源，見前註，頁82。謝林有關「無根基」（Ungrund）的論點，見Schelling, *Philosophische Untersuchungen über das Wesen der menschlichen Freiheit, Sämmtliche Werke, Band 7*（Stuttgart und Ausburg: Cotta, 1860）, p. 406；以下縮寫為*SW*, 7: 406。

神祕主義，視之為能容納徹底虛無主義的對應學說。如同德國觀念論的謝林區別「存在者」（das Existierende）與「存在根基」（der Grund von Existenz）[94]，西谷引用艾克哈特大師有關神與神性（Gottheit, Godhead）[95]的區分，使得人的存在與自由有一種別於神的根據[96]。這種理解使得神之中的虛無可以連結到基督的屈身俯就（Herablassung）[97]、「空己」（kenôsis）[98]。對謝林而言，這一虛無是積極的，也與神的自由相關。西谷相當熟悉神祕主義與謝林神學的論點，但他進行了跨文化的轉換──「以東洋的方式來說，這就是無我」。

　　西谷的作法正是為了將這種基督教的無我、空己解讀為相應於佛教的空性。西谷歸納艾克哈特大師學說的三特點──神朝向人開放、神性作為絕對無乃是「絕對的死即生之場所」、人在神性的無之中有自由[99] ──，這種想法將神、人關係聚集到生死、有限無限、有無的轉換機制上，而「無」的場所性也使得轉換得以發生。當他以艾克哈特大師學說為絕對無的立場，對比於尼采的「相對的絕對無的立場」，便意味著吸納此種基督教神祕主義以突破、克服虛無主義的可能，然而，這種突破、克服建立在轉換機制上時，也對人格神的宗教觀進行轉換。運用「絕對無」的否定作用，人格性的自己進入「空己」的狀態，雖然具有主體性的名義，但內容則是進入一種虛無化運動。借助於海德格的存有

94　Schelling, *SW*, 7: 357.

95　西谷啟治，《宗教》，頁81。《著作集》，10: 70。

96　《宗教》，頁85。《著作集》，10: 73。

97　Schelling, *Stuttgarter Privatvorlesungen*, *SW*, 7: 429.

98　西谷啟治，《宗教》，頁77。《著作集》，10: 67。

99　《宗教》，頁83-84。《著作集》，10: 72。

論思考，西谷認為神與人都歸屬於主體性，但是必須「承認存在（筆者按：存有）唯有在脫自性（ekstasis，出竅）中才能成立」[100]。對於神與人而言，都是在彼此相互隸屬而有彼此空離自己、承認他者的情況下，主體性才能成立。按照這種邏輯，神與人之間的轉換，也是信仰中啟示（啟示則接近謝林所謂的「神的自我啟示」[101]）與救贖的彼此轉換。

　　西谷用這種方式重新界定「回心」為「實存式的轉換」（existential conversion，或可作「存在式的轉換」）[102]，脫離了人格中心主義的想法，也等於批判了人格神的基督宗教：

　　　真正的無是活生生的無，活生生的無不外只是能被自證。但是，在以上的實存式的轉換中，並不是自己變成不是人格性的存在，只是脫離以人格為中心的人格之掌握方式，以及為自身所束縛的人格的存在方式。因此人格的存在方式反而更加實在地成為自己。[103]

人格的掌握方式（begreiffen）意味著人格的概念（Begriff）作用，相對地，人格的出竅既是實現自己的無，也將「無」調適為「自己」（調適亦指「體認」，approrpiation），用西谷的表述來說是「人格與絕對無為一」。但西谷進一步從基督教通往佛教：人格存在的根源，以作為「絕對的無即有」而成立，如同佛教作為

---

100 《宗教》，頁90。《著作集》，10: 78。

101 Selbstoffenbarung, in Schelling, *SW*, 7: 347, 428.

102 西谷啟治，《宗教》，頁92。《著作集》，10: 80。

103 《宗教》，頁93。《著作集》，10: 81。

「假和空的中而成立」[104]。西谷選擇艾克哈特大師作為吸收、回應基督教的挑戰，極具策略性考量，因為，他不採取教會神學的模式、也不採取宗教哲學的路徑，從神祕主義的角度切入，不能不說是受謝林、海德格的影響，但也按照學說的需要找到一個源自基督教、又突破基督教的一個理論樞紐。進一步的考量則是為了架接從虛無到空的橋梁，亦即，促成「轉換」邏輯的達成。

在《宗教是什麼》第三章〈虛無與空〉，西谷開始於描述現代科學所形成的危機，雖然並未明顯採用海德格對 Gestell 的分析，然而思路卻十分相似。他指出，現代虛無主義的考量中，機械文明與政治體制的問題來自相同根源；在宰制的主體性邏輯下，虛無主義與科學彼此結合：

> 　隨著近代以來的科學機械觀的世界圖像之成立，以及近代逐漸浸透到社會機構甚至是人內在生命的人的機械化傾向，人們在世界與人自身的根柢中自覺到無意義，現代的虛無主義就肇始於此。[105]

明顯地，「世界圖像」（Weltbild）之說源自海德格，然而，西谷的目的不僅僅在於肯定虛無主義的起源或現代性的虛無主義特徵而已。他更進一步劃開一條鴻溝，指出以人格性為基礎的宗教有其限制。神人同形的位格或人格（Person）[106]被現代科學世界的無關心方式取消其意義──「世界展現為無情的、對人所關心的完

104《宗教》，頁 93-94。《著作集》，10: 82。

105《宗教》，頁 110。《著作集》，10: 99。

106 西谷也談 persona 作為面具的原意，見《宗教》，頁 91。《著作集》，10: 79-80。

全不在意的世界。這截斷了神與人的人格性關係。」[107]因此，人格性的宗教思考無法克服現代虛無主義，只有走向「開顯出超越人格與精神之場所的超人格性之場所」──「這一點表現的更為清楚的是佛教『空』的立場。」[108]如此的架接轉換，隱藏著西谷的判教模式。

　　西谷的理由在於：

> 　　空是絕對超越的場所，但不是在與我們相對的彼岸，而是在比我們更靠近我們的此岸所開顯之場所。這種開顯意味著一種轉換，也可稱為絕對的死即生的轉換。[109]

此處所謂的「轉換」採用「即」[110]的邏輯，意味著雙重轉換，從生到死、從死到生的轉換，也不停留在生或死的某一邊。這種雙重連結、雙重轉換，連結著生的方向（過去的宗教，以基督教的救贖為例）也結合著死的方向（如科學與虛無主義）。轉換也在一種飛躍[111]──如海德格所謂的「原始跳躍」（Ur-sprung）──，跳躍是根源成其為根源的動態條件，在面對虛無的關係上，所跨越的深淵正是虛無。在這種死與生的交叉中、物質與人格的交會中，所實現的是「空」。

107《宗教》，頁112。《著作集》，10: 101。

108《宗教》，頁112。《著作集》，10: 102。

109《宗教》，頁113。《著作集》，10: 103。

110《宗教》，頁119。《著作集》，10: 109。如般若經系統（《大般若經》、《心經》）所謂「色即是空、空即是色」，天台宗也從空、假、中三觀具體發展「即」的邏輯。

111《宗教》，頁115。《著作集》，10: 105。

　　根據西谷的見解，空的立場表現在「有即無、色即空」或「死即生」的平等[112]、不執著（「無所住」）的立場。在「即」的兩邊既不是相對性的關係，也不是單純的相互否定以成立一邊，而是平等地共在又不彼此束縛（「囚」）[113]。謝林論「無根基」的概念中，也曾以「無差異」（Indifferenz）[114]來界定；但西谷摒棄辯證法的理解[115]，充其量，他同意以海德格式的「相互隸屬」來看待有與無的關係，從空出發卻開展出另一種宗教平面。嚴格地說，以空為關鍵的宗教平面，並不與有、無、生、死居於同一個平面上，而是使得這些成立的平面條件；按照西谷的說法，他沿用西田幾多郎的場所邏輯，賦予「空」一種轉換的可能，作為轉換得以發生的場所：

> 　　此空乃是所有被認為存在的事物於其中現成的處所，而且是在各自的真實的如實相當中，作為各自事物的自體而現成的處所。所謂的空，即是我們當中自性的真自覺或者作為真自覺性的自性，以及在其如實相當中的諸事物自體，同時成立，（……）是自己同一地成立的處所。[116]

不過，「事物自體」並不是作為理性概念而支撐的康德「物自身」，也不是表象體系中的被認識事物，再者，也不是主體的或實體的事物，西谷啟治似乎環繞著海德格有關「己」、「自己」的

---

112 《宗教》，頁117。《著作集》，10: 107。

113 《宗教》，頁119。《著作集》，10: 109。

114 Schelling, *SW*, 7: 406.

115 西谷啟治，《宗教》，頁127。《著作集》，10: 118。

116 《宗教》，頁129。《著作集》，10: 120。

邏輯而接入佛教的洞察[117]。作為轉換的場所，使得所謂「事物自體」以出竅的方式存在為以自己為本的一種自己的覺知，以「本」或「本據」[118]的形態呈現。西谷特別用「火不自燒」的例子來說明所謂「火的自體」——「對火自身而言的火的自己同一性」[119]。

　　在自體概念的討論之後，西谷全面地進行語詞與概念轉換，轉入空的立場說明。像是「事物的自體性的存在方式」，他便以事物向自身的內在收攝，卻又顯露無自性的狀態，成為事物的假現[120]。在收攝中，心跨出意識場所進入無我的「定」的場所，因此，自體性存在成為依照空所理解的「三摩地」、「三昧」之定（samadhi）[121]。這種「定」乃是場所性的定立，是從虛無的否定轉回肯定的存有，因此使得事物從虛無的散亂解體回到將「自身收攝到自身中」[122]，並且回到事物自身的「德」。吳汝鈞特別著重於

117　吳汝鈞的分析指出，這種有存有論意義的「自體」兼具主體與實體的兩義，參吳汝鈞，《絕對無的哲學》（台北：臺灣學生書局，1998），頁143。黑格爾在《精神現象學》已經揭示精神同時作為「主體」與「實體」的意義，從自我意識的討論強調「自己」、「自我」（Selbst）的反身性意義也很突出，西谷啟治雖對德國觀念論相當熟悉，也必定理解此義，但從空以及非對象性的「無知之知」來肯定事物自體，並不單純走向黑格爾式的否定性思維，他也提到謝林積極哲學的黑格爾批判，正是不願受限於理性的消極否定上，見西谷啟治，《宗教》，頁157；《著作集》，10: 148。此種空的肯定似乎受海德格的影響較多。

118　西谷啟治，《宗教》，頁130；《著作集》，10: 121。；另外中譯本頁193中，譯者將もとづく翻譯作「本據」，原文見《宗教とは何か》，《著作集》，10: 183。

119　《宗教》，頁140；《著作集》，10: 130。西谷認為「火不自燒、水不自洗、眼不自見」，此類例子乃是「東洋自古以來所注意的一種事態」。

120　《宗教》，頁149；《著作集》，10: 139。

121　《宗教》，頁155；《著作集》，10: 145-146。

122　《宗教》，頁150；《著作集》，10: 140。

「復位」的解讀[123]，也提供對於西谷屢次談「回歸」、「回復」、「定立在其自身的位置」[124]、「從周邊躍入中心」等表述提供一個符合場所論的理解。反過來，從空的立場回看虛無，便發現到，在轉換過程中，虛無仍具有過渡性格[125]，亦即，必須逼使轉換、轉回到有定、有立場的空。

按照西谷的論點，唯有從空的角度來反觀虛無，才可能克服虛無，也唯有從佛教的空才能克服現代虛無主義。這種佛教立場所根據的是西谷的參禪經驗，而不是體制佛教[126]，更明確地說，是以道元日本禪為立足點的佛教經驗。在克服虛無主義的解方上，日本禪版本的佛教也越過基督教的界限，更能夠抉發基督教神祕主義傳統中「絕對無」的積極意涵，並將之轉化為空的場所。若從「轉換」的機制來看，日本的現代性經驗必須通過轉換而克服歐洲虛無主義所帶來的普世問題；按照「空的立場」，日本則是歐洲現代性進入亞洲的轉換場所，那麼，轉換的邏輯與場所都具體地發生在日本經驗中。在轉換中，不僅使得日本的傳統與未來得以連接，也在回心的轉換中折回歐洲，克服歐洲內部所無法克服的困難。若從宗教的角度說，空的宗教同時轉換了歐洲哲學與宗教傳統的分裂性困難，兩者的對峙在東亞宗教（佛教）中一併轉出新的可能性。

123　吳汝鈞，《絕對無的哲學》，頁140。

124　西谷啟治，《宗教》，頁155；《著作集》，10: 145。

125《宗教》，頁165；《著作集》，10: 155。

126　Cf., Stephen H. Phillips, "Nishitani's Buddhit Response to 'Nihilism'," *Journal of the American Academy of Religion*, 55.1（Spring 1987）: 76.

（二）唐君毅的超越與威通

從唐君毅的角度來看，宗教並不與哲學矛盾，他肯定從哲學闡發宗教的必要性的，更注重立基於人文精神的宗教。因此，宗教居於唐君毅思想體系中的關鍵地位。唐君毅在《中國文化之精神價值・自序》中提出一個具代表性的說法：

> 吾於中國文化之精神，不取時賢之無宗教之說，而主中國之哲學、道德與政治之精神，皆直接自原始敬天之精神而開出之說。故中國文化非無宗教，而是宗教之融攝於人文。〔……〕對天地鬼神之觀念，更特致尊重，兼以為可以補西方宗教精神之不足，並可以為中國未來之新宗教之基礎。[127]

這段話的代表性，具有數層意義：（1）宗教精神是哲學、道德、政治的基礎，而非一個分支；（2）宗教的內涵並非一神論的方向，而是對「天地鬼神」的崇敬——「敬天」；（3）宗教被融攝於人文之中，這意味著人文精神體現宗教的構想，亦即，從文化來表現宗教；（4）中國敬天的宗教可以「補西方宗教的不足」，並充作「未來新宗教」的基礎。根據這一具有多層次規定的想法，唐君毅進而證成儒家的宗教精神，他稱孔子為「繼天道以立人道」的典型；這是奠定儒家人文主義宗教的一種思考方向。

然而，當儒家的人文宗教與基督教對比時，唐君毅前述「補西方宗教之不足」的態度便展現了：

---

[127] 唐君毅，〈自序〉，《中國文化之精神價值》，頁柒。

祭祀之義，不重祈禱而特重報答，所謂大報本復始。夫重
祈禱，乃視主動全若在神，不免自居被動。重報恩報本復
始，則純為承天與祖宗之神之愛與恩德，加以攝受後，自動
的引發伸展自己的仁心，以上達於天與遠祖〔……〕以天地
生物之心，祖宗愛後人之志，以成己而成物，贊天地之化
育。基督教之承天心以愛人，雖亦是此義。然因其特重祈
禱，或使人易雜偏私之欲，則精神不免卑遜於神之前，而不
能極其上達之伸展，因而上帝易顯其超越性，人在神前，乃
多罪孽深重之感。128

這一論點標示出唐君毅特別提「中國宗教精神」的立場，他透過
申論中國有宗教（特別是祭天地、祭祖）而論證「上達」的主動
性來自人的報恩、復始，進而在以上達後的下承來面對人間世界
與其他萬物。主動性的判準對比於基督教的被動性；儒家與基督
教對於超越性的思考也有分別。「上達」則預設了一種「感通」
的可能。

唐君毅並不否定超越性，他承認「善之主宰客觀宇宙」信仰
包含兩種正義的超越原則──「無罪之受苦，應被補償」以及
「有罪則當受苦，使罪得罰而苦罪皆去除」129。但他不贊成有隔離
態度的超越130，並以他所持的感通論來考慮與超越者的關係，亦
即，在保存與自然世界、人文世界的感通關係中，仍可以使超越
與這種「形上實在」相遇。在感通關係中，只有方向的差別──

---

128 同前書，頁52-53。
129 同前書，頁428。
130 同前書，頁450。

他人感通、自我感通、自然世界感通、天的感通。甚至就「生生不已」的天德流行來說，人的種種感通也嵌合在自然萬物相互感通的關係中[131]。唐君毅認為在中國的天地信仰中，並不排斥超越性，並具有內在性的特徵[132]。但是，中國宗教的獨特性在於以天地人三才之道所樹立的宗教觀，而與其他宗教有別[133]。在具體的主張上，他肯定傳統以來對於「天、地、君、親、師」的崇敬，其理由不在於肯定權威，也不在於肯定領袖魅力（chrisma），而在於肯定人格世界的典型，進而肯定人格世界與人文世界的全體表現[134]。從這種三才之道所支撐的五恩崇敬，代表傳統的信仰與價值體系，後來唐君毅則明確地以三祭（祭天地、祭祖宗、祭聖賢）[135]為說。此種宗教分析清楚地意識到傳統、當代、未來的巨大轉折，既肯定宗教價值存於中國傳統中，也有當代情境的扭轉，這使得唐君毅特別談未來的宗教。

---

131 同前書，頁454。

132 同前書，頁458。

133 唐君毅有綿密的分辨，略作整理如下：（1）不以超越性凌駕內在性，回教、基督教則忽略內在性。（2）重視平等思想，但不忽略人禽之辨，這一點與佛教有別，但同於一神教的神人同形論，而肯定意志自由。（3）個人皆可通天，但群己關係保存在人倫組織網絡，既不像婆羅門教、佛教較忽視人群組織，也不似回教團體的信仰組織、或基督教的教會團體有排他性。（4）基督教排斥泛神論，不能成就化生萬物的坤元地德。（5）立人之道連結天德、地德，但肯定人格世界、人文世界與上帝並尊（同前書，頁458-463）。然而，這種比較往往過於寬泛而招致批評，我們並不堅持唐君毅的洞見必定合適於當代更精細的考察，不過，卻可以當作他採用大綜合、大敘事的比較思考格局，三才之道可以視為對「先天而天弗違，後天而奉天時」的詮釋，並以此詮釋產生宗教比較的理論根據。

134 同前書，頁464。

135 唐君毅，《中國人文精神之發展》，頁382。

在談未來宗教時，唐君毅實際上也與傳統有些距離，他批判宋明儒「並非如孔孟之承天道以開人道，而是由人道以立天道；故非承上以啟下，而是啟下以立上」[136]。唐君毅的目的是要建立起宗教在文化領域中的獨立性，將道德與宗教分開；他申論宗教必須建立的基礎在於感通的仁心（貫通自然、我心、他心的客觀天心），以理性基礎重新建立這種宗教。但他又意識到此種有必然性的宗教有別於過往而開向未來：

> 　此中國未來宗教精神之性質，吾人將謂其異於一切往昔之宗教精神，又自人類往昔宗教精神中升進而出，亦非只止於有一單純的天心或神信仰之建立者。[137]
> 　將由宋明儒所重之「道德之實現」、「整全心性之實現」以再轉出心性之分殊的表現，以成就分殊的「客觀文化精神之表現」。而將重新表現出一客觀天心與神。〔……〕吾人宗教精神，乃對神全無所希慕欲望，而純由吾人道德文化精神自身所建立，以表現吾人心性之高明，與文化精神之廣大者。[138]

特殊的宗教彼此有別，如儒家、佛教、基督教之間的差別，但唐君毅從普遍性的角度，亦即，文化全體性的角度，看待對於異教的欣賞與包容[139]，而非排斥，進而通向他所描述的新宗教。明顯地，他是以儒家的宗教發展可能性為模式，往通教的方向開展，

136　唐君毅，《中國文化之精神價值》，頁530。
137　同前書，頁533。
138　同前書，頁535。
139　同前書，頁541。

但在融會諸種宗教的共同方向上，卻又具圓教性格。透過這種未來宗教的論述，所直接面對的固然是「中國宗教」，實際上卻是針對既存的其他宗教發言，運作的仍是判教的構想。客觀普遍性的概念，則是他持以對準過往、現存各種宗教的論述基準。

　　後來的《文化意識與道德理性》可謂實質上建構文化世界體系的構想，宗教在其中也有其位置。不同於西谷的成學經過，唐君毅站在康德─黑格爾的路線上思考宗教的理性基礎，也從主體的超越作用所蘊含的自我超越（sich überwinden, transzendieren）來證成超越者、超越域的成立。他交替使用理性（具超越性與主宰性）、精神、道德意識、超越自我這幾個詞，造成了語義流動[140]。不過簡要地說，他立基於主體性哲學的立場，與西谷立基於海德格對主體性哲學的批判相當不同。即使討論到文化體系中宗教具獨立性時，唐君毅也從宗教意識的剖析入手，當他說：「精神活動之內在的體驗即精神意識，簡名之曰意識」[141]，這是著重於宗教體驗。在行文風格上，《中國文化之精神價值》使用「精神價值」與《文化意識與道德理性》使用「文化意識」有異曲同工之妙。他界定的宗教一視為「自現實自然生命求解放或解脫之意識」，進而依此意識而成立對神的信仰、「向神俯首降心」[142]。唐君毅所預設的是「意識自覺生命與自然生命的差異」，從中才衍生出自覺意識對自然生命的超越。他所辯護的宗教意識說，雖然對於正宗神學來說，像是外道或異端[143]，但其實，必須

140　唐君毅，〈自序（二）〉，《文化意識與道德理性》，頁19-20。

141　同前書，頁20。

142　唐君毅，《文化意識與道德理性》，頁463。

143　同前書，頁483。

分別特殊性與普遍性兩層；唐君毅著眼的是普遍性，意識是宗教
生活經驗所仰賴的普遍基礎。根據這種普遍性，他反而主張宗教
意識有超越作用，能夠開啟一種無限的客觀真實存在，而不是純
然主觀、甚至任意的[144]。

　　除了辯護宗教意識成立的基礎外，唐君毅更具典型性的論述
在於「宗教意識之十形態」[145]的排列，這十種形態有一彷彿按照
發生的自覺階段而有高低，但實質上則是價值高低的排列。這種
排列充分顯示唐君毅的當代判教構想，也反映出他以儒家回應宗
教經驗的策略。唐君毅將聖賢、祖先當作是道德人格，因此不限
在單純個人或家族格局中，宗教意識所肯定的是，類似於佛教
「下同於眾生」的「下迴向」或基督教的「神而人」的肉身化
（道成肉身）；因此不僅如「上迴向」或「人而神」的上同於神的
宗教人格，更應當「崇拜皈依不求同一於神，只以去世間之苦罪
為事之道德人格」[146]，這種道德人格同時被當作神的化身。唐君毅
的解說包含著一個弔詭的態度，實際上是「敬神如神在」的翻版
——在以聖賢、祖宗為崇拜對象時，基本上「可無超越之神之觀
念之肯定」，但是「不妨礙吾人之在實際上以事超越之神之態

---

144 同前書，頁484。

145 同前書，頁494-504。十種分別為：（1）自然神信仰，祈求助我滿足欲望；
　　（2）信仰有限的人神或超自然的無限的人格神，以求切合欲望；（3）求神滿
　　足來生願望；（4）主持世間正義；（5）求靈魂不朽以及苦行求靈魂解脫；（6）
　　克欲成德；（7）不信神也不執我，以觀緣生觀空為主的小乘佛教；（8）擔負
　　人類或眾生苦罪、保存一切價值於永恆世界的大乘佛教；（9）通過對先知先
　　覺的崇拜以負擔人類眾生之苦罪，以菩薩道或上帝為皈依成立僧團、教會的
　　宗教形態；（10）包含對聖賢、豪傑、個人祖先、民族祖先（民族神）的崇
　　拜皈依，純粹人格的宗教。

146 同前書，頁505。

度、皈依崇拜超越之神之態度，對聖賢、豪傑、祖先，而視之若同於超越之神」[147]，最終發展一種純粹人格的宗教。在這種以人格為基礎為宗教意識中，其實是以道德意識為核心。關鍵點在於對「道德價值之自覺的道德活動」[148]——雖然，唐君毅思想的辯證性格也展示出兩種層面——否定層面上，有宗教意識與道德意識的衝突[149]；單純肯定面向上以及綜合的肯定面向上，宗教意識表現出道德意識，在終極形態中，宗教意識是「一種最深的道德意識」[150]。此論述區別出「超越神」的面向與「忘其為神」的聖賢人格面向，不過，在圓滿形態下兼具兩面向；但若脫離圓滿形態，自覺地否認其中一面向時，則成了「宗教上的罪過」。

　　根據這一道理，唐君毅回歸先秦儒學的宗教精神，視之為圓滿形態，並批判基督教、回教的反對崇拜祖先神（原文「反對崇拜人神」中「人神」指「以人為神」）[151]，以及中國宋儒反對祭天地。這種批判態度顯示《中國文化之精神價值》與《文化意識與道德理性》有一致的見解，也可視為從現代性回顧傳統的一種分判：同時糾正中國一個較接近現代的傳統與西方的基督教、回教，返回更遠古的先秦儒家宗教意識。唐君毅的激進想法是按照道德意識重新調整宗教價值的位階，這是一種當代的考慮，所面對的是從中國與西方的中世紀返回中國古代的價值根源處。「祭天地」的主張嘗試接通人文世界和自然世界，以「天」作為價值根源。

147　同前註。
148　同前書，頁513。
149　同前書，頁509。
150　同前書，頁513。
151　同前書，頁506。

　　若以前述的價值安排（如尼采所謂「新的價值設定」）來詮
釋唐君毅的當代判教，晚年《生命存在與心靈境界》所說又可看
出面對哲學、道德、一般宗教、佛教、一神論、儒家的序列關
係，更直接展現他具體的判教構想，全部安置於一個價值體系
中。在最後「超主客觀境」的三境中，則依序安置西方一神教
（基督教、回教、猶太教）的「歸向一神境——觀神界」、大乘佛
教的「我法二空境——眾生普渡境——觀一真法界」、儒家的
「天德流行境——盡性立命境——觀性命界」，這種作法的辯證意
味也展現在以佛教高於一神教，而儒家高於佛教的層疊論述，定
立唐君毅晚年的確定見解。天德流行境能高過我法二空境的原因
在於：生命歷程本身蘊含一種「無定執而自超越」[152]的原理，在
這種肯定生命本身內具的善性中，可以在自行超越中去除執著，
而不是如佛教從既定生命事實來說「我執」、「法執」。從「自我
超越」的觀點也衍生出一種「死亡的智慧」——對自然生命終結
的接受而不貪執於保存生命[153]。生命歷程所內具的善可以超越自
然生命與自然死亡，並超越個體性的限制，而達到與他者（外在
事物、他人、乃至聖賢人格、神聖位格）感通的情境。從此三層
（自我超越、原始善性、交互感通）的論述，唐君毅奠定儒家的
性情之教[154]，以及仁義禮智種種德性。據此，唐君毅認為，儒家
性善是第一義的本性，佛家的我執是第二義的本性；但這種價值
分別仍肯定佛教是拔苦觀空的逆反之教[155]，雖與儒家的順成之教

152　唐君毅，《生命存在與心靈境界》（下），頁161。

153　同前書，頁167、169。

154　同前書，頁178、502。另參《中國文化之精神價值》，頁145。

155　同前書，頁179。

（順第一義本性的善，而承天命的創造歷程）路徑不同，卻並非
目的地不同。唐君毅盛讚法華宗、華嚴宗的圓教以及禪宗，在判
教的立場上確認儒佛的差異，但也極力保存兩者的融通之道。因
此，在如此繁複、糾葛、層疊的價值重安排過程中，他兼顧別異
與會通，避免因為差異而產生新的隔閡。只不過，他真誠地指出
自己以儒家價值為最高境界的看法，總是難以全然取信於不同價
值信仰的人。

　　唐君毅所肯定的最高價值，以儒家為典範，就其信仰來說，
確實是真誠的。從宗教信仰的真誠來說，肯定自己信仰的價值，
並非錯誤；而他也極力主張傾聽與肯定他人信仰價值的優先性。
同樣地，在哲學內部談論宗教，並主張哲學的目標是「為世興
教」[156]，這種想法既有在哲學中立下哲學的界限，也在超越界限的
意義下迎向宗教的開立。若以西谷啟治的看法來對比，也可以看
到以哲學解說為基礎，並拉出整個文化危機的深度，最終尋求以
宗教來克服危機。這一種類似處也重複地標示出哲學與宗教之間
微妙地彼此連結，卻又各具界限的差異化操作。西谷所謂「回歸
祖先而面對未來」是對祖先的責任意識，以根源意志來凸顯出傳
統中成立的「自己」，建立「自己」在過去、現代、未來的連續
性，這種隱藏的論點伴隨著空的立場起作用；空使得自己成為自
己，轉換機制使得自己回歸自己、回復到自己中。這種看法與唐
君毅談自我超越以成立恆存的道德自我，其實異曲同工。

---

156 同前書，頁519。

結論：差異的共同體——東亞的新挑戰

　　現代性的議題過時了嗎？在1970年代後期的臺灣，現代化的討論曾經非常熱烈，從科技、經濟、政治制度到文化價值的衝擊，也有一波豐富的討論。如今。經過後現代主義的洗禮後，現代性的問題不存在了嗎？或許可以說，後現代的關注更加深了現代性問題的廣闊與深遠。當代的生活情境仍舊循著現代性的痕跡前進，時而步履蹣跚。

　　西谷啟治與唐君毅都深受現代性的衝擊，也奮力以思想家的深度來回應現代性的挑戰，其關注的軸線延伸到歷史傳統的更新。兩者實際上也都對各自的傳統採取距離化的批判，藉以疏理、調適，產生新的當代形貌。在回應的姿態中，時間性的作用痕跡也很明顯，對於「過去」的追憶、懷想，都不只是單純的呈現，而帶有一定的扭轉。然而，這種扭轉既受到現代性衝擊，並吸收了西方文化的高度成果，又是以鮮明的「當代」面對他們身處的「未來」。我們自問：他們所思考、嚮往的未來來臨了嗎？我們身為後代人，究竟是以接近的微距離表現為他們的「同時代人」，還是身處於他們所依稀設想的「未來」呢？在真正歷史判斷到來前，我毋寧傾向於前一個選項：我、我們仍舊與兩位哲學家都處於同時代中；甚至，有時候必須更謙遜地承認，在面對「未來」的挑戰時，說不定我、我們還更落後於他們的現代、當代，也離「未來」更遠。然而，前述「微差異」的說法也可以撐開一些空間，讓我們更注意「差異」的作用。

　　西谷啟治與唐君毅兩位哲學家分別採取佛教與儒家的現代性回應模式，「近代的超克」也有模式上的差異。如果將兩者置於東亞的脈絡下來看，或許可以開展出新的契機。當代法國哲學家

對歐洲現代性的思考不遺餘力。以解構哲學的德希達為例，他鬆開了歐洲認同問題中的自我同一性，透過對於岬角（le cap）所蘊含的雙重字義——資本（le capital）與首都（la capitale）[157]——的分析，將「歐洲」解開為朝向異己者、異己性開放的概念。這種開放既是朝向另一岬角的彼岸（s'ouvrir sur l'autre rive d'un autre cap），同時是來到一般岬角的他方（l'autre du cap en général），更激進地說，甚至單單只是開放即可，既不需有自己也不需針對他者（sans s'ouvrir de lui-même sur un autre）[158]。這種開放有一種回應與責任感，在普遍性的要求下，並不犧牲獨特性，使得歐洲文化的認同成為「將普遍性置入獨特性之中的不可替代的鏤刻」（l'irremplaçable inscription de l'universel dans le singulier）[159]。類似的開放性也見於哲學史家卜拉葛（Rémi Brague, 1947- ）的論斷中，卜拉葛不同於洛維特回到古希臘的構想，而從羅馬特徵來辨認歐洲身分。從文明成立的層面看，羅馬文化次於希臘文化[160]；從宗教成立的層面看，基督教（羅馬天主教）所仰賴的《新約》次於猶太教的《舊約》[161]；這種次要性（secondarité）形塑了羅馬模式看待「自己」的方式，亦即，在特殊的「屬己關係」（rapport au propre）中，對於陌生者、異樣者的「適己化作用」（appropriation）[162]才使得歐洲與其他文化顯然有別。羅馬模式雖

---

157 Jacques Derrida, *L'autre cap* (Paris: Seuil, 1991), p. 21.

158 Ibid., p. 74. 德希達加重 s'ouvrir 中 se 的反身代名詞，表達對於「自己」的擱置。

159 Ibid., p. 72.

160 Rémi Brague, *Europe, la voie romaine* (Paris: Criterion, 1992), p. 92.

161 Ibid., p. 60.

162 Ibid., p. 103.

然促成歐洲成為歐洲，但並不執定在以自己為優位的前提上。

德希達與卜拉葛兩位當代不同路數的哲學家不約而同地，都從開放面對他異性來論述歐洲的「同一性」。對於現代性的診斷，卜拉葛指出，中世紀所努力超越、克服的正是想要與「過去」切斷關係的諾斯替教派（la gnose）──尤其是馬爾西翁（Marcion de Sinope, 85-160）的主張，而現代性同樣落入此一切斷傳統的困境中，現代性所導致的野蠻狀況，不再只是嚮往希臘文明的野蠻人所見，而是被野蠻征服的希臘人所見，忘卻自己已經「野化」、也忘卻「古典」的遺產[163]。若要克服歐洲的危險──歐洲的未來如果要面對內在的危險──，卜拉葛認為不應該封閉在自己之中[164]。同樣是面對歐洲的危機，德希達強調面對未來的責任與義務，但所謂的「未來」不是空想的「未來」，而是「有所允諾」的未來，歐洲所繼承的民主必須帶有「允諾的結構」──「對此時此刻帶有未來者的記憶」（la mémoire de ce qui porte l'avenir ici maintenant）[165]。瓦蒂莫從海德格分析的「追憶（追想）」（An-denken, recollection）來重整後現代的哲學基礎，「追憶」（重新收攏，re-collect）克服了形上學對存有的遺忘，而連結到「傳統」（流傳〔Überlieferung〕、遞送〔Ge-schick〕）的問題[166]。瓦蒂莫用對存有的追想來談科技宰制、形上學最後形式──集置（Ge-stell）──的「克服」（Verwindung），形上學不是單純地被驅離或棄置，而是如疾患般留下痕跡，此痕跡令人「追想、回憶」。若從卜拉葛的羅馬模式來看，「回到」羅馬傳統的歐洲，絕不是

---

163 Ibid., p. 179.

164 Ibid., p. 182.

165 Derrida, *L'autre cap*, p. 76.

166 Vattimo, *The End of Modernity*, pp. 173, 175.

退轉回古代，而是在重新開放中、在他者的經驗中收攏自己。德希達的模式更為徹底，全新的歐洲甚至不將「自己」放在優位。

　　然而，德希達、瓦蒂莫也談以痕跡留存的宗教意義，這是留下神隱遁（「神死亡」）後的宗教形態，追尋著此一隱遁之神的蹤跡；卜拉葛則從基督教談歐洲的可能性，不僅是過去歷史的可能性，更是未來的可能性。如同德希達根據「首都」分析而建議將歐洲視為一種新的場所[167]，卜拉葛另提議：「歐洲應該維持或重新變成政教分離的場所，甚至是政教和平的場所──各自承認對方有其合法性」[168]，這同時是人神有緊密約定，卻又承認肉身人性的場所，並也是在拒斥意識形態下，具有具體的人與人的關係、人群關係的場所。因此，基督教與歐洲的關係、痕跡，以不同的共同體形態，勾勒人與絕對者、人與人、甚至人於自然的關係。若從卜拉葛昭顯基督教拒絕馬爾西翁主義的用心看，一個良善的神與世界的關係並不那麼緊張，救贖的意義也不在於棄絕世界。這一點與東亞經驗中，大乘佛教重視眾生以及儒家的天德似乎距離並不那麼遠。

　　從西谷啟治與唐君毅所展示的現代性回應來看，這兩種模式也恰好顯現東亞內部的差異。從當代的眼光看，這種差異不是分裂，只是更彰顯亞洲概念中蘊含的多樣性。保存這種差異，但同樣在亞洲的現代性中承認彼此的他異性，在共同面對歐洲的他異性時，這種具有曲折的差異性也許可視為開放的亞洲的一種內在規定。這也同樣涉及東亞傳統所面對的未來。西谷啟治與唐君毅都強調與傳統的聯繫，兩者在批判現代性所進行的傳統更新也都

167　Derrida, *L'autre cap*, p. 47.

168　Brague, *Europe, la voie romaine*, pp. 186-187.

對準了普遍的人性。雖然，他們皆對傳統價值持保守態度，但也不掩其激進面，因為，兩位對西方哲學的吸收也深邃地涉及文化基礎。因此，我們不能說那是一種未經反省的保守。然而，面對當代的處境，我們可以從這種深具內在差異的東亞回應模式中，提取不同的議題。也在面對美洲、歐洲、全球化等不同形態的文明擴張（以科技、經濟、商業、新興信仰、暴力傳染、生物控制等種種方式擴張四達）的當代性中，意識到立足於亞洲、東亞的差異共同體早已經以各自的方式回應其時代問題了。如今，這種差異共同體或許可以更自覺地將各自在差異中回應挑戰的模式提出來，當作共通的問題加以問題化。如此，在融通差異的基礎上，東亞內部的獨特性已經展示著一種迎接他者的開放性；所謂的「內部」早已經被差異化的歷史、政治生活、科技化等現代性所撐開，無法與外部清晰辨別。在共通又具普遍性的要求中，歐洲的虛無主義與人文主義危機儘管以不同的面貌出現，但當代的挑戰也將重新問題化，這是面對西谷啟治與唐君毅這兩位同時代哲學家的思想遺產時，更應該承擔起的新責任。

第六章

生命、倫理與政治的交會

前言

　　唐君毅不是一個實際參與政治的哲學家，他對政治多所著墨，但所談的也多半不是實際政治，而總是從哲學的角度來談。與其說他關心政治的問題，不如說是關心政治的哲學基礎，根本上說，是哲學場域與政治場域之間的問題。

　　按照現代學科的分工體制來看，政治科學有其獨立運作的方法論與研究素材，從政治理論、政治體制到實證的資料分析，從國內政治到國際政治，不論是國族、國家、共同體、主權的形成，或者是民主體制、威權體制中的實際政治抗爭等等，都有極其複雜而專門研究。在這樣的情況下，談論哲學與政治的意義何在？分別從問題的兩端來看，哲學需要政治嗎？政治需要哲學嗎？如果借用當代政治哲學家史特勞斯（Leo Strauss, 1899-1973）的觀點來說，不僅僅哲學與政治有緊密關係，甚至他會說，哲學在根本上是政治的[1]；從蘇格拉底（Socrates, 469B.C.-399B.C.）的

1　儘管史特勞斯完全承認政治哲學是哲學的一個分支，但在追問哲學的可能性

死亡到柏拉圖（Plato, 427B.C.-347B.C.）的洞穴比喻，都顯示出哲學的政治性。然而，「政治性」一詞也有兩義性，一方面可以將政治場域當作一個獨立的場域，另一方面，「政治的」這個形容詞在「政治哲學」此一術語中，卻像是附屬於哲學、作為哲學的一個分支，不能充分顯示政治的獨立性（或可稱為弱義的用法）；但如果將哲學理解為具有深刻的政治性，那麼，「政治哲學」一詞也容許詮釋為「表現出政治特性的哲學」（強義的用法）。本文使用「政治哲學」一詞，不落在史特勞斯式的強義用法，而採弱義的用法（以「政治哲學」為哲學的一分支），但蘊含著政治作為獨立領域的可能。

唐君毅的政治思想有多重的表述過程，也經過不同時期的歷史轉折，他的問題癥結包含如下四個層次：

（1）政治有文化基礎，最終的基礎是文化的道德理性。

（2）當代中國的政治建構落在民主國家的建構上，核心議題是國家體制與民主自由制度的建立。

（3）國家的基礎建立在人存在的多元性上，此多元性涉及自我、他人和社群的構成。

（4）以儒學作為道德基礎；儒學與政治的關係乃是介入政治、重視政治又超越政治。

時，他提出「為何要有哲學？」（Why philosophy?）的詮釋：「為何人類生活需要哲學？為何有關整體本性的意見應當被此整體本性的真正知識所替代，這樣的替代是好的、是正當的？由於人類生活是共同生活，或更準確地說，是政治生活，『為何要有哲學？』的這個問題意味著『為何政治生活需要哲學？』。」見 Leo Strauss, *What is Political Philosophy?* (Westport: Greenwood Press, 1973), pp. 92-93。史特勞斯也藉著蘇格拉底的角色解說：「以其原始形式而被廣泛理解的政治哲學是哲學的核心，或者說是第一哲學。」見 Leo Strauss, *The City and Man* (Chicago: University of Chicago Press, 1978), p. 20.

這四個層次環環相扣，有其一貫性；唐君毅結合著儒家的人文主義，建構了一種具有當代意義的政治哲學，頗有值得省思之處。按照中國傳統的內聖外王構想，政治思想往往連結到「外王」的主張。當代新儒家的牟宗三有「新外王」的良知坎陷說，用以接納民主自由理論，為「內聖外王連續體」的問題提供了更深刻而細緻的論點。唐君毅雖不常用內聖外王的架構來陳述，但他的問題意識仍繼承此一架構，進而延續思考中華文化在現代性轉折下如何更新其政治生活形態。其中問題相當複雜，既涉及國體與政體的形態，也涉及主權與價值決定的關係，傳統的「內聖外王」架構已不能夠應付現代政治生活的困境，不過，也仍隱括於其中。

有關唐君毅對西方現代性的回應，墨子刻（Thomas Metzger, 1933-）在其所著的《太平洋風雲》中，便從現代性的知識論革命來檢討唐君毅的特殊進路。墨子刻提出了一個知識論的假定：「巨大的現代西方知識論革命」（GMWER, Great Modern Western Epistemological Revelution）[2]，其背景的想法是一種古典政治理論的模型，即政治理論以認識真理作為根據。按照此一假定，現代西方的知識論是悲觀的：因為，自康德、黑格爾之後，乃至當代自由主義的海耶克（Friedrich Hayek, 1899-1992）、波普（Karl Popper, 1902- 1994）等現代人都認為不可能認識到事物本身，而只能從邏輯程序、理性程序來驗證認識過程的可能錯誤。對比於古典模式，自柏拉圖以降，古典認識論不僅僅認為真理存在，也

2　Thomas A. Metzger, *A Cloud Across the Pacific*（Hong Kong: The Chinese University Press, 2005）, p. 41. 另參考 "Putting Western Philosophy on the Defensive?" 收於劉笑敢主編，《中國哲學與文化》，第 8 輯（桂林：廣西師範大學出版社，2010），頁 58。

認為知識基礎在於真理的可被認識，並在真理的基礎上建立政治理論。墨子刻以這種現代知識論革命中蘊含的悲觀論來對比於唐君毅的樂觀論，用以分析唐君毅對西方現代性的抗拒。從史特勞斯、鄂蘭（Hannah Arendt, 1906-1975）的脈絡來看，墨子刻的觀點扣合在「真理的政治」這一大脈絡中，即使跳脫自由主義的論述範圍，從傅柯、德希達的脈絡來看，此種「真理的政治」雖然有不同的意涵，卻仍是分析政治思想的重要線索。然而，對比於史特勞斯的古典主義立場，墨子刻的分析方式同樣注意著西方現代性的問題，唐君毅作為一個東亞哲學家則是在回應西方現代性上，具有特殊的旨趣。只不過，墨子刻本人並沒有古典主義的傾向，反而站在肯定現代性的立場上思考問題。

當我們仔細審視此一回應現代性的過程，並且從當代的角度來檢視「共通的西方現代性」時，注意到一個差別：柏拉圖模式下的「真理的政治」，真理（aletheia）與意見（doxa）的分別構成哲學與政治的分別、乃至於兩者間的緊張。但是，若是從鄂蘭的角度看，此種緊張必須放入多重的分析架構來思考，其中包含自己與他人的關係、單獨的「一」與眾人的「多」彼此交織、思想與行動之間的差異等等。換言之，政治的思考必須兼顧真理與意見（虛假的可能）、一與多、自己與他人（己與群）的角度。若放到儒家的內聖外王論來看，修養與教化的關係是否預設了一個知識論的基礎（例如，如何解釋「格物致知」），已經令人疑惑；儒家思想之中自己與他人的關係是否直接等同於希臘式古典的或現代的群己關係，在行動與思想之間是否有個亞里斯多德（Aristotle, 384B.C.-322B.C.）式的差異（實踐智與理論智的分別），則又有需要深思之處。

從牟宗三的新外王角度來說，「良知的坎陷」在智性直觀

（「智的直覺」）的預設下，民主與科學作為一種平列鋪開的水平向度，有別於超越又內在的垂直向度，這一自我坎陷式的想法確實有一知識論基礎。正因為坎陷作為良知的自我否定，外王（民主與科學）雖預設著智性直觀這種真理通達的可能性，亦即墨子刻所謂「知識的樂觀論」，但實際上，牟宗三卻是否定性地使用此預設，這意味著，在「曲通」的意義下，知識的樂觀論並不「直接」適用。相較之下，唐君毅的超越反省論與感通論卻未必只能表陳為對良知的否定使用。那麼，是否在此意義下，對唐、牟兩位哲學家來說，真理通達的可能性並不以相同的方式用在政治思考上？但是反過來說，如果儒家意義下的「修身」共同地作為唐、牟政治論的道德基礎，那麼，以真理的通達與否來分判唐、牟兩位哲學家之間政治思考的差異，是否真有高度的相干性？

在古希臘對哲學與政治的討論中，政治的獨立性有高度的爭議，但到現代之後，此一政治領域的獨立不僅僅顯示社會分工的一個領域分化，更是從「存有—神學—政治論」（onto-theologico-politics）的領域中取得其合法性——如鄂蘭所詮釋，在柏拉圖的版本中，萬物的尺度不是人，而是神[3]。在「主權」的論題上，尤其見到此一神學政治學的身影，如阿岡本（Giorgio Agamben, 1942-）的作法。不過，當代的儒學政治論是否真有這種「神學政治論」或「存有神學—政治論」的框架，仍值得細究，或許可以從群己關係、從生命、倫理與政治的角度來看，較深入地推敲審視此一問題。

3　Hannah Arendt, "Philosophy and Politics," *Social Research*, 57.1（1990）: 77, 89.

一、現代性的挑戰

　　思考唐君毅的政治論述不能不考慮中國現代性的挑戰與回應，這個回應是落在一個雙重的架構上，一方面從當代的處境出發，說明他在文化認同上所屬的中國歷史實況：從19世紀中葉以後，經歷鴉片戰爭、滿清帝制傾頹、民國建立、共產黨統治，造成分裂的政治主權；二方面則是以文化體系的建構來作為回應策略，在此體系中，安置儒家價值為核心地位。也正是在此第二層意義下，唐君毅不僅僅被視為哲學家或「文化意識宇宙的巨人」（牟宗三語），更是儒家哲學回應西方現代性的一個代表人物。在此回應中，儒家的文化價值決定了政治論述，唐君毅撰有諸篇深入剖析政治概念中的國家、組織、權力等論述[4]，但在這些細論的文字之外，或許可以肯定他的一個基本立場：從文化的角度看待

4　有代表性的文章包含：
　　(1)《文化意識與道德理性》，〈政治及國家與道德理性〉。
　　(2)《人文精神之重建》，〈儒家之社會文化思想在人類思想中之地位〉、〈自由之種類與文化價值〉、〈西方之自由精神〉、〈孔子精神與各類之自由〉、〈人文與民主之基本認識〉、〈中西社會人文與民主精神〉。
　　(3)《中國人文精神之發展》，〈百年來中國民族之政治意識發展之理則〉、〈論今後建國精神不相應之觀念習氣〉、〈理性心靈與個人，社會組織，及國家〉。
　　(4)《中華人文與當今世界》，〈中華民族之花果飄零〉、〈民主理想之實踐與客觀價值意識〉、〈中國現代社會政治文化思想之方向，及海外知識分子當前時代之態度〉、〈西方文化對東方文化之挑戰及東方之回應〉、〈中國文化與世界〉。
　　(5)《中華人文與當今世界補編》，〈論接受西方文化思想之態度——中國知識分子自作主宰的精神氣概之建立〉、〈收拾精神，自作主宰——答徐佛觀先生書〉、〈學術思想與民主自由〉。

政治。

儒家文化價值雖與政治論述扣合，但仍保存著一種差距，不讓文化服從政治力量，唐君毅的看法是一種典型立場：

在根本上，儒家理想，雖是教化領導政治。實際上則力求教化系統與政治系統的二元化。〔……〕儒家精神，原是超政治而又重政治的。我們須知剋就現實政治之本性而論，一切現實政治，皆有趨於集權之趨向。現實政治總要想支配一切，利用一切。一般政治家之本性，必難免涵有權力欲。所以我們除非把政治只視作人文世界之一部，用其他文化力量如教育、學術、宗教、經濟之力量限制政治，規範政治，以提高政治，〔否則〕不僅國家建立不起，政治民主亦缺堅實基礎。5

儒家精神之偉大，則在其開始點，即從人生人文之全體著眼，而予政治之地位以一限制。先把政治之地位，予以一限制，進一步便當是對於政權之運用予以一限制，而當有民主政治制度。所以依儒家精神，政治與民主政治，與任何政治上之主義，都是次級概念。而人文世界，人格世界，人間世界，人性，才是高級概念。6

這一段話有兩個重點：一是以文化意識闡述政治的論述策略，二是將儒家價值面對政治的基本立場交代清楚。核心命題是：政治只是人文世界之一部分；而目的是為了「限制、規範、提高政

5　唐君毅，《人文精神之重建》，頁199。

6　同前書，頁201。

治」。這一立場耐人尋味處在於將政治貶為次級概念，肯定人文世界作為高級概念。對於主張政治性、政治領域（the political, das Politische, le politique）是獨立領域的人來說，這種主張恐怕令人難以接受。若就人類活動所形成的文化整體來說，政治作為一個次領域，並不難理解。令人質疑處在於將儒家精神與此人文世界結合的觀點上，人文世界的文化論述應該建立在儒家精神上；此一論點表現為雙面刃，一面是文化與政治的對峙，另一面呈現為一種強勢的文化詮釋。

　　考究這段論述的脈絡，唐君毅對照中國傳統的道家、墨家、法家以及源自西方的個人主義、社會主義、集權主義，用以申論儒家在人類思想中的地位。因此，前面的引述文字可以分別從兩個不同的角度來扭轉：（1）儒家的高度政治介入並不影響其根植於文化世界的教化理想，因此，與其說，政治概念在此一論述中被貶低，不如說，儒家的文化精神藉此取得獨立於政治領域的可能性；（2）在對照不同的思想脈絡、各種主義的流派時，主張儒家作為人文世界的價值基礎，這一主張回應傳統進入到現代的挑戰，當西方政治思想引發中國政治生活巨大改變後，這一回應也面對這些改變的挑戰。

　　這兩個角度的解讀重點，不在於檢視唐君毅辯護儒家的理據是否應該被接受的問題，而在於考慮此一辯護姿態如何形成回應現代性的策略。簡單說，唐君毅的策略是透過對於傳統元素的調整（布置儒家、道家、墨家、法家等主義）而批判地進行當代思想元素（當代各種主義）的定位。「政治」的定位也相應於此種定位而有一個位置。唐君毅的這種看法不是以政治為目的，也不是將政治放在論述的核心處，因此，表現得不像是典型的政治哲學論述。從前述兩層意義來說，唐君毅所進行的價值調整卻與政

治定位有連動關係，如果是在現代性的思考脈絡中，我們或許可以說，唐君毅標明儒家精神有獨立於政治領域的可能，而且藉以回應當代中國面對傳統斷裂與西方現代性的雙重危機時，這一個回應姿態本身已經具有獨特的政治意義。

（一）自作主宰的回應姿態

1949年國民政府撤退到臺灣，中共政權在大陸成立，三年後，唐君毅在1952年的《民主評論》上刊載兩篇文章，分別是6月份的〈論接受西方文化思想之態度——中國知識分子自作主宰的精神氣概之建立〉與12月份〈收拾精神，自作主宰——答徐佛觀先生書〉，兩篇文章同時出現「自作主宰」的標題，頗能顯示唐君毅獨特的政治姿態[7]。

（1）「自作主宰」的政治性

〈論接受西方文化思想之態度——中國知識分子自作主宰的精神氣概之建立〉比較了各種歷史曲折所造成的心理反應，點出中國自19世紀中葉以來接觸西方文化，是從恐怖與怯弱感開始，繼之以對西方文化的羨慕與卑屈感，並夾雜著慚愧、發憤圖強的善意。但唐君毅隨即採取正心誠意的工夫來反省：「難道中國知識分子，處此積弱貧困之中國，即不能有堂堂正正，頂天立地之

---

7 更早在1950年時，唐君毅已經提出類似「自作主宰」的想法，只是他使用負面表述：「自己之主宰提不起，一切外入者，將何處棲泊？接受西洋文化之長亦要力量，要度量，要胸襟，要氣魄。」見同前書，頁125。但這等氣魄不是停在現實的事物上，不是「只從氣看一切」，相反地，必須「以理生氣」、以文化生命充實、提挈自然生命；見同前書，頁126。

氣概，〔使此氣概〕所自生之另外的泉源？」8隨著此一問題的拋出，他採用剝蕉式的還原法，一步步追問：當外在憑藉消失後，氣概是否仍舊存在；當金錢、權位、知識學問、政黨奧援、強國、悠久歷史等條件都一一剝除後，唐君毅點出真氣概的成立：

> 人必須在假定什麼外在之假借憑藉，都莫有了時，只有赤裸裸的個人，依然覺得上是天，下是地，我立於宇宙間，而其精神足以涵天蓋地，通貫古今，才是真正的自立，才見真正的氣概。9

但是，這種氣概不是神祕主義或狂熱之情的氣質，相反地，是有高度自覺的，連結到孟子「養氣」與陸象山「先立其大」的氣。因此，這種「赤裸裸的個人」在剝落了偶然性的文化外部條件後，留下了文化的內部條件——對於人格的自覺。氣概的「自作主宰」不僅僅停在生命存在的事實上，而是肯定屬於人性的生命存在有一人格意義以及對此人格的自覺。唐君毅進一步聲明：

> 這個氣概，上不自天來，下不自地來，中不自他人來，而只由自己對自己之內在的人格尊嚴，與無盡的不忍之心之自覺來。亦即由人之自覺其是人來。這個自覺，與緣之而生之氣概，只要我是人，不管我是否中國人，都是當有能有的。10

8　同前書，頁285。

9　同前書，頁286。

10 同上註。

表面上的弔詭處便在於：「中國知識分子自作主宰的精神氣概」不來自「中國人」或「中國的」這一「外在」標記，而來自於「人的」或「人性的」這一內在標記——「自己對自己之內在的人格尊嚴」。唯一的前提是：「只要我是人」；此前提所要求的是：「人之自覺其為人」。就這個赤裸裸的個人而言，這個赤裸裸的生命還仍舊是一個人，而且是「自覺為人」。換言之，剝除了一切所留下的赤裸境況——赤裸的人的條件——是一種內在性、一種自我關係。

　　「赤裸的人」不單單是一種道德上的無所依傍，也催生出思考生命政治的可能性。阿岡本延續傅柯有關生命政治的考察，討論赤裸生命的政治化，如同在希臘城邦中「赤裸生命」（zoē）的概念[11]。按照阿岡本的想法，現代政治中基本對立的範疇，如左／右、私有／公共、專制／民主都在此一生命政治的範圍內才能決定；不像鄂蘭那樣對極權的力量有洞察的分析，傅柯並未注意到現代生命政治的典型例子：如集中營、勞改營等極權國家的結構。然而，阿岡本隨後指出赤裸生命的排除涉及主權概念[12]，進而連結到羅馬法成立的基礎，這種神學政治學的思路就完全不同於唐君毅思考的脈絡。然而，如果以二次大戰與共產極權國家所塑造出的政治氛圍來說，唐君毅討論的政治領域具有一種既包含又限制的辯證作法，實質上在全體性概念的領域中觸及此主權與赤

11　Giorgio Agamben, *Homo Sacer. Sovereign Power and Bare Life*, tr. Daniel Heller-Roazen（Stanford: Stanford University Press, 1998）, p. 4.阿岡本區別了bios與zoē，前者出現在亞里斯多德使用「觀照的生命」（bios theōrētikos）與「政治的生命」（bios politikos）這樣的典型表述中（ibid., p. 1），但在雅典並沒有如zoē politikē這樣的表述。

12　Ibid., p. 6.

裸生命的問題。當阿岡本順著亞里斯多德，指出希臘城邦中有
「生命」與「幸福生命」（good life, eu zēn）[13]的對立，以致接著
問：不僅僅政治性的目的是「幸福生命」，西方政治為何必須以
排除赤裸生命來構成？城邦政治乃是這種排除的場所，使得生命
轉換為幸福生命，既包含了赤裸生命，又透過轉換來排除它。因
此，阿岡本認為，不僅僅應如傅柯那樣以將生命納入城邦的方式
來看待現代政治，更應該補充一種排除的規則（「例外」），從主
權角度看，赤裸生命與政治領域吻合，造成了對 bios 與 zoē 的無
分別而都加以排除。現代民主政治起於對生命的認可與解放，並
總是要將「赤裸生命轉換為一種生命方式，亦即，找到 zoē 的
bios」[14]；但這卻成為民主政治與極權主義共謀的原則，阿岡本藉此
質問納粹與法西斯在現代政治中造成的苦果，問題在於：「如何
可能將赤裸生命（zoē、生命）的『自然甜美』政治化？」或
「赤裸生命真地需要被政治化嗎？」[15]

　　唐君毅所謂「赤裸裸的人」表面上未觸及主權的問題，但面
對著國家銷亡的無政府危機與極權陰影造成的生命消失危機時，
亦即，當涉及到生命的邊界條件時，剝除一切形容詞的單純個人
顯現出個人生命本身的基本狀態。藉此，唐君毅操作另一層的價
值評估，將此赤裸生命的內在條件轉換到仁的價值上，但不是尋

13　Ibid., p. 7. 以「幸福生命」來翻譯，乃考慮此一概念連結到倫理學中的「幸
　　福」（eudaimonia）概念，在政治與倫理的連結上，good life 也可理解為「良
　　善生命」。按中文慣例，life 可分作「生命」與「生活」兩詞來理解，故此處
　　理解為「幸福生活」或「良善生活」更貼切，但顧及與「生命」的直接關
　　聯，仍以「幸福生命」來稱呼。

14　Ibid., p. 9.

15　Ibid., p. 11.

求以政治化的方式解決。對於「赤裸生命真地需要被政治化嗎?」這一問題,就儼然有一否定的回答。

唐君毅接軌到自我關係中本屬中國文化的一環:

> 啟示人之自覺、激發人之此氣概;此氣概又絕不顯為對他人之凌駕與驕傲,亦即原是中國儒家精神之神髓。[16]

根據這種特殊的價值轉換,以人的赤裸生命為基準點,意識到赤裸的個人不單單是生命,更是對生命與人格尊嚴的自覺;這種具價值轉換的赤裸生命如同孟子所言的「天民」(將於後文討論)。這是一種特殊意義的自由,但從內在的自我關係看,頗符合鄂蘭所謂的古典希臘的自由。事實上,鄂蘭也強調具有內在自我關係的自由,不是純然個人的孤獨,而是有一對話關係的「一之中有二」(two-in-one)[17],這種關係如同鄭玄解「相人偶」意義下的「仁」,是保存與他人關係中的人性意義。

雖然不採取政治化的途徑,但唐君毅的說法具有一種特殊的政治意涵,我們可以從兩方面來檢視。

一方面,在「中國知識分子之自作主宰」上,此種主宰來自於一種特殊身分的剝除,直達一種裸的身分。即使作為最低限的個人,仍舊須要自作主宰,甚至可說,直逼到毫無身分的憑藉之際,自作主宰的要求才作為不可取消的要求而被凸顯出來。

另一方面,最低限的人格作為無可取消的價值,在逼使「自

---

16 唐君毅,《人文精神之重建》,頁286。

17 Hannah Arendt, *The Promise of Politics* (New York: Schocken, 2005), p. 20. "Philosophy and Politics," *Social Research*, 57.1 (1990): 86.

作主宰」的要求出現時，也同時肯定了另一種特殊身分的成立，這便是「儒家精神」被召喚的時機；這一儒家精神不僅僅肯定著仁（個人與他人的存在），也使得「中國知識分子」的「中國特徵」被保存。

基於這兩方面的考慮，所謂的「特殊政治意涵」是指：在最低限而最普遍的意義下，剝除了一切認同的根據時，有一個特殊的文化認同作為自由的擔保。儒家精神的價值存在於能肯定最普遍意義下的人格尊嚴。但這並非採取「政治化」的路線，甚至有著抗拒政治化的姿態。

在「接受西方文化思想的態度」脈絡中自作主宰，也有一特殊的政治正當性。必須在能夠「去古今之蔽，而有通古今之氣概，同時亦才能真有放開胸襟，以涵蓋今日之西方文化思想中一切有價值者，而加以綜攝之氣概」[18]──這裡的「綜攝」意味著「綜攝的創造」[19]。唐君毅也很清楚點出，這種自作主宰只是一個態度，「此氣概本身是空的」[20]。但正是這一獨特的態度，在抗拒中進行調整，不重覆張之洞所謂的「中學為體，西學為用」的工具態度，因為，中學也必須連帶地進行調整。以「接受西方文化」的接受性與「自作主宰」的主動性兩相對比，「綜攝的創造」並不排斥異文化、也不排斥傳統，結合了被動與主動，在同與異之間產生綜攝。

18　唐君毅，《人文精神之重建》，頁290。

19　同前書，頁292。

20　同前書，頁322。

（2）「間隔」的政治性

　　1952年底的〈收拾精神，自作主宰——答徐佛觀先生書〉一文中，唐君毅雖然自述自己有「流亡異地、心無安處」[21]的徬徨心情，但也捻出在山河破碎之際「收拾精神」的義諦，即，必須「自作主宰」。唐君毅闡述自作主宰這種自由決定的想法時，採取一種極小化的不可化約說；對比於禪師話頭「去年貧，貧無立錐之地。今年貧，連錐也無。」[22]，唐君毅反而認為：「吾人在本原處，須有立錐之地。接受他人之長，方不致使精神恍惚、浮游失據。」[23]唐君毅的書寫脈絡還是談接受西方文化的態度，必須有所本，然後才能吸收他人的長處。但引出這種態度的討論是有關政治思考的寫作風格——唐君毅自覺地主張，在論民主自由的理論時，要「間接地說」、「隔一層說」，亦即，不能直接地接受西方民主自由制度，必須有所本而「間接地」採用。

　　這種「隔」既是在實際政治中插入一層理論的間隔，也是在評論當代中國政治時須加入中國／西方差距的間隔。間隔或間接，所開啟的不但是形式的辯證模式，在內容上，則是對於政治問題拉到文化的層面來講。在書寫即思考的風格上，明顯帶入一種「迂迴」的策略。如此一來，所謂「間接地說」或「隔一層說」這種有間隔的論述形式有意使得政治領域成為文化領域的一

21　唐君毅，《中華人文與當今世界補編（下）》（台北：臺灣學生書局，1988），頁208。

22　《景德傳燈錄》，卷11（《大正新脩大藏經》，第51冊，No. 2076，CBETA電子佛典），T51n2076_p0283b03-p0283b06：「師問香嚴：『師弟近日見處如何？』嚴曰：『某甲卒說不得，乃有偈曰：「去年貧未是貧，今年貧始是貧。去年無卓錐之地，今年錐也無。」』師曰：『汝只得如來禪，未得祖師禪。』」

23　唐君毅，《中華人文與當今世界補編（下）》，頁210。

環。不過，唐君毅的作法也有其代價，將使得政治論述朝向奠定理論基礎的方向發展，相對地，似乎偏離常識、偏離共同生活基底的共同感。站在反對常識而主張學術思想作為政治基礎的立場上，唐君毅認為：

> 建立國家之事，千頭萬緒。學術思想，亦只其一端。〔……〕學術思想上站不住，被人看不起，民族國家終不能在世界立起。西方人視中國過去之思想皆常識。[24]

常識與思想的截然分別，是為了擔保思想上的自立，不受其他文化與政治影響力所支配。但是，個人的自作主宰卻等同於民族或國家的自作主宰；在個人內部的自作主宰預設了內在的自我關係，而當民族或國家被當作一個個體時，其中的自我關係則呈現在傳統元素與現代元素之間的緊張與調整。若追問「調整」的可能性何在，似乎可能預定了另一層的共同感；這種共同感也似乎呼應著「綜攝的創造」。

唐君毅的政治思想顯示出獨特的模式。他的辯證法論述，在雙遮中保存雙顯。政治與思想學術的關係也是在分離中，各自負擔獨立的機能，但也正是在政治領域的獨立中，使得政治權力的過失不會完全歸咎於思想學術。透過常識與思想的分離，他所追求的不是眾人共同生存中的平庸與平常識見，而是能夠超越此種眾人意見的自覺，亦即，以超越的共同感為共同基礎（或許如康德所謂「先驗的共感」，後被鄂蘭發揮為政治判斷的基礎）。這種超越的觀點作為政治的基礎（亦即，建立國家的基礎），而主要

---

24 同前書，頁209。

的理據則是在限定政治的支配範圍。從功能上說，主張政治有一文化基礎，等同於一種支配形態的肯定，如此將使得特定的政治權威得到文化價值體系的支撐；但這樣是否不能避免意識形態（政治文化）的權威形態干預呢？

　　由於受到徐復觀的批評，在1953年更深入回覆徐復觀的另一篇長文中，唐君毅針對「學術與政治之間」的緊張，有更清楚的風格與態度的說明。唐君毅逆轉此種政治權威的支撐，轉而發揮出一種意識形態的批判：「一切觀念之偏執之解除，皆只有賴於積極的，提出更高之觀念來綜合與會通。唯由綜合會通來解除偏執，乃見思想之向上性創造性的自由。而不能由視一切觀念真理為相對的、為方便任定的來解出偏執。」[25]對付這種偏執，必須回到「綜攝的創造」上。意識形態被當作一種觀念偏執而不同於政治真理，唐君毅也反對真理的相對主義，不過，在他對意識形態的批判中，仍然可以看到其論述自我關係的邏輯：

　　　　心靈精神之不斷的有所肯定，而超越的涵蓋一切所不斷肯定者；以所不斷肯定者，來不斷規定吾人心靈精神之自身，使之一步一步的充實化具體化。〔……〕在去涵蓋他人或客觀的已成之一切有價值者時，即已超越他原來的自己。亦只有人在肯超越他已成的自己與其所實現之價值時，才能涵蓋他人與客觀上已成之一切有價值者，而了解承認之。[26]

在超越自我與他人的要求中，使得客觀制度得以被肯定，這是意

---

25 同前書，頁231。

26 同前書，頁232。

識形態批判的政治效果。但政治仍舊不是「第一義」，而是「第二義」、間接義的。相對於政治意識形態的統治，唐君毅的對等方案是從超越與涵蓋來談文化綜攝作用下的間接形態政治。

以「綜攝的創造」來克服意識形態的偏執，「超越」的實踐意義含括了「不斷肯定」的時間性與歷史性。在價值實現上，也蘊含了一種「真理的政治」，其意義是「去除偏執的政治」。在這幾篇文章中所透顯的「自作主宰」，絕不是單純的價值設定（如民主價值或民族自決等），而是有更高層次的價值轉換，在政治領域中有一無法全然被政治化的要素存在。這正是學術（文化）與政治之間的張力所在。

（二）學術與政治之間

不過，有關第一義的文化（或以思想學術稱呼）與第二義的政治，徐復觀有一更敏銳的觀察：

> 一切學術思想，一落在政治的領域中，便都在「民意」之前是第二義的，「民意」才是第一義。民意才直接決定政治，而學術思想只有通過民意的這一「轉折」才能成為政治的。27

在政治與學術之間的差別，徐復觀斷然承認常識（民意）與政治的等同關係，他從質與量的分別來說明學術與政治在真理上的分別，其實是立足於現實政治的考量，更精確地說，政治的文化基礎是常民文化，而不是知識分子文化。

---

27 徐復觀，《學術與政治之間》（台北：臺灣學生書局，1985），頁166。

　　在釐清政治領域與思想學術領域的分別上，唐君毅與徐復觀
有一致的意見，但徐復觀卻點出政治真理由於民意左右而出現的
相對性：

> 站在政治的立場來說，任何學術上的真理，只能作為一個
> 可以變動的相對真理；政治對學術真理，實際也只能負相對
> 的責任。[28]

在徐復觀這種觀點下，也有一種屬於常民、庶民的集體赤裸存
在，甚至認為儒家的人文主義應當承認此種以眾多個人為生命表
現的價值。在以「量」為主的政治領域則是以尊重此種共通性的
生命為核心價值：

> 人文精神，首先承認「生」即是價值，「生」是第一價
> 值。其次，再要求「生」得如何有意義，這可以說是第二價
> 值。第二價值必須安頓於第一價值之上，而不可繞過第一價
> 值，以談第二價值。尤其是以社會為對象的時候。以「生」
> 為第一價值，是對於「生」的當下承認，亦即是對量的當下
> 承認。[29]

然而，當說明民主政治的目標時，徐復觀先是承認民主政治不必
預設儒家精神（即使從希臘時代起到現代的民主國家這一歷史發
展看，這也是事實），也承認政治是整個人生的「全」的一個部

28　同前書，頁168。

29　同前書，頁170。

分，但卻又肯定民主自由的政治形態是儒家精神的體現：

> 儒家精神、人文精神，從某角度說〔……〕也是民主自由
> 的根源；而民主自由，也正是儒家精神，人文精神在政治方
> 面的客觀化，必如此而始成其全體大用。〔……〕今日真正
> 把握住儒家精神的人，應以實現民主政治為己任。30

徐復觀這一立場又與唐君毅、乃至牟宗三的立場吻合。如果回到
徐復觀的學術與政治分離說，引文中所謂的儒家精神，仍舊涉及
政治領域中的價值選擇，亦即道德化的政治方向。政治的常民或
庶民價值既不排斥道德價值，卻也在此一論述中分成兩環：一是
作為政治領域的基礎，來自庶民生命的多元性，二是庶民生命可
發展到促成「人生的全體」，發展人格。

　　唐君毅與徐復觀兩者觀點差異中有共通性，知識分子文化與
庶民文化之間可以有分別，卻未必是對立的；兩者對於政治的文
化基礎，有不同的理解，但也可能只是在語意上有必要調整。徐
復觀認為，政治作為一個獨立的領域，基礎在於民意，亦即，多
數不確定之個人組合成的常民、庶民，如此才能肯定民主體制的
獨立意義。唐君毅認為，政治作為一個獨立的領域，必須被安置
在文化與價值體系中，如此才能限定政治的影響範圍，避免極權
政治的發生。兩者對於政治的獨立存在都同樣不排斥、不否定，
也進而釐清是否有文化思想的政治責任，避開政治干預學術思想
自由的困擾。但唐、牟、徐三位都一致以儒家價值為依歸，也都
同意儒家精神雖然不否定民主制度，甚至可支持民主自由，不過

---

30 同前書，頁175-176。

在歷史上並未建立民主制度。在論述民主政治的發展方向上，三位先生卻都認為需要加入以人格、道德修養為生命目標的儒家價值。在這一點上，新儒家內部的三位先生並沒有爭議。

然而，我們若從現代性的回應來看，徐復觀或許因為參與過實際政治，似乎更接近民主的現代性觀點，他直截了當地承認民主的庶民性格。在1953年唐君毅的〈學術思想與民主自由——答徐復觀先生〉刊於《民主評論》第四卷十八期後，徐復觀隨即以〈學術與政治之間〉為題在《民主評論》第四卷二十期回覆，特別針對第一義與第二義的可能誤解提出釐清。透過與徐復觀的對比，可以更清楚地衡量唐君毅為何主張政治的間接形態。徐復觀在政治領域的獨立上，採用現代性的觀點，直接承認民主政治的庶民基礎（民意），只是他證成的理據是庶民的生命（但或許須注意「眾生、多樣化的生命、人生的全體」這三者概念應有區別），在「尊生」的價值上肯定政治、乃至於民主政治。然而，唐君毅面對現代性，卻有間隔的一層曲折，政治論述不是直接肯定現代的民主政治，而是間接地在綜攝（乃至判教）意義下論述政治的必然性。

唐君毅呈顯出古典主義的傾向，他費了相當的工夫剖析現代精神與古典精神的差異，而更將共產主義的問題當作是西方現代文化的共同問題。思考共產主義威脅下所造成的文化與政治問題，也等同於思考西方現代性的問題。在這一點上，他指出：

> 我們正當認取近代文化以前之古典的希臘、與中古文化精神之真實價值，以為構成世界人類之未來文化之圖像之憑藉。我相信，我們只有真擴大我們之眼界，以平觀西方近代文化思想與古典思想之價值，而不只以近代思想之標準為標

　　準，我們亦才真具備一涵蓋西方文化精神的氣概，而更能充
　　量接收西方文化之長。[31]

這一說法間接地處理政治領域的存在，也引入文化衝突的元素。
唐君毅的選擇十分清楚，他期望解決衝突的方式也具有一種間接
迂迴：在西方現代文化的危機中，尋求能夠解除此危機的古典元
素，而在中國遭遇西方整體（包含軍事、經濟、政治、文化、思
想）的挑戰所導致的挫敗中，則是同樣尋求中華文化中的古典元
素，特別是儒家元素，尋求度過危機的可能。這種朝古典主義挪
移的現代性回應，也包含著自作主宰要求中的自我關係調整。表
面特徵是以內在性來吸納所有的危機，道德的內在性意味著儒家
價值的重新肯定，政治內在性意味著國家的建立。面對西方現代
性的衝擊時，在解決矛盾的方向上則是將此一內在性朝外開放，
道德價值與國家體制也進入此種外部性的動態，國家是道德內在
性的客觀呈現。

　　唐君毅的調適模式有一雙重的曲折：雖然回應的策略是以古
典主義為依歸，但實際上則是對於傳統的價值元素進行撞擊，強
迫傳統元素回應西方現代性的合理性，藉著西方古典精神來間接
地回應此一現代性，而在「綜攝的創造」這種指向未來的目標
下，傳統儒家價值元素也在疏理中有一價值重估的可能。

　　若追究這種價值重估的可能性條件，則必須回到隱藏在傳統
價值這一特殊元素下的普遍元素。從表現形式來說，普遍性的要
求展現在中西文化會通的想法上，這種想法又按照文化的整體性
以及道德自我的普遍性來組構。若單從極度化約的「中國」、「西

31　唐君毅，《人文精神之重建》，頁301。

方」這種籠統畫分來看，即容易批評唐君毅落在二元對立的框架，進而推論出他並不能真正面對文化多樣性的事實，例如，非洲、阿拉伯世界、東南亞、中南美洲的存在似乎完全被忽略。更何況，中國一詞本身已經帶有高度多樣性的詮釋可能，西方（如果以歐洲中心論來看待）一詞也無法涵蓋從種族、宗教到民族國家的多樣性。甚至，民主作為一個西方現代政治的標籤，也僅僅是用於英國、美國、法國、德國等少數「西方國家」，而其民主的形式也都全然不同，並保有各自的歷史特徵。不過，與其重新強調這種局限，並認為民主政治源自歐洲強權，迫使中國統治形態進行改變，不如檢視民主的政治形態為何與如何仍舊在當代中國政治論述中，取得正當性。唐君毅的作法正是從普遍性的道德基礎來證明文化的全體性範疇，繼而談全體中的政治領域。唐君毅的作法是否符合普遍性的要求，是一個問題，而文化是否能夠承擔此整體性範疇也是問題；但這些問題有開放性，他的模式並不是只受限在傳統保守主義標籤下，卻更能夠從此普遍性與開放性來重新思考。

　　接下來將針對此一政治要求，檢討唐君毅從儒家精神出發的倫理政治圖像。

二、生命與理性

　　無疑地，國家與民主政治居於唐君毅具體的政治論述中的核心位置，分疏地說，政治體的構想以民族國家模型，政治制度則以民主制度為選項。考量中國文化特色的民主政治時，則是將整套政治秩序建立在道德秩序上。相對於古典的神學政治論，唐君毅的想法類似於牟宗三，可稱為倫理政治論。「倫理政治」意味

著「政治具有倫理性」、「倫理具有政治性」的雙重意涵。

（一）自我超越與自律

從理論模型來看，唐君毅清楚地表陳自己揉合康德與黑格爾的哲學理路，從康德的道德理性出發，注意黑格爾意義下全體性範疇透入文化的多樣性表現，但不將這些多樣性當作一種貫串的秩序，而是以道德為核心，表現出平列的不同形態[32]。這一種融合的形態以道德自我為核心，特徵是自覺、自我決定與自我超越。面對現代性的回應，唐君毅主張的自作主宰，在本質上與道德自我的自我決定、自律是一致的。

唐君毅將文化現象歸於精神現象，歸結唐君毅對精神活動的界定，包含以下特點：（1）不同於一般心理活動；（2）有自覺的理想或目的，精神活動是「自覺的求實現理想或目的之活動」；（3）實現理想即實現價值；（4）理想的實現是實現客觀自然、客觀社會[33]。唐君毅一貫地將Idealism（Idealismus）解釋為理想主義，取Idea與Ideal的兩義，但為何強調「理想」呢？雖然像是保留目的、未來的面向，其實重點落在「理想實現」的實踐意義上；故而，這種精神活動帶有費希特（Johann Gottlieb Fichte, 1762-1814）的「事行」（Tathandlung）的意涵。在結合主觀活動與客觀活動的統一上，唐君毅又沿用黑格爾的絕對精神來稱說，尤其在心理與身體的關係中，也直接假定一種身心合一的關係：「吾人實現此理想之志願，卻能貫通於吾人之自然生命，並指揮命令

---

32 唐君毅，《文化意識與道德理性》，另收入《唐君毅先生全集》，卷20（台北：臺灣學生書局，1986），頁12-15。

33 同前書，頁30。

吾人之身體動作，以發生一對所謂外在之自然界或人間社會，求有所改變之行為。」[34]在這一觀點中，他不僅反對自然或社會條件的決定論，也反對主觀唯心論；唐君毅不採用「觀念論」而用「理想主義」一詞來翻譯Idealism，強調理想主義與唯心論在中文翻譯上的差別，則是回到他對精神實現理想的解釋上。唐君毅的解釋直接肯定經驗上的身心合一，他用客觀與主觀的合一來舉例，但沒有深談這種合一的基礎。儘管舉例並非真正的說明，值得注意的或許不是論證的漏洞，而是信念的陳述。唐君毅陳述精神內部的理想與實現具有主觀設定與客觀化的關係，這種絕對精神帶入了全體性範疇。

其次，精神的普遍化以「理想」來表現：

> 當吾人真自覺的依理性以形成理想時，吾人可在形成理想時，即知此理想為當普遍化於他人或社會之理想，並或已為吾人自覺的求其普遍化者。因而此形成理想之個人之心，自始即為能涵蓋他人或社會者。[35]

按照這樣的解說，精神涵蓋他人或社會，便是對外在條件、客觀條件的肯定；自然生命、身體、物質、社會被肯定為實現理想的必須條件，也在肯定精神的實在性時，同時肯定外在條件的實在性。此種論點也不同於主觀唯心論，似乎意味著這是能夠包含客觀觀念論與實在論的絕對理想主義。

絕對性，在中文字義想像中，能夠絕除相對性、泯除能所與

---

34 同前書，頁31。

35 同前書，頁32。

對立，在唐君毅的絕對精神設想中，似乎也是如此。他所強調「理想超越現實」、「肯定理想的意識或自我」、「超越意識或超越自我」[36]，也可在此意義上成立。從另一方面來說，超越意識的實在性，唐君毅認為可以就當下生活得到證實，他引用木匠斧鑿木材為例，製作木器的「理想」，是一柏拉圖意義下的 Idealism（相論、理型論）——理想主義——所見。

以「當下生活」來證實，或許不能看作單純的經驗提供，唐君毅同樣提到「精神的創發活動」：「吾人欲了解吾人之有一超越的自我，最好自吾人精神生命力劍盛發皇時，在吾人不息於創發新理想之生幾上，直接反躬體驗此超越自我之存在。」[37]反身地直接體驗，並不是一種提供先驗演繹的作法，相反地，是取決於生命感；隱藏在生命感背後的，是大易生生不息的創造活動。問題是，究竟這種超越自我有先驗的生命，並且提供基礎給直觀的生命經驗，還是直觀的生命經驗實現了這個超越自我呢？唐君毅結合宋明理學的詞彙，用「性理」來等同於「理性」：「此性理或理性，即不斷生起創發一切具普遍性之理想之超越而內在的根原。」[38]事實上，理性、性理與超越自我、精神自我、道德自我幾乎是同義詞，或至少是同構關係[39]；若深究兩類用語的關係，在宋明理學中，涉及「性即理」與「心即理」的分辨。但在「不斷生起創發」與「超越而內在」這兩組形容「理性」的詞彙中，呈現了一種弔詭的動態性。

---

36 同前書，頁33。
37 同前書，頁35。
38 同前書，頁36。
39 同前書，頁19。唐君毅認為，理性是超越自我的本質或自體。

　　唐君毅在先驗的（transcendental）意義下，設定了理性的永恆性（「恆常悠久」）[40]；「超越自我」像是「理性」的同義詞，兼具永恆與悠久兩層意義，既像是超越時間，但又在時間中經常地出現。「超越自我」包含動詞與名詞兩種涵義，前者表示自我的超越動作能夠超越自己，後者則接近康德的先驗我（das transzendentale Ich）；而其中的關鍵在於：超越自我能夠對已成現實的自我「加以涵蓋而主宰之」[41]，故而重點在於「主宰自己、改造自己之道德的自由」[42]。這似乎也是前述「自作主宰」的深層根據。

　　衡諸唐君毅的這一理論出發點，文化的證成來自對自然世界的超越，但並非斷裂；道德的自由意志則是對於自然中的人存在的超越。儘管，唐君毅明白表示理性與性理有同義性，這是根據宋明理學的脈絡，同時也繼承了康德、黑格爾所帶入的西方現代性。從意志自由來證成文化以及政治領域，並不是古典政治哲學中柏拉圖或亞里斯多德的立場。他從權力意志切入談論政治意

40　悠久，是唐君毅關心的主題之一，在《人文精神之重建》中有〈西方文化中之悠久問題〉、〈西方哲學精神與和平及悠久〉、〈中國人之日常的社會文化生活與人文悠久人類和平〉幾章處理此問題。論述脈絡則扣在康德的《永久和平論》談人類的悠久存在，但觸及的悠久或永恆的問題則涵蓋了柏拉圖、亞里斯多德、康德、黑格爾、基督教。在民主、自由之外，唐君毅點出和平、悠久也同樣是基本理想，高過平等、公道、安全、福利等理想（《人文精神之重建》，頁11）。悠久，在漢語詞彙中，與永久、永恆略有差別。康德的《永久和平論》（*Zum ewigen Frieden*）裡面的「永久」，在德文ewig，便有永恆的意義，然而謝林指出，拉丁文有aeternitas（超乎時間、無時間性；Sein in keiner Zeit, in Schelling, *Sämtliche Werke*, 1: 202）與aeviternitas（時間上不斷的持續；Dauer von einem Dasein in aller Zeit）的分別。按照這個分別，若永恆性意味著神性物超越時間，悠久則可以指稱世間物在時間上的延續。

41　唐君毅，《文化意識與道德理性》，頁36。

42　同前書，頁37。

識，原本就是一個尼采的立場，但是他強調「意識」的說法，卻像是仍舊停在黑格爾意識哲學的階段。或者毋寧說，雖然站在後尼采的當代，但他的哲學典範仍舊是前尼采的康德、黑格爾，這並不是他昧於哲學發展的歷史，對於當代重要的思想指標——馬克思、佛洛依德、尼采、海德格——，他並不陌生，但他反思後的抉擇是康德與黑格爾。他以德國古典理想主義來指稱從康德到黑格爾的思潮，但哲學模型則是康德與黑格爾的混合體。在政治哲學的構想上，他也是沿用霍布斯（Thomas Hobbes, 1588-1679）—黑格爾的模式。

這種哲學模式的選擇，對於他建構文化哲學體系的目的來說，是合理的。若以亞里斯多德為一個參照點，現代西方政治哲學，自霍布斯後，便假定自然狀態作為政治的一個起點（儘管是虛擬的），但政治體制建立在對此自然狀態的克服與遮蔽[43]。亞里斯多德則承認人有天然的不平等，這種不平等（公民與奴隸的分別）不妨礙城邦是最天然的結合；這種想法假定了世界全體與人類心靈的自然和諧。不同於古希臘的亞里斯多德，啟蒙時代以後的康德以意志、道德意志為前提，他的實踐哲學（包含政治哲學）承認道德法則的優先性，道德的自律提升了道德法則的尊嚴[44]，所建立的社會不是以自然律為範本；相對地，即使自然科學談論自然律，但科學知識把人放到自然之外，自然是被人所克服、征服的[45]。亞里斯多德或者希臘人所謂的城邦（polis, city, city-state），固然有不同的模式（雅典、迦太基、斯巴達），但並不像

---

43 Strauss, *The City and Man*, p. 43.

44 Ibid., p. 40.

45 Ibid., p. 42.

現代的觀點嚴格畫分社會與國家（state）的不同[46]。自康德、黑格爾、馬克思以後則凸顯社會的重要性，也同時使文化居於優位，文化成為國家的母體[47]，這是現代性的特徵。從這個角度來說，唐君毅談論政治領域的假設、基礎都是現代的。然而，與史特勞斯對現代性的拒斥略有不同的是，唐君毅透過文化作為整體性範疇，希望建立的是符合中國古典主義的儒家政治觀。

　　本章第二節已經指出，唐君毅這種思考模式，並非單純地回歸古典主義，對他來說，是使得中國古典精神接上現代，而使西方現代精神通向古典，這種雙重的疏導與扭轉蘊含一種普遍性的要求。唐君毅借用本末或一多的比喻來指陳普遍的超越自我與文化的關係，他認為，道德自我是一、是本，文化活動是多、是末：

　　　　中國文化過去的缺點，在人文世界之未分殊的撐開，而西方現代文化之缺點，則在人文世界之盡量的撐開或淪於分裂。〔……〕我希望中國將來之文化，更能由本以成末，現代西方文化更能由末以返本。[48]

在道德與文化這一現代模式下，唐君毅體系性地而且歷史性地安置中國文化與西方文化。不過，對於史特勞斯來說，歷史性的導入也是一種現代性的特徵；在這一觀察下，他批判歷史主義的進

46　Ibid., pp. 30-32. Hannah Arendt, *The Human Condition* (Chicago: The University of Chicago Press, 1969), p. 28.

47　Strauss, *The City and Man*, p. 33.

48　唐君毅，《文化意識與道德理性》，頁6。

步觀[49]，或是指出歷史思維的興起，亦即，古典希臘在自然與慣例（convention，約定俗成）之間的區別，在現代被自然與歷史的區別所替代[50]。鄂蘭也指出，馬克思將黑格爾的辯證方法轉變為辯證意識形態，歷史變成一個自足的過程[51]，勞動的邏輯反而遮蔽了政治的行動意涵。

政治領域以權力、權力意志為核心，這種權力意志以超越的道德自我、理性心靈為基礎。除此之外，權力意志具有客觀價值；承認他人存在，可克服單純主觀性，這正是客觀性的表現。唐君毅的論述類似是一種康德式的先驗演繹，並從兩方向來證成：一是權力意志並非個人意志的存在，而必須預設他人意志的存在與相互承認[52]；二則是有一辯證的推導，在相互承認的基礎上，導出客觀精神，亦即，從此具有對立與矛盾關係的相互承認，抽離出超越兩者的普遍性超越意志（超越自我）。這一論述其實游移在兩端，不直接從公共意志出發而演繹出個人意志與客觀意志、客觀價值，相反地，傾向於從個人意志的存在合理性，拉出一個後設發現的過程。

故而，唐君毅指出，人人單純的平等地具有權力意志，將形成平等的相互對抗（亦即，霍布斯式的「每個人與每個人交戰」），使得「無一人能最有權」（如鄂蘭所言 no-man-rule）[53]。但

---

49 史特勞斯攻擊歷史主義建立在兩點批評上：（1）相對主義的危險；（2）對進步的信仰。

50 Strauss, *The City and Man*, p. 16.

51 Hannah Arendt, *Between Past and Future*（New York: Penguin, 2006），pp. 31-32. *The Promise of Politics*, p. 75.

52 唐君毅，《文化意識與道德理性》，頁185。

53 Arendt, *The Promise of Politics*, p. 77.

唐君毅不走向契約論的權利讓渡說，而直接跳到權力價值與其他價值的抗衡、承認、退讓。限制權力意志的不是另一個權力意志，既不是如霍布斯所論為了讓主權成立的權利讓渡，也不是如盧梭（Jean-Jacques Rousseau, 1712-1778）所論的普遍意志，而是其他的非權力價值：

> 唯幸人類除其主觀之權力意志之肯定權力價值外，復肯定其他價值，而有客觀上共同肯定之價值，然後客觀之權位、人類社會政治之組織以成。[54]

能夠制約權力意志的，是客觀價值，其中有三類：欲望、意志行為可分享者、意志行為的道德價值。相應這類客觀價值，形成客觀的場所與身分地位，分別是勢位、能位、德位[55]，故而在權位之內部還有三種層次的位。

　　不過，其他價值的出現，如同他人的存在，是被當作事實來看待，並不像是一個理論的基準點。論述推移到個人主義外、意志的獨我論之外的客觀必然性，透過發現他人、其他價值存在來揭露更深刻的基礎。就辯證的運用所及，單一事實或片面的意識狀態在追求合理性時，是從普遍性來發現對部分性、特殊性的否定。唐君毅關心的是從事實轉向合理基礎的論述，因此，他人或其他價值的承認不再被當作演繹的必然環節，否則，「如何有他人、其他意識、其他價值？」這類問題會像是節外生枝。在此，論述目的是促使辯證運動進行，藉以消融矛盾，產生新的領域。

---

54 唐君毅，《文化意識與道德理性》，頁191。

55 同前書，頁203-204。

他人存在，是對主觀權力意志的挑戰與限制。其他價值的存在，促使政治的權力價值受到限制，而意識到客觀價值對權力價值的否定，鼓動意志自我的超越，進而使得公共意志與私人意志的張力得以拉開。

（二）公共領域的開展

　　從個人到公共組織的論述進程，唐君毅插入新的起點：公共目的。公共目的出現並非從發生學的角度說，而是從目的論來看。唐君毅用意是設定公共目的，以消融私有目的，亦即，如何在超個人的組織中揭露公共目的的存在，以作為此團體存在的可能性基礎。因此，唐君毅並不是談個人必定將放棄私人目的，而是說，團體的存在仰賴公共目的的出現：

　　　人在互識其欲望與私的目的後，則各漸超拔其欲望與私的目的，而有一「兼滿足個人之私」之公的目的之形成。而一組織或一團體成立時，即人已能互識其私的目的，形成一公的目的之時。[56]

這一說法的反面表述是，如果缺乏此種公共目的的出現與承認，則公共組織與組織規範不可能成立[57]。是否從此種說法可以拉出一種公共領域的論述呢？恐怕並不那麼容易。原因在於全體性範疇的浮現與國家概念的建構。

　　唐君毅將組織團體與權位結合在一起來看，因此，組織團體

56　同前書，頁207。

57　同前書，頁208。

的內部分化形成的階層關係，被黑格爾式逐步上升的普遍性所涵蓋，客觀性高也反映為客觀價值高，愈加符合公共目的。對於領導權威的形成，他認為有屬於公共與全體的合理性。破除威權的作法是「尊位賦權」，亦即，是根據全體裡面階層化的位而承認相應的權力。他沒用到「主權」這類的用語，因為，在此階段還沒有國家的概念出現，但「領導權威」的概念已經隨「位、權」的概念出現，領導人物的正當性源自團體中每一分子照顧全體的意志[58]。唐君毅跟隨黑格爾式的辯證國家論[59]，他認為公共目的本身也可根據特殊性與普遍性再進行畫分，國家才真正體現普遍的全體性，有關國家的概念，可摘要為以下三點：

（1）國家是比社會各團體更高一層的團體[60]，統轄各種團體而形成全體性[61]。這種全體性有一自足性[62]。

（2）國家與各種社會團體的關係，如同統一的理性自我與涉及他人、組織的各種理性活動。國家的存在是統一的理性自我尋求客觀化表現的必然要求[63]。這種論點建立起人格的統一性與國家的整體性兩者間的類比關係。進而從此推論出：道德意志客觀化

---

58 同前書，頁211。

59 唐君毅也充分表露他與黑格爾的分歧處，其中包含以國家成立的客觀精神源自道德意識的主觀精神，國際和平的天下一家理想、反對黑格爾國家至上的觀點；分見《文化意識與道德理性》，頁235、264、268。唐君毅認為避免戰爭侵略的癥結在於節制權力欲，而節制的關鍵來自道德意識，亦即，以教育文化為本，發展理性自我，隨文化教育而奠定政治的道德基礎與界限，促進和平的方案奠立在政治外的道德意識上。

60 同前書，頁217。

61 同前書，頁225。

62 同前書，頁293。

63 同前書，頁218。

為國家[64]。

（3）政治活動最終的目的是建立國家[65]。

在這一論述基礎上，唐君毅分別仔細地討論了政府、人民、主權、土地與國家的關係，尤其在談人民作為國家基礎的論點時，解釋了政府與國家的區別。他主張國家的必然性，即使承認革命的可能性，但認為政府可被推翻，而國家不可推翻[66]。這是將政權與治權分離的觀點，他將理性人格等同於國家整體的論點，帶有神學政治學的性格，卻可能阻礙他思考國家名號與疆域的當代問題。

從唐君毅的憂患處境中具體地看，他的基本模型是「中國」。當他承認國家是存在於「縱貫的時間流」裡面，他想像的是「在時間中存在之國家中各代之人」，理性的超越時空保證了一種跨越時空的希望。國家建立與長久維持的要求明顯反映著時代的氛圍：

> 過去無數代之人，本其理性自我道德意志之求客觀化，以建立國家之際，必望此國之長保，望後代之人皆同有此保國之意志活動〔……〕。
>
> 一念欲建立國家，亦無異與古人在共求其理性自我與道德意志互相貫徹之意義下，覿面相遇。結為一體。
>
> 吾人又如何能發思古之幽情，欲保存歷祖歷宗所曾建立之國家並有傳之萬世之心願與努力？[67]

---

64 同前書，頁262。
65 同前書，頁228、231、264。
66 同前書，頁247。
67 同前書，頁261。

這一組說法固然符合《論語》「興滅國,繼絕世」或張載（橫渠,1020-1078）「為天地立心,為生民立命,為往聖繼絕學,為萬世開太平」的說法,也符合保衛國家的基本需求,但實質上是從倫理政治的論點發展當代的理性國家觀。

然而,在哪個意義下可以說國家具有延續性呢?按照道德意志客觀化的假設,一旦這種道德意志的狀態改變了,難道客觀的集體秩序不也同時改變了嗎?國家的政體若產生了巨大的改變時,還能夠將此國家當作原來的國家嗎?

古典政治哲學論述下的亞里斯多德,雖不採取現代的康德式理性為政治基礎,但他認為實踐智（prudence, phronesis）涉及到全體的人類福祉（人的善）,同樣帶有道德與政治秩序的同構觀點[68]。如同史特勞斯所分析[69],當政體改變時,城邦的形式改變了,這種改變也將使得某一城邦變成另一城邦。唐君毅的論點固然有助於理解國家建構的正當性基礎,但對於國家的轉變,恐難說明,尤其在當代的意義下,悠久長存的國家究竟有何意義?——這一點有兩方面的反思可行,一是從國家與個人的類比出發,將國家理解為斯賓諾莎（Benedict de Spinoza, 1632-1677）所言的「奮力」（conatus）概念而成,「堅毅地保存其存在」[70],二是從世界公民主義的角度來看,憲政國家是世界共同體的一分子。不過,對於國家這種共同體,甚至設想民族國家的單一性說法也難以引起共鳴。

基於這種考量,我們或許可以集中在兩個問題上,稍作討

---

68 Strauss, *The City and Man*, p. 28.

69 Ibid., p. 46.

70 Baruch Spinoza, Éthique, tr. Bernard Pautrat（Paris: Seuil, 1980）, III, Prop. 7, pp. 216-217: "in suo esse perseverare conatur"（s'efforce de persévérer dans son être）.

論：

(1)「建國」的涵義。

(2)倫理政治與生命政治的問題，特別是在公共意志或公共意識下共同生活的關鍵問題。不只是誰統治誰的問題，也是誰與誰共同生活的問題。

三、生命政治與倫理政治

承接上節所言，唐君毅集中精神於討論民主建國的哲學基礎，這一問題連帶地必須考慮民主政治與道德生活的問題。關鍵點在於道德生活的集體性與政治生活的集體性是否相吻合，從超越自我出發的道德生活，未必要展開平列的多元價值生活。唐君毅採用道德自我的客觀化來說明政治的必然性，但政治的行動何在？文化對政治所進行的限制設想，如何解釋人類的共同生活方式？

（一）「建國」的行動意義

唐君毅在探索政治的基礎上，雖然以國家觀念為整體性範疇的客觀展現，但寫作的情境是在20世紀50年代，當時中華民國政府已經撤退到臺灣，共產黨政權已經開始統治中國大陸。為何唐君毅筆下仍舊是民主建國的議題呢？從前面的討論中，我們可以理解，他的政治論述是為政治奠立基礎的思路，而「國家」的狀態並不全然是「既成的狀態」，在寫作的語氣上，對於國家的建立仍有不確定性。儘管唐君毅對民主的信仰堅定，也證明國家的理性基礎（作為統一的基礎），但對於實際的國家未來狀態，似乎並沒有明確的看法。

1951年載於《祖國周刊》的文章〈論今後建國精神不相應之觀念習氣〉一文的標題，點出他努力的方向是，提供符合「今後建國精神」的相應基礎——道德意識[71]。到了民國建國四十年了，為何還有建國的問題呢？事實上，「建國」一詞在唐君毅書寫的當時幾乎是不言而喻，具有必然性與歷史的傷痕。但今日重新思考也有值得探問的層面，「建國」意味著「建立國家」，而「建立」有三重意義：（1）尚未建立起來的意義下，一個新的構造物、體制有待於「建立」，（2）拆毀後的重建，一個被破壞的構造物須「建立」，（3）有一個新目標（待完成的目標）等待達成，一個局部地的建築物仍舊處於須「建立」的過程中。我們很難單純地在這三種意義中選擇其一作抉擇或判斷。

但若是借用鄂蘭的分析，或許可以看到不同的意義。鄂蘭認為政治活動的本質既不是沉思、也不是勞動，而是行動[72]。在政治行動上，她認為羅馬遠比希臘更能凸顯「政治行動在於城邦（civitas）的奠定與保存」[73]。在憲政的意義下，奠定基礎是創制的行動。她也引述西塞羅（Marcus Tullius Cicero, 106B.C.-43B.C.）的說法來證明，奠定新的城邦或保存既存的城邦是人的德性中最接近神聖性的[74]。行動，在結合著「實踐」（praxis, prattein, to carry something through）與「統轄」（archein, to begin, to lead, to

---

71 文章收於《中國人文精神之發展》一書；以道德的政治意識建立民主憲政，根據的是理性心靈，這是唐君毅一貫的立場：「發展出一真依理性心靈，道德心靈的民主的建國精神。」見唐君毅，《中國人文精神之發展》，頁186。

72 蔡英文，《政治實踐與公共空間》（台北：聯經出版公司，2002），頁54、61。

73 Arendt, *The Promise of Politics*, p. 47.

74 Ibid., p. 49.

rule）[75]，是開創新局的作為。鄂蘭認為這種政治的實踐義符合羅馬的自由概念。

　　唐君毅雖然總是落在精神面來談，但是，「建國精神」所呼應的卻是一種政治的開創行動。若以1964年文化意味更濃厚的「花果飄零」與「靈根自植」的說法來對比，滿懷山河破碎、流亡者無家可歸，從文化到政治的失望痛苦，卻又能轉出有希望的「靈根自植」。其中的思想連續性仍是以文化為核心價值，但「自植」的轉折從政治的「建國」成為「民主制度」的堅持，他在1972年新亞書院的講話[76]，仍舊守護以民主為依歸的信念。如果要思考唐君毅從「民主建國」到「靈根自植」的些微差異，雖然不能不注意在政治領域與文化領域上發言的不同，但糾結的文化政治問題並不能清楚劃開。承接以文化證成政治、限制政治的基本命題，唐君毅所謂的「靈根自植」，容許一種具有政治意義的解讀，亦即，在重新奠定政治的基礎上，開創新的政治體制。一旦新的政治體制建立在以道德價值為核心的民主制度上，那麼，唐君毅心目中的國家才被建立起來。

　　通過這一過程，回頭來看1951年的〈論今後建國精神不相應之觀念習氣〉，文化的政治性也成為此種「建國」主張的獨特內

75　Arendt, *Between Past and Future*, p. 164. *The Promise of Politics*, p. 91. *The Human Condition*, p. 177.

76　原標題甚長，〈中國現代社會政治文化思想之方向，及海外知識分子當前時代之態度〉，收於《中華人文與當今世界》（台北：臺灣學生書局，1988〔1975〕）（下），頁230-264。唐君毅歸結民國二十年以前的中國近代思想，提了五點基本觀念：民族主義、中國傳統文化、社會主義、學術文化自由、民主政制，總其名為「人文民主社會主義」，又縮減為「人文社會主義」、「人文主義」（頁245）。

涵，「為今後中國之民主憲政，奠立思想基礎」[77]，這種說法實際上導向一種以中國文化精神為基礎的現代民主憲政。因此，唐君毅在談「今後建國不相應的觀念習氣」後，隨即撰寫〈理性心靈與個人，社會組織，及國家〉一文來補充，寫作目的表明要使得「個人、社會團體組織、與國家三觀念之配合貫通，以與中國文化之根本精神相契合」[78]。這種作法有雙重批判的效果：反省中國的缺點方面，自傳統習得的既有觀念不足以建國（直接以天下為己任、視國家為有機體、只重政黨與政府組織、重民族輕國家、以國家為個人工具）；面對外部挑戰的方面，指出西方個人主義、社會主義、國家主義的缺失；批判地綜攝兩方面，克服各式內外缺點，才進而導出建國的政治意識。

如此看來，唐君毅所謂的「建國」其實指向政治的奠基性意識。政治，不是以現實政治的經驗為限，而更需要思考政治如何奠基；政治是基於一種眾人共通的基礎而被構成，並非一個依賴自身存在的單純獨立體。國家的建立是根據「統一的理性活動求客觀化的要求」[79]，這一理性就是貫串文化意識的道德理性。以文化作為政治的基礎，則凸顯政治領域中文化的重要性（例如，政治運作中的文化因素），也將政治置放於文化領域內（政治從屬於文化、受文化限制），顯示出政治與文化在異質中又相合的獨特關係。

---

77 唐君毅，《中國人文精神之發展》，頁197。

78 同前書，頁199。

79 唐君毅，《文化意識與道德理性》，頁198。有關「建國」的討論，參見黃兆強，《唐君毅的歷史哲學及其終極關懷》（台北：臺灣學生書局，2010），頁75-80。

　　然而，流轉於政治與文化之間的權力關係如何配置，如同前述的政治體制問題，唐君毅並未有明確的解決。若以〈理性心靈與個人，社會組織，及國家〉所提的承擔精神為準，唐君毅的說法似乎仍舊抽象：

> 　　最高的天下為己任，即是站在我自己當前的社會地位上，把天下國家的責任承擔起來。〔……〕每人之建國的精神志氣，雖可涵蓋天下國家，然而每一個人，亦盡可只做他分內當作的事。只要此事是當作的，合理的，而可與一切人所當作而合理之事，配合貫通，以達於建立社會國家之目的的，即是建國之事。80

世界公民意識結合著國家意識，兩者的基礎都共同回返到連結政治奠基的道德意識，在個人意識中便蘊含著全體性的意識，每個個人與其他個人在全體性的涵蓋下緊密相連。就個人的極致壓縮而言，不斷離開此個人與其他人的網絡關係，有個人尊嚴的維護。就集合眾多個人形成的全體而言，並沒有鎔鑄於一人的集權傾向，全體性不是直接的全體性。唐君毅維護民主的防火牆也設立在此政治奠基的個人意識上：不是以自上而下的、「以拯救斯民而直接以天下為己任的精神」，因為這不是民主的精神；相對地，「民主的以天下為己任之精神，是就我自己當前的地位這裡，把天下國家的責任承擔起來，而不是把我之心靈直安放在天下之上。」81防火牆的意義在於，以道德上的全體動員來隔絕、避

80　唐君毅，《中國人文精神之發展》，頁238-239。
81　同前書，頁238。

免政治上的全體動員，道德上的全體動員可以建立文化的多元性（按照個人的社會地位而分化）。

　　但政治奠基的思考落在實際運作與歷史過程上卻是另一回事，是否真可順文化奠基與道德節制的此一路向而成立，卻不無可疑。建國的意義，按照唐君毅的理解，確實具有政治行動的奠基作用。社會組織作為連結個人與國家中間的間接環節也繞開了直接的全體性，導出了「社會性」與「政治性」的差異。文化對於政治的奠基，實際上插入了經驗的調解，亦即，在實際操作上取決於文化的詮釋。否則將面臨兩難的困境：個人意識直接地融入全體性，或抽象地從全體性割裂，這兩種可能性始終存在。這一困難既可說是唐君毅理解的倫理政治的獨特處，卻也是其內在局限處。相較於中共建國後種種泛政治化的運動，將全體國民納入政治動員中，流亡海外的唐君毅其處境和見解都深具抵抗與批判的力量。若從可發揮的積極面來看，從政治行動聯繫到政治共同體的思考也值得探究。

（二）政治共同體

　　鄂蘭與唐君毅十分不同的地方是，唐君毅從個人的道德意志引出普遍的超越自我，在設定公共意志或他人意志時，轉到社會組織與國家的討論；而鄂蘭則在檢視蘇格拉底與柏拉圖論述真理與意見的差異時，開宗明義點出政治處理的是眾多的人、群眾的問題，在政治中的關鍵是說服的修辭。鄂蘭關注共同體中的共通感（sensus communis, common sense），也促使她在重思政治責任的關鍵時，尋求的是判斷力，而不是立法的道德理性。這一個差別或許有助於標示出不同問題走向的旨趣。在政治生活中是眾人的共同生活，與眾人的交往形成公共領域，但鄂蘭認為，自由首

先是擺脫生活必需條件的束縛[82]，共同體的經驗也在保障自由，使自由得以在世間顯現[83]。唐君毅的考慮方式雖然不排斥自我與他人的共在關係，但並不是以單純生活的方式共同存在；政治核心的共同生活是在道德自我的覺察中共同生活。在引入人治、德治、禮治的傳統儒家價值時，唐君毅注重的是責任與尊重[84]；政治生活的統治形態可以與儒家德治的文化關係相容，基礎來自文化活動本身。但如同前面提到的，將社會與城邦（國家）分開，以文化取代城邦的作法是西方現代性的一環。

　　不過，唐君毅也有一獨特的超越論，在主張文化或道德對政治的超越中，他還有一「單純的人」的看法。淵源自孟子「天民」的想法[85]，使得唐君毅有「天地間之一單純的人」[86]之說，用以指陳可以不受國家、階級、宗教、種族束縛的單純人性狀態。在唐君毅眼中，天民的存在方式是：

> 人要先是一個人，而後是某國的人、信某政治上之主義的人；或某階級的人、或信某宗教的人。人對人招呼，便有禮，談笑聞聲，已是樂。[87]

這是唐君毅設想的天民的禮樂文化。我們可以用此想法來設想一

82　Arendt, *Between Past and Future*, p. 147.

83　Ibid., p. 153.

84　唐君毅，《文化意識與道德理性》，頁286-288。

85　《孟子‧萬章下》：「天之生斯民也，使先知覺後知，使先覺覺後覺；予，天民之先覺者也，予將以此道覺此民也。」《孟子‧盡心上》：「有天民者，達可行於天下而後行之者也。」

86　唐君毅，《中華人文與當今世界》（下），頁217。

87　唐君毅，《中華人文與當今世界》（下），頁215。

種原始的儒家政治構想嗎？一種遠比禮教、道德實踐、文化活動
更為基本的人的條件，並以此這種原始的人的條件來設想政治
嗎？

　　當代思考「赤裸的人」、甚至動物性的生命政治[88]，似乎對此
說法構成挑戰。一方面，我們認識到當代問題，將生命政治連結
到主權成立的條件上，另一方面，我們毋寧要思考的是：共同生
活的條件。政治領域的存在，揭示了人與人共同地有束縛地共同
生活。人的條件，不是單純的孤獨，或面對道德命令的獨對；而
是面對他人的存在、他人的面貌。國家或許在此種思潮下，不是
終極的獨立實體。天民的身分並不同於生物性的生命，相反地，
設想沒有國家認同、甚至文化認同的身分，卻不能否認人類必須
有一群體生活；天民作為一個個人的原始狀態，所指的是人與人
的原始遭遇。唐君毅設想的是此遭遇中主人與賓客之間的問候[89]，
亦即，款待、好客（hospitality）的關係[90]。道德的主體性也在這
一遭遇中發揮出來。在理性心靈、道德意識的前提下，唐君毅或
許會主張一種感通的共同體。但是這種感通的共同體有可能是神
學政治學體制，也可能是民主政治體制，甚至是以未來不可知的
形式出現。

　　從共同體的特性來說，以群體方式存在的人類，必須設想群

---

88 阿岡本思想根源之一的巴岱耶從內在性闡述動物性，動物在世界中，如同水
　滴在水中，「動物世界是內在性與直接性的世界」，見 Georges Bataille,
　Théorie de la religion, in *Œuvres complètes*（Paris: Gallimard, 1976）, tome 7, p.
　295.

89 唐君毅，《生命存在與心靈境界》（上），頁12。

90 好客原則與政治的討論，涉及主權與權力等問題，本文不及細究，問題意識
　則參考 Jacques Derrida et Anne Dufourmantelle, *De l'hospitalité*（Paris: Calmann-
　Lévy, 1997）, pp. 53, 63-67.

體存在的方式；人的存在，不停留在孤島式的個人存在，而是與
他人共同存在。政治表現出群體存在的生活方式。故而史特勞斯
指出：

> 政體是秩序與形式賦予社會的特徵。政體是生命作為共同
> 生活的形式，屬於社會、在社會中的生活方式，因為這種方
> 式決定性地屬於某類人的支配，取決於社會被某類人的明顯
> 宰制。政體意味著一種整體，我們今日習慣以片段方式粗淺
> 地看待：政體同時意味著社會的生活形式，社會的生活風
> 格、道德品味、社會形式、邦國形式、政府形式、法律精
> 神。[91]

按照這種說法，哪種群體的生活方式決定了哪種政體，而這並不
是生物性的，反倒是文化形式與政體的相應關係。單一的天民早
已經以某種特定方式與其他的天民共同存活著，他們彼此間的遭
遇、打招呼都有不同的形式，從聲音、眼神、語言、手勢、面部
表情都有這些生活形式的標記。政治上帶有文化的標記，道德秩
序並不能化約為權威統治的展現，勿寧更接近道德的生活形式[92]。
在此意義下，感通的政治共同體並非以神學政治學的方式開展。

　　但我們仍舊必須承認，生活形式會轉變，政體也會改變。唐
君毅保持文化與政治的適當區隔，容許在這種區隔中變化的空
間。政體不僅僅作為統治的形態，也是生活為某種統治形態的表

---

91 Strauss, *What is political Philosophy?*, p. 34.

92 David Pan, "Against Biopolitics: Walter Benjamin, Carl Schmitt, and Giorgio
Agamben on political Sovereignty and Symbolic Order," *The German Quarterly*,
82.1（2009）: 42, 58.

現；或者，統治者與被統治者的差異有變動的可能，這是生命在
共同的生活形式下所開展出的。唐君毅解說的重點在於：這種生
命從超越自我開向多元的他人與群體，並展現為文化的形態，藉
著文化與政治的差異，雖似對政治設下界限，但也在差異中撐開
多樣性的可能。在悠久（和平）的要求下，對於政治暴力有引導
轉向的作用。生活秩序的轉變依賴於共同生活中的各種平等人格
的交織。當壓縮到最基本人格存在的條件時，對壓制的抵抗有可
能發生，因為，在政治生活的形成與轉型中，必須仰賴單純道德
生命對政治行動的回應。但仔細思考人類存在的多元性仍舊是有
待補充的一個思想環節。

結論

　　唐君毅留下了豐富的政治思考，他在限定政治領域的意義
下，對政治的哲學基礎提供了相當辯證性的論述。就他所處理的
模式來看，則是轉接西方現代性進入中國的現代性，論述推展的
方向則是同時調整了西方與中國在遭遇中所迸現的傳統元素與現
代元素；他所強調的中西會通，是朝向共通的未來開放，這一未
來則是按照道德的超越自我所指引的方向投射。道德的超越自我
兼具理論與實踐意義，也在辯證過程中導入整體性範疇。唐君毅
所進行的政治哲學奠基思考，同時也是在文化整體性中劃定了政
治的領域。全體性則規範了政體的表現，在實際政體的構想上，
唐君毅在理論上接續黑格爾的國家論，然而他也有意識地融合自
由主義與社會主義的理論考慮，所形成的政治體是同時尊重個
人、社會、國家而成為一個整體性的政治體，落在他所處的具
體、歷史政治情境中則是凝聚為「民主建國」的表述。但是對於

民主的表現形式，或者是落實於憲政、法律構造等方面，或是對於政體與共同的生活形式如何得以轉變，並沒有太多的說明。雖然，文化價值的多元性可以推論出政體轉變的可能，但是唐君毅傾向於相信國家形態能提供穩定的政治生活，對於多元的國家形態並沒有更仔細的說明。這一部分的思考，唐君毅認為屬於政治的經驗內容與實際情勢，而不是他所關心的精神意義[93]，故而捨棄不論。然而，他推斷式地認為「如民主為和平之基礎，則人文主義即和平之更深的基礎」[94]，他的政治哲學充分流露人文主義的政治精神，也正是基於此，他重新詮釋現代儒家觀點來為政治奠基。

唐君毅並沒有深入地剖析統治形態對於生命造成的巨大轉變，他雖然清楚地意識到意識形態的政治操作，既影響了眾人的共同生活方式，也影響了個人的道德人格形成。對於統治技術的反抗，他並沒有如傅柯發展生命政治的特殊內在性觀察。但這並不妨礙我們可以從他的思維尋繹出有抵抗政治的力量，因為，抵抗政治的力量便來自塑造政治的力量，而限定政治也是一種政治行動。談論實際政治制度、政體變革、意識形態的戰爭等等，或許不是唐君毅的擅長處，但是對於政治的理性基礎，他的砭針刺到一些政治生活與歷史的痛處。政治行動有意識的基礎，也有根據文化意識的奠基；唐君毅的獨特處在於以個人、社會、國家的全體性結合倫理關係，鑄造一種獨特的現代中國民主政治體的構想。唐君毅的政治意識建構雖不落在經驗上，卻不是完全脫離經驗，但也確實對政治經驗進行了轉化。在此種轉化中，插入了倫

---

93 唐君毅，《中國人文精神之發展》，頁228。
94 唐君毅，《人文精神之重建》，頁433。

理性，因此，所轉化出的形態為倫理政治的形態；這種轉化也在
政治領域中產生間隔，以限定政治、為政治奠基這兩種條件為
準，使得政治行動受到文化意識的節制。文化的條件插入了社會
性，產生出一種共同體要求中的行動張力，使得倫理政治中秩序
的同質性有略微的偏移，疏導了倫理政治中崇尚秩序至上的反民
主危機。在政治文化的同構關係中，容納間隔與偏移，也在政治
力量相互抗衡中，蘊含著以文化抵抗政治的可能性。政治行動的
奠基使得個人的力量（天民）有其位置，在全體的機括中個人不
淪喪也不臣服，這種全體性也因此不是齊一的全體性，個人保留
著與他人共同存在的基本樣態，這種政治生活導向共同存在而有
多元性的共同體。唐君毅的政治哲學展示著倫理政治形態下共同
存在的多元生命價值，在文化依歸上以及回應現代性上，有意識
地在政治領域中挪出空間，保存著抵抗的力量，這一空間縫隙拉
開了他與神學政治學的距離。他在全體性的政治思索中，不斷抵
制同質性的齊一秩序，甚至是，抵抗極權統治，這是包含異質性
與多樣性的全體性。當代的政治哲學思考雖穿梭、摺疊於多元價
值、差異化的秩序中，但我們依然能夠在唐君毅的奠基性思考中
尋索可開拓的線索，同樣地，在奠基的意義下面對未來的政治，
回應新的人類共同生活的挑戰。

第七章

永久和平論的視野與局限

前言

　　唐君毅的「永久和平論」集中出現於 1955 年的《人文精神之重建》與 1958 年的《文化意識與道德理性》，實際撰寫於二次大戰後與中國國共內戰後的國家分裂狀態下，在 1950 年代的當時，戰爭的陰影總未揮去。雖然，永久和平論有其時代背景，但所提的問題卻超越了時代與環境。時至今日，冷戰結束，東西對峙的時代也物換星移，新科技與全球化的經濟體制改變了地球村的生活面貌。但是，和平的問題並未消散。

　　唐君毅的政治思考以世界為基本架構，側重世界公民意義下的哲學與政治，他涉及永久和平的論點，反映出他的設身於康德與黑格爾之間，而又從政治論述轉出一種宗教論述。在他的論述中顯出一種獨特的政治哲學立場，雖然，在政治論述中插入宗教轉向的作法，頗似一種政治神學的立場，然而，他較接近自斯賓諾莎以降的神學政治論，卻不似施密特（Carl Schmitt, 1888-1985）政治神學的面貌。同樣在繼承康德的立場上，唐君毅的宗教轉向仍舊立足在理性界限內，也仍舊建立在文化與道德意識的基礎

上。然而，他在和平與悠久的要求上，批判現代西方文化，藉著肯定基督宗教精神的價值，回歸古典的立場，又明顯與康德的啟蒙精神採取距離。這種獨特的既融通又批判的態度值得省思。唐君毅敏銳地意識到永久和平的問題，這種視野在普遍性與世界性上觸及當代人類存在的基本處境，但又在其宗教轉向上顯出其局限。

一、悠久世界的要求

　　嚴格來說，唐君毅並沒有獨立的「永久和平論」，他對和平的思考連結到「悠久世界的要求」[1]，而後者則源自一種文化診斷，乃是20世紀帶有戰爭烙印的時代產物。唐君毅在1953年前後，面對中國文化價值有現實挫敗而需重整之際，他承認西方文化有其優點（超越精神、客觀理性、尊重個人自由、文化多端發展），但也指出西方文化有兩個根本問題需解決：一是保持西方文化的悠久存在，二是如何獲致人類和平相處。這種文化診斷固然聯繫到唐君毅對西方現代性的回應姿態，卻也點出文化問題關聯到和平的政治問題；唐君毅的一般態度是：政治問題應該立基於文化問題，政治領域乃是文化領域的一環。然而，悠久與和平的問題也並非單單是一個東方人對西方文化的提問，而必須提到具普遍性的人類共同問題上發問。因此，悠久與和平這兩個問題所涉及的是整體人類的問題，在東西方文化對列的格局之外，必

1　唐君毅，《人文精神之重建》，頁423。〈西方文化中之悠久與和平問題〉、〈西方哲學精神與和平及悠久〉兩文刊於1953年《民主評論》四卷十四、十五期。

須加入東西方文化共存而共同面對的視野來衡量這一組問題，而這正是唐君毅思想中的普遍性向度。

　　以「悠久」為發問主軸，所探究的是人類世界毀滅的可能性。「悠久」的要求嵌在這種「人類如何共同生活而不相互毀滅，以達於續存」的基本問題中。因此，在和平問題的設定中，也比國際法界定的範圍更廣；在史特勞斯的政治哲學設問中，政體（polity）是人類共同生活的具體展現[2]，或如同鄂蘭所言，共同生存的社群式要求乃是政治行動的核心[3]，類似的討論也見於德希達在猶太脈絡下的思考[4]或者杜蘭（Alain Touraine）在社會行動上的考慮[5]。這種人類續存的問題乃是當代政治哲學思考的關鍵之一，鄂蘭分析極權主義與核子武器的威脅，造成的是政治領域的消失。全面戰爭的恐怖在於，不以摧毀戰略目標為停止點，而是摧毀「人類之間所興起的整個世界」[6]。

　　實際上，唐君毅將康德的「永久和平」的問題拆成兩部分理解，一即悠久與永恆的概念，涉及歷史中的興亡盛衰，一則是和

2　Leo Strauss, *What is Political Philosophy?*（Westport: Greenwood Press, 1973），pp. 34, 92.

3　Hannah Arendt, *The Human Condition*（Chicago & London: The University of Chicago Press, 1969），pp. 52, 197.

4　Jacques Derrida, "Leçon de Jacques Derrida," in Jean Halpérin et Nelly Hansson（éd.）, *Comment vivre ensemble?*（Paris: Albin Michel, 2001），pp. 181-216.

5　不同於鄂蘭對社會領域的不信賴而提升政治領域的重要性，杜蘭對於社會生活與個人主義的批評並不激烈，但在鄂蘭所強調的原諒與承諾兩種德性外，補充了「團結」的德性，這也是一種面對「人如何共同生活？」問題的一種思考方案。見 Alain Touraine, *Pourrons-nous vivre ensemble?*（Paris: Fayard, 1997），p. 175; *Can We Live Together?*（Cambridge: Polity Press, 2000），translated by David Macey, p. 138.

6　Hannah Arendt, *The Promise of Politics*（New York: Schocken Books, 2005），p. 162.

平的問題，對照於戰爭的事實、價值與必然性。

在1953年的《中國文化之精神價值》中，有一專章談中國宗教精神，評斷其文化效果是能成立一個悠久世界。在唐君毅文化護教的論述中，將中國文化體當作一個悠久綿延的整體，既忽略千年帝制本身的僵化政治體制，也略去朝代更迭中所蘊含的各種斷裂。唐君毅以康德式的三大設準來囊括，回應地闡述中國的形上學思考如何可能開創出宗教精神。在這種處理方式下，悠久的問題與永恆的問題疊合，而實際面對的問題是「靈魂不滅」的設準，因此，所討論的是「不朽」的概念。相較於此，唐君毅所稱的福德原則，正是對準了康德所論的德福連結問題，並用來補充以苦罪意識為核心的正義原則[7]。此處的思考重點在於中國宗教精神的證成，宗教聯繫著道德，但並未聯繫到政治與國家問題。但在論述國家法律意識時，唐君毅也清楚提到「世界人類之全體」[8]的世界公民狀態[9]。以「仁道與恕道」為核心，亦即，建立在道德意識的基礎上，唐君毅指出黑格爾國家論的缺點是「世界仍不能太平」，顯然意識到絕對國家與世界和平之間的張力。因此，他提出「世界國」的想法：

> 吾人必須有不滅絕已成國家，而使吾人仁義之心，通達於天下世界之道路，以嚮往一整個人類組織，即世界國。[10]

---

7 唐君毅，《中國文化之精神價值》，頁428。

8 同前書，頁521。

9 同前書，頁523。

10 同前書，頁522。

此一論述中，唐君毅固然點出國家與世界的某種關係，但理路是「世界文化與各國文化，相依而俱存」[11]，公民既是國內的公民，也是世界的公民。這裡出現的和平意識與世界公民狀態有一隱然的連結，但並未更清楚地顯題化，也與前述的悠久問題並沒有直接連結。雖然，唐君毅一貫的立場是從道德基礎來看待和平的問題，但此處的論述若與後來實際討論「永久和平」的論述相較，仍顯得簡略。「世界國」的想法，在他後來的著作中並未重提；而事實上，康德也批評「普遍的國際國（Völkerstaat）[12]」為不適合於實踐。

然而到1955年《人文精神之重建》時，雖僅隔兩年，唐君毅重新提出悠久的問題時，已經不完全視為形上學的「永恆」、「時間」、「歷史」的問題，雖然同樣有一宗教的關切與本懷，但加入的是「和平」的政治面向。此時的論述可謂是一種戰爭論述，明顯帶有戰爭的陰影。唐君毅插入戰爭論述，主要卻是在接引悠久與和平的連結中介。中介帶入了轉折，從永恆所具超越時間的向度，轉向在歷史時間中沉浮的時間綿延（悠久）的向度。由於戰爭使得民族、文化、國家的延續成為疑問，因此，唐君毅的回答便在於終極的「非戰」──「使戰爭成不必須」，這也等同於

---

11 同前書，頁523。

12 Kant, Vom *Verhältniß der Theorie zur Praxis im Völkerrecht*, in AA, Band VIII, p. 312；〈論俗語所謂：這在理論上可能是正確的，但不適於實踐〉（下稱〈理論與實踐〉），見康德著、李明輝譯注，《康德歷史哲學論文集》（台北：聯經出版公司，2002），頁143。Kant, *Zum ewigen Frieden*, AA, VIII, p. 354；《論永久和平》，《康德歷史哲學論文集》，頁184。

「如何獲致永久的和平」[13]。但是，他所持的理由，並不是如霍布斯所謂脫離自然狀態、脫離人人相互為敵的處境，而是準道德式的理由：「人類應當想如何根絕人類的頑梗錮蔽，根絕人類只貪安逸的生存的庸俗生活，以使戰爭成不必須。」[14]此種回答的方向，並不走向直接面對人類根本惡（「頑梗錮蔽」）的道德宗教，而是間接地，透過和平的政治要求（「使戰爭成不必須」），並插入文化生活的要求，以轉出道德與宗教生活的必要性。雖然論述的形式與理據都是倫理學式的，但所成立的是文化世界，並間接地藉由肯定文化世界，使道德與宗教有可以實現的領域。從這一間接關係，才進一步根據「非戰」的要求推論出以歷史的綿延為實現條件。文化世界扮演從戰爭到和平的中介角色。

唐君毅這種獨特的見解，在於他回答和平的必要性所持的理由，乃是一種在歷史時間中持續存在的觀點，亦即，悠久的綿延作為一種義務。他的論點有兩層：（1）人類有使其文化悠久存在的義務[15]；（2）由於文化的延續是精神生命的延伸，而人類有使得自然生命超昇為精神生命的義務[16]。

相對於這種義務，他並不認同也不願意人類文化的短暫綿延，一如彷彿對時間的瞬間有某種否定。按照文化判斷，若未能思考、未能求民族文化悠久存在之道，結果將使得文化價值如曇花一現；這是理性要求的缺陷──「缺乏一當有的理性要求，或未能實現其當有理性要求。其文化之價值，即不能算是圓滿而猶

13　唐君毅，《人文精神之重建》，頁426。
14　同前註。
15　同前書，頁427。
16　同前書，頁428。

有所憾。」[17]按照唐君毅這種論斷，文化的悠久屬於理性本身的要求。然而，未能符合理性的這種要求，仍舊必須回到此一要求本身的批判運用來面對。

認為和平悠久屬於理性要求，而必須通過另一層次的批判來達到和平悠久，必須首先區別出對此問題的經驗性回答。唐君毅實際上既反對依照主觀願望以求避免戰爭，也反對只從客觀經驗來避戰求和；對於主觀願望的批評，他引黑格爾與史賓格勒（Oswald Spengler, 1880-1936），而將問題置於「宇宙精神之本身之悠久上看」[18]，對客觀經驗的避戰則批評為「在末上用心，而未真知在本上用心」[19]。根據本末的區分，他也用來看政治與文化的分別[20]，認為止戰求和而達到悠久，不能純從政治來考慮。和平的奠基同時假定了將政治奠基於文化的論點，但具體命題則是朝逐步發掘基礎的次命題發展：（1）以民主與人文主義為和平的基礎，根據人文主義的普遍性來奠基；（2）吸收西方的理性主義、理想主義[21]；（3）提示基督教的超越精神作為「西方之民主精神、人類和平論之最深的基礎」[22]；（4）東方智慧的補充：最深的問題待解決而基督教力有未逮之處，需仰賴東方智慧「從根超化一切非理性反理性之獸性、私慾、權力意志」[23]。

17　同前註。

18　同前書，頁429。

19　同前書，頁430。

20　此分別並非以政治對立於文化，而是認為政治屬於文化的一種客觀表現；文化是理性心靈的所有表現活動，政治是文化表現的一個環節。

21　唐君毅，《人文精神之重建》，頁433。

22　同前書，頁434。

23　同前書，頁436-437。

　　前述的四個次命題，是《人文精神之重建》中〈西方文化中之悠久與和平問題〉文章布置的理路，按照這一有自覺的論述層次，唐君毅逐步地在分別層次上採取和平論的奠基。事實上，在這番鋪陳中，至少包含三個很難直接視為一體的和平基礎，若依照唐君毅的用語，我們或許可以稱為和平論的文化奠基；在這種文化奠基的構想中，有三種不同的意義交織在一起：（1）作為最普遍根據的人類理性；（2）以超越精神為標誌的宗教轉向；（3）宗教融合的實踐轉向。若就這裡的三種意義建制來分析，則並不是一種單純的推理進程，而是為了滿足不同層次的意義需求。類似的論述方式，也詳細展現在《生命存在與心靈境界》的境界排比，尤其最後三境的判教義更能凸顯第三層意義要求的特徵。

　　若就《人文精神之重建》時期的思路來看，和平論的論述也依這三層意義鋪陳：（1）以康德、黑格爾模式為參照的觀念論，肯定人類有理性機能，發展的是和平論的普遍義；（2）以基督教為模式，轉向人類的宗教性，發展的是和平論的超越義；（3）以東方智慧的內在修養為究極方案，肯定的是修養的實踐工夫，將和平論轉向內在義。因此，這三層意義又從理性奠基的普遍性，投向超越性與內在性的兩面。

　　從普遍性投向超越性與內在性，則是源自理性的機能。理性具有反省與超越的雙重作用，反省以自我意識（自覺）的核心，但在自覺中透顯出主動性與主宰性，超越則針對片面、限制等條件，產生普遍性的要求。因此，在《文化意識與道德理性》中，混用了「精神」、「意識」、「道德自我」、「精神自我」、「超越自我」，在拆解「理性」為儒家性理意義下的「此理此性」時，稱「此理此性本身為內在的，屬於吾人之心之『能』的，而不屬於

吾人之心之『所』的。」[24] 進而界定「理性」的功能特徵：

> 本書所謂理性之意義，乃以其超越性及主宰性為主。理性
> 之普遍性，乃由其超越性所引出。其必然性由其主宰性引
> 出。[25]

晚年的《生命存在與心靈境界》又分別從體、相、用來說生命、
存在、心靈的關係，用以談境界生成的橫觀、順觀、縱觀[26]，雖有
方向層次的分別（前後向、內外向、上下向）[27]，原則並沒有太大
的更動。在唐君毅對心靈或理性意義的界定中，可發現場所論的
隱喻思考影響了批判模式。他對於西方現代文化的總批判包含
(1)診斷：弊病在於「向外想辦法」[28]、「外向、下向」、「外轉、下
轉」[29]；(2)處方：解決的辦法是「上轉、內轉」[30]，亦即，向上超越
的宗教模式與內在修養的道德模式，呼應於超越性與內在性的兩
種要求。這種「內／外」、「上／下」的區別蘊含著一種場所區分
的價值安排。

在哲學模式的選擇中，唐君毅徘徊於康德與黑格爾之間，他
調整黑格爾體系性精神歷史過程為康德式的文化開展，並從道德

---

24 唐君毅，《文化意識與道德理性》，頁19。

25 同前書，頁20。

26 唐君毅，《生命存在與心靈境界》（上），頁17、31。

27 同前書，頁39。

28 唐君毅，《人文精神之重建》，頁436。

29 唐君毅，《生命存在與心靈境界》（下），頁459。

30 同前註。

具體展現於文化的事實性來調整康德的觀點[31]，這一種調整可見於
《文化意識與道德理性》的論述中。和平論的檢討也有類似的作
法，內容雖然涉及國家論的意見斟酌，但論述動態仍舊是從黑格
爾轉回康德的立場。唐君毅明顯的宗教轉向，並不完全同於康德
式的「理性界限內的宗教」，其原因在於古典主義的立場，亦
即，從對西方現代性的批判轉回以基督教為代表的古典精神。唐
君毅的這種宗教轉向，實際上顯題化於他對哲學與宗教的抉擇問
題，在晚年則落在哲學與成教的脈絡來申言。在綜觀唐君毅和平
論的當代意涵後，必須指出，和平論其實夾雜在唐君毅的獨特思
考架構中。然而本文希望探究康德的《論永久和平》在唐君毅論
述中扮演何種角色，又如何在延伸出宗教轉向的論斷中扮演轉折
的功能，下節將對此一觀點的位置進行討論。

二、康德的《論永久和平》

　　前節指出，唐君毅考慮悠久和平的問題，是從整體西方文化
的表現概括來立論，而插入哲學與宗教的分野，並轉折朝向宗
教，有為了承接東方、中國文化精神的判教意圖。康德的位置被
安放在哲學精神的一環，唐君毅援引康德以說明西方哲學精神不
足以保悠久和平。

　　唐君毅認為自現代以後，社會分工與個人主義中含藏了特殊
性原則，此種個體主義式的多元分化，在競爭的意義上，不能消
弭戰爭，甚至是促進戰爭的。康德的重要性在於能提出個人的

31　唐君毅，《文化意識與道德理性》，頁12-13。

「超越涵蓋精神」，不受限於個體主義的特殊分化，其效果有二：
（1）在超越個人上，銷融多元化發展中的傾軋衝突，阻止文化勢
力的分離、對峙 32；（2）肯定有一個超越個別個人的「不息之超越
的泉源，而為一超越精神」33，既可涵蓋個人的特殊性，而涵蓋多
元發展，又能使人相互欣賞個性，體驗客觀文化價值。基於此，
唐君毅判定，康德哲學才是民主自由社會的基礎，也才能夠保證
悠久和平。

　　從細節來看，唐君毅對康德的理解確有出入，實際的文本依
據似乎薄弱。儘管如此，他從文化的角度評估康德，進而把握
《論永久和平》的意義，不無洞見。從一種整體趨勢的角度看康
德在西方人文世界中的位置，唐君毅從人文世界中的道德自我來
設想康德的和平觀。這種設想建立在對康德「批判哲學」（唐君
毅稱作「批導哲學」）的一般性論斷：

　　　　他〔康德〕的批導哲學，正是志在使各種人心能力，各得
　　　　其表現施展之人文領域，而不致越位，由此以使各人文領
　　　　域，相容而俱存者。

批判所樹立的界限（Grenze）思維，是使得「越位」、「越界」、
「逾越」不至於發生。康德哲學的人格世界以道德人格為核心，
在此人格世界中，各個不同的道德人格以敬意相連結 34，人格不應
該被視為工具，而應該被尊敬為目的。唐君毅的這個理解仍然在

32 唐君毅，《人文精神之重建》，頁458。
33 同前書，頁456。
34 同前書，頁459。

《實踐理性批判》的範圍內。

　　唐君毅從人格的基礎來宣稱，人格世界或人格作為一個類（Gattung, species,「種屬」、物種）概念的說法，但不同的是，他進而從道德性人格形成人類的理念，而不同於一般的類概念。這種解讀，是分別了知性意義下的類概念與理性意義下的人格理念。他認為，以「敬意」為普遍的人類理念（人格世界所形成的理念），超越了有限定意義的類概念（知性概念）。人類理念則進而構成康德主張永久和平的最後理據。唐君毅按照這種理解而解說：

> 此多諸個體在理念上，為相對地互相內在於對方敬意中的。透過如此之人類之理念，乃一方面，可把上下古今的人通起來，以思其未來，觀其悠久；一方亦即可把普天下之一切人，作絕對平等觀，望其永久和平相處。我想康德之所以能論人類歷史與永遠和平，最後理由在此。35

如果從文字細節來看，唐君毅這段說法，雖未必沒有根據，但僅僅停留在《實踐理性批判》的規模中，他所理解的人類的「類」雖涉及「類概念」，並未延伸到以《判斷力批判》中目的論批判這種反思判斷所下的類概念。因此他的理解並未涉及康德〈在世界公民底觀點下的普遍歷史之理念〉（下稱〈普遍歷史之理念〉）第二定律所談的類（或「種屬」36）概念，並無法從康德所談的

---

35 唐君毅，《人文精神之重建》，頁460。

36 「種屬」一詞，沿用李明輝的翻譯；〈普遍歷史之理念〉）第二定律的主要條文為：「在人（作為地球上唯一有理性的受造物）身上，為其理性之運用而設的自然稟賦只會在種屬之中、而非在個體之中得到完全的發展。」見Kant,

「自然」目的論層面來理解。

其次，他對於人格世界的「通」似乎也隱然以自己的感通邏輯來構想，這裡產生的是時間軸上的貫通聯繫，以成立他對「悠久」的設想。在橫向的同時代人的關係上，他從「絕對平等觀」來聲稱具有「和平相處」的保證。換言之，唐君毅從人格世界與人文世界中的界限限定來論斷和平的道德基礎，這一基礎固然有其思想上連貫的邏輯，但其實不合乎康德的論述脈絡。

儘管如此，並不能說唐君毅的說法有誤，至多是疏略。從大處看，他仍然有洞見，對於人類整體的共同存在，他透過康德的提示，點到了政治生活提到人類整體層面時所需要的道德基礎。同時，他的宗教轉向也某種程度與康德式的理性宗教有可呼應處。但為了評估唐君毅和平論的可能潛力，我們有必要回顧康德的說法。

從表面上來說，康德的道德哲學與政治哲學有不同的出發點。在道德哲學上，以個人所具的普遍性為主，基於意志自由的設準，從道德人格的角度來說明道德行為的可能性條件。而政治哲學的出發點，在於必須共同生活的群體[37]，因此，個人與個人之間的關係是權利（法權[38]，Recht, right）的關係，共同地在法的領

Idee zu einer allgemeinen Geschichte in weltbürgerlicher Absicht in AA, Band VIII, p. 18；〈在世界公民底觀點下的普遍歷史之理念〉（下稱〈普遍歷史之理念〉），《康德歷史哲學論文集》，頁7。

37 Hannah Arendt, *The Promise of Politics*, edited and with an introduction by Jerome Kohn（New York: Schocken Books, 2005），pp. 50, 81.

38 參見李明輝，〈康德的「歷史」概念〉，《中國文哲研究集刊》第7期（1995年9月），頁171，註47。

域中服從法的束縛與強制。在政治上發展的一個共同體是主權國家，在此點上，康德延續霍布斯傳統，也帶有契約論的特徵。獨特的是，他把和平問題放在國家與國家關係之上來思考而不放在宗教或部落的局部衝突上，並認為應以國家的憲政體制為基礎。康德身處的啟蒙時代，歐洲民族國家經歷宗教戰爭、貿易戰爭，早已經有諸多複雜的國家與國家之間的關係。在和平的考慮上，也根據此一經驗事實出發；在康德之前，從宗教立場出發呼籲和平，早已有聖皮耶（Abbé Saint Pierre）神父撰有《永久和平計畫》（*Projet de la paix perpétuelle*, 1712）[39]，這一計畫受到萊布尼茲、盧梭、伏爾泰（Voltaire, 1694-1778）的批評[40]，康德也熟悉此計畫。然而，康德思考和平的問題是放在國家與國家關係上，亦即，國際關係的角度來思考，按照他獨特的觀察，從人類整體的歷史所蘊含的目的論判斷入手分析。

　　涉及「永久和平」的說法，主要分見〈普遍歷史之理念〉（1784）與《論永久和平》（1795）兩文。〈普遍歷史之理念〉以模仿牛頓的物理定律方式，為人類歷史擬定了九條定律；《論永久和平》則擬似契約書寫，以一種虛擬的和約來制定未來歷史狀態所可指引的方向。

　　〈普遍歷史之理念〉所採用的是「世界公民的觀點」（in weltbürgerlicher Absicht, in cosmopolitan perspective），在普遍歷史的方向上則是就自然狀態（戰爭）與人類整個種屬的進步來立論。自然與歷史的關聯，具體成形為憲法的構造，在第八定律

39　Patrick Riley, *Kant's Political Philosophy*（Totowa: Rowman & Littlefield, 1983），p. 118.

40　Riley, *Kant's Political Philosophy*, p. 129.

中，康德指出：「我們可將人類底歷史在大體上視為自然底一項隱藏的計畫之履行，此計畫即是在國家之內實施一部完美的憲法，而且為此目的，在國家之外也實施一部完美的憲法——唯有在這種狀態下，自然始能完全發展人底一切自然稟賦。」[41] 這一說法預先承認自然在人類歷史與行動中所扮演的角色，「自然狀態」固然是人們、國家彼此戰爭的基本條件，但也因為如此，自然可以在人類（作為種屬）中完成其目的（「第二定律」）。在康德眼中，人類共同體的國家體制仍有遭遇無窮戰爭的可能，而戰爭引發的資源耗盡，反而可以促使人與國家脫離此一自我毀滅的自然狀態，成立一個「國際聯盟（Völkerbund）」[42]（第七定律）。為了彼此的安全與自由尋求一條平衡法則（亦即，國際法），國家能夠「引入各國底公共安全之一種世界公民狀態」[43]。康德在第八定律的結尾肯定：自然的最高目標是「一個普遍的世界公民狀態」（ein allgemeiner weltbürgerlicher Zustand）[44]。

　　康德在人類歷史中引入以自然為基礎的目的論判斷，這種作法具有兩種意義：一是以「自然稟賦」（Naturanlage）概念所擬

41　Kant, AA, VIII, p. 25；〈普遍歷史之理念〉，《康德歷史哲學論文集》，頁17。

42　Kant, AA, VIII, p. 24；〈普遍歷史之理念〉，《康德歷史哲學論文集》，頁14。
　　參考Riley的討論，見Riley, *Kant's Political Philosophy*, p. 95。

43　Kant, AA, VIII, p. 26；〈普遍歷史之理念〉，《康德歷史哲學論文集》，頁16。

44　Kant, AA, VIII, p. 28；〈普遍歷史之理念〉，《康德歷史哲學論文集》，頁20。
　　「世界公民」（Weltbürger, cosmopolitan, *kosmou politês*）一詞，有斯多噶學派的來源，如Diogenes Laertius記載犬儒戴奧堅尼（Diogenes the Cynic）說：「我是一個世界公民（kosmopolitês）」，見Matha Nussbaum, "Kant and Cosmopolitanism," in James Bohman and Matthia Lutz-Bachmann (ed.), *Perpetual Peace. Essays on Kant's Cosmopolitan Ideal* (Cambridge Mass.: The MIT Press, 1997), p. 53, n. 11.

似的設計取代神意（Vorsehung）[45]，由於自然的合目的性仍舊來自
人的反思判斷，這種「自然稟賦」仍舊以人類理性為基礎；二是
人類歷史以「種屬」意義來凸顯人類共同生活的集體性，而這種
集體性既標示了個別人的有限性，也在人類作為生物種屬續存的
有限性中插入了合目的的「永恆性」，但這種永恆性只有在歷史
視野下的政治共同體上立法，才有意義。這兩種交纏的關係，使
得康德所構思的歷史理性有源自自然又完成於政治的特性。以
「世界公民狀態」作為條件的思考，使得「和平」的議題被安置
於這一個「歷史—自然—政治」的三層次關係中。

　　《論永久和平》也在類似的關係下構想。但是，更直接地扣
在法的關係中來「制定」人類為自己所設定的永久和平法，同
時，更加凸顯的是超越國家限度的世界公民狀態。康德以類似於
國際法的法學思考方式，陳述了具強制意義的《論永久和平》的
條文，內列條文雖類似擬定停戰協定或終戰和約，但康德所設想
的不是臨時的和平或單一戰爭的和平條約，而是能夠使得一切戰
爭中止的和平契約。本文限於篇幅與主旨，不在此詳細討論《論
永久和平》內中諸條款[46]之間的關係與後世影響[47]。

---

45 類似的說法在《論永久和平》第一項附釋中也重新出現。關於此概念與斯多
　噶學派論 providentia 的關係，見 Nussbaum 的討論：Nussbaum, "Kant and
　Cosmopolitanism," *Perpetual Peace*, pp. 40-43。但「神意」在康德的脈絡下，
　更多地是指涉基督宗教傳統下的啟示與歷史觀。

46 《論永久和平》的條文包含：六條臨時條款、三條確定條款、兩項附釋、附錄
　兩章。六條臨時條款：1.任何和約之締結在進行時，若是祕密地為一場未來
　的戰爭保留物資，它就不該被視為和約之締結。2.任何獨立的國家（在此不
　論其大小）均不可被另一個國家藉繼承、交換、購買或餽贈所取得。3.常備
　軍應當逐漸地完全廢除。4.任何國家均不該在涉及對外的國際糾紛時舉債。
　5.任何國家均不該以武力干涉另一個國家之憲法與政府。6.任何國家在與另

以下從兩個角度來陳述康德的觀點：

（一）和平方案與政治體制的法權關係

在第一部分的臨時條款部分中，最關鍵的應該是第一條臨時條款[48]，因為它最涉及時間性問題，不是以暫時中止戰爭的方式設

一個國家作戰時，均不該容許自己採取必會使未來在和平時的互信成為不可能的那種敵對行為，諸如雇用刺客與下毒者、破壞協約、在敵國唆使叛逆等。三條確定條款：1.每個國家底公民憲法應當是共和制的。2.國際法應當建立於自由國家底聯邦主義之基礎上。3.世界公民權應當局限於普遍的友善底條件。兩項附釋：1.論永久和平之保證。2.永久和平底祕密條款：為戰爭而武裝的國家應當諮詢哲學家為公共和平底可能性之條件所訂的格律。附錄兩章：1.就永久和平論道德與政治間的分歧。2.依公法底先驗概念論政治與道德之一致。公法的先驗準則一：凡牽涉到其他人底權利的行為，其格律與公開性相牴牾者，均是不正當的。公法的先驗準則二：凡是需要公開，才不致錯失其目的的格律，均與法權和政治協調一致。以上諸條均整理自李明輝譯文，《論永久和平》，《康德歷史哲學論文集》，頁170-226。惟Formel一詞，李譯作「程式」，本文改作「準則」。

47 詳細的介紹，參見Oliver Eberl與Peter Niesen對於《論永久和平》的接受史介紹，其中按照19世紀、20世紀初、兩次世界大戰之間、聯合國成立的四個歷史階段來談。見Kant, *Zum ewigen Frieden*, Kommentar von Oliver Eberl und Peter Niesen（Berlin: Suhrkamp, 2011），pp. 306-328。對於《論永久和平》的詮釋，Riley在稍早（1983）的討論中，集中於1970年代、1980年代初的幾個研究著作，提到了Alexandre Kojève（1973）, Lucien Goldmann（1971）, Robert Paul Wolff（1970）, Susan Shell（1980）, Hans Saner（1973）, John Charvet（1981）的相關詮釋，見Riley, *Kant's Political Philosophy*, pp. 135-166。

48 能夠直接影響和平的是第一、五、六條，其形式為禁制法（Verbotgesetze, leges prohibitives）或嚴格法（leges strictae），而第二、三、四條則接近許可法（Erlaubnisgesetze, leges permissivae）或寬鬆法（leges latae）。Kant, *Zum ewigen Frieden*, AA, VIII, p. 347；《論永久和平》，《康德歷史哲學論文集》，頁176。參見Howard Williams, *Kant's Political Philosophy*（New York: St.

定，而是「永久」（ewig）地止戰——「一切敵對行為的終結」
（das Ende aller Hostilitäten）[49]。困難隨之而來的是，如德希達所理
解的，「永久和平」之所以具有「永久」的特徵，乃是「戰爭的
永久可能性」。因此，如同康德在臨時條款一所表達的，永久和
平的嚴肅希望在於，面對未來的一切可能戰爭。而明確地說，戰
爭形態不是一切人針對一切人的霍布斯式「自然狀態」，而是國
家間彼此為敵的自然狀態[50]。正是面對國家之間的戰爭狀態，康德
的說法帶來一些限制，一方面似乎無法面對部落戰爭、單一國家
內的內戰、革命[51]、獨立戰爭等形態，二方面則必然將條件設定在
具有憲法體制的國家形態。因此，臨時條款的條件限制也決定了
確定條款的實質內容。

　　三條確定條款分別指向國民權、國際法、世界公民權；三者
的關係是逐步擴大的關係。由於和平構想針對的是國家間的戰爭，
因此，確定條款的前兩條（共和國體制、諸國家間的聯邦制）在
規定和平的同時也規定了國家體制。這種規定的意義在於：為了
確保永久和平的到來，特定的國家體制是必要的；相反地，和平
所保障的也是共和制的立憲國家[52]。康德構想的獨特之處在於，他
反對在國家以上設定一種統轄各國的「國際國」（Völkerstaat），

Martin's Press, 1983）, pp. 246-248。

49　Kant, AA, VIII, p. 343；《論永久和平》，《康德歷史哲學論文集》，頁170。
　　Cf., Matthias Lutz-Bachmann, "Kant's Idea of Peace and a World Republic," in
　　Perpetual Peace, p. 60.

50　Lutz-Bachmann, Ibid., p. 61.

51　此一複雜的問題，可見於康德對反抗權或革命權的否定，見Kant, AA, VIII,
　　pp. 299-300；〈理論與實踐〉，《康德歷史哲學論文集》，頁125-126。

52　Cf., Riley, *Kant's Political Philosophy*, pp. 104, 119.

這一說法乃是對於〈普遍歷史之理念〉第八定律所提到「國際聯盟」（Völkerbund）構想的修正。相對於第九定律所提「完美的公民聯盟」（die vollkommene bürgerlicher Vereinigung）[53]（一種單純的世界公民統一體），《論永久和平》所設想的國際聯盟保存了各個國家的獨立。因為，若按照國際國的概念，在其國下所有的國家不能保有各自的自由[54]，這與第一條確定條款矛盾。若根據康德的第二條確定條款來看，作為單一國家共和制的規定與世界公民狀態之間的中介，國際聯盟切開了三種層次：個人作為國家公民、國家主權、世界公民權下的國家及其公民。然而，若以國家主權不可取消的立場來說，且康德構想下的世界公民若是個人的話，此個人並沒有直接促進或建立國際和平聯盟（foedus pacificum）[55]的權利。因為公民必須透過國家在聯盟中的角色行使，然而，能行使國家主權的只有國家元首；因此，必須透過國際法規定下的國家作為個體人格，以類比於道德人格的方式彼此尊重，來行使和平權。

　　事實上，康德在第一條確定條款中，已經引入「原始契約」（der urprüngliche Vertrag, contractus originarius）[56]的概念。雖然為

53　Kant, AA, VIII, p. 29；〈普遍歷史之理念〉，《康德歷史哲學論文集》，頁20。

54　這一點類似〈理論與實踐〉的說法，在國家中的臣民彼此平等，但對國家不具有反抗權。故而，若以國際國的方式進行和平契約的立憲，則各國將被強制所規定而喪失自由。

55　Cf., Riley, Ibid., p. 119.

56　Kant, AA, VIII, p. 350；《論永久和平》，《康德歷史哲學論文集》，頁179：（1）社會成員（作為人）的自由；（2）一切成員（作為臣屬）從屬於（依賴於）唯一的共同立法；（3）按照成員（作為國民 <als Staatbürger>）的平等原則所建立的憲章（憲法）。參見 Kant, AA, VIII, p. 297；〈理論與實踐〉，《康德歷史哲學論文集》，頁122-123：（1）社會中作為人的每個成員之自由；（2）

了脫離人類自然狀態所設定的（虛擬的）原始契約，但康德不同於霍布斯[57]；康德從先天的條件（去除任何經驗目的）來單純考慮人權，原始契約是基於理性意願的立法能力來設定人類共同體的契約關係。在和平構想中，脫離自然狀態（作為戰爭狀態）也成為擔保的唯一可能。按照原始契約成立的共和制國家則是和平基礎的底層保障。康德以法律方式建構和平權，包含著三層法權關係（國民權、國際法、世界公民權），然而原始基礎在於人作為人格。依此，我們可以將第二臨時條款當作與第二確定條款互補的規定，亦即，在消極方面，國家作為道德人格不可以任何方式被取消，而在積極方面，國家的自由又是在人格世界（「以道德人格為基礎的目的王國」）的類比中締構聯盟。這種特殊關係表現在康德對第二確定條款的解說上，國家並不因國際法而有義務脫離戰爭狀態，國際法並不具有強制關係，但若無和平聯盟的條約，和平並無保障。在這種雙重條件中，康德帶入一種目的論式的論述，亦即，既在實際政治上認識到和平不是空想，國際和平聯盟並不是烏托邦，也在法理上設定和平契約，那麼，夾在這兩者中間的便是一種自由立法的精神。故而，三層次的法權也就在自由（國家內部對國民權有強制關係，國際法庭中諸國家主權之間並無強制關係）的要求下，以理性自我立法、自行設定目的的方式，來要求和平。

社會中作為臣屬的每個成員與其他成員間的平等；（3）一個共同體中作為公民（Bürger）的每個成員之獨立。討論見 Lutz-Bachmann, "Kant's Idea of Peace and a World Republic," *Perpetual Peace*, p. 68.

57　康德與盧梭、孟德斯鳩、洛克的關係，見 Riley, Ibid., p. 131。

（二）理性地位以及和平論中的政治與道德

從《論永久和平》附釋之一「論永久和平的保證」中可以看到，如同〈普遍歷史之理念〉那樣，康德再度引入目的論判斷，戰爭被賦予一種辯證式的解讀。在戰爭永久可能發生的條件下，康德發展出自然所設下的合目的性：藉由戰爭的威脅、均衡、限制而使得和平在實際歷史中有發生的可能性條件，同時，也在戰爭陰影中投向未來。在康德獨特的歷史目的論之下，自然取代神意而推動歷史中的人類；但理性優位的原則並未被犧牲，在此，目的論判斷便具有關鍵地位：人類社群在形成國家的法權基礎上，便連結自然目的與道德目的。

「和平的保證」有三個層次：在國家的層次上，雖然個人與個人之間有衝突，但可透過立憲的強制關係彼此約束，達成國家內部的和平；在國際法層次上，預設了諸國家的分離，這是由於自然的分化保存在語言與宗教的差異中[58]；國際聯盟的層次上，以商業精神為擔保，為尋求利益而促進商業與貿易，這種既分離又聯繫的關係能夠促成和平。在這一系列的說明中，自然與理性有一種合作。康德指出：雖然人有自私的喜好，但「理性能使用自然底機械作用作為一項手段，使它自己的目的（法律規範）有發展的餘地，並且也藉此（就國家本身之能力所及而言）促進並確保內在及外在的和平。」[59]康德的這種說法從目的論判斷來連結政

---

[58] Kant, AA, VIII, p. 367；《論永久和平》，《康德歷史哲學論文集》，頁203。這裡所指的宗教，並非康德心目中以道德為基礎的普遍宗教，而是個別信仰體系所形成的宗教。

[59] Kant, AA, VIII, pp. 366-367；《論永久和平》，《康德歷史哲學論文集》，頁202。

治與道德[60]，一方面，道德是實際政治的基礎，但另一方面，政治不能滿足於治術（Staatsklugheit）[61]的經驗特徵。據此，康德認為只能設想一個道德的政治家（ein moralischer Politiker），而不能設想政治的道德家（ein politischer Moralist），亦即，只有與道德並存的政治治理，而沒有符合政治利益的道德——在此，康德反對馬基維利式的權術政治[62]，但也意識到實際政治中任意推翻主權者的危險。判別的基準在於是否有依照普遍自由而成立的法權（新的自然權利）概念。同時，康德藉此推論出政治與道德的一致關係，並連帶嚴格區分政治裡面的兩種層次：一是政治的技術性問題（與治理技術相關）；二是政治的道德問題，和平便屬於此種道德問題[63]。

　　對康德來說，實踐的理性原則必須以形式原則為優先，在類似於道德法則的德福連結上，有一個普遍性的令式：「先追求純粹實踐理性底王國及其正義，那麼你的目的（永久和平之福）將自然地歸於你。」[64]對於此一令式，康德的解說並非單純地立足於實踐理性原則，也還訴諸目的論原則：

---

60 Riley便將《判斷力批判》解讀為具有政治意涵的著作，而從文化與自然的關係，來說明世界公民的整體性，其中，政治、法律、和平都包納在合目的性的統一中。Riley, *Kant's Political Philosophy*, pp. 78, 84。

61 Kant, AA, VIII, p. 371；《論永久和平》，《康德歷史哲學論文集》，頁209。

62 Kant, AA, VIII, p. 373；《論永久和平》，《康德歷史哲學論文集》，頁211。李明輝，《孟子重探》（台北：聯經出版公司，2001），頁161。

63 Kant, AA, VIII, p. 377；《論永久和平》，《康德歷史哲學論文集》，頁215；李明輝分別譯為「技術課題」（Kunstaufgabe, problema techinicum）、「道德課題」（sittliche Aufgabe, problema morale）。

64 Kant, AA, VIII, p. 378；《論永久和平》，《康德歷史哲學論文集》，頁216。

就公法底原則而言（因而關聯著一種可先天地認識的政治來說），道德本身具有以下的特性：它越少使行為依恃於所預定的目的，即所欲求的好處（不論是自然的還是道德的），它反而大體上越是與這項目的相吻合。這是由於唯一決定什麼是在人際之間合乎法權之事的，正是（在一個民族中或者在各個民族底相互關係中）先天地形成的普遍意志。但只要所有人底意志之這種統合將在踐履中一貫地進行，它也能同時依自然底機械作用成為一種原因，產生所企求的結果，並且使法權底概念產生效果。[65]

順此論點，康德將目的的經驗性壓縮到最低，藉以從形式普遍性的角度來說目的的達成。在政治領域內的德福連結，所指的是先天的普遍意志所規定的人權關係，但如同自由的因果關係，在政治上也有法權上的因果關係。然而，實際政治所質疑的困難正是「（普遍）意志的統合」（Vereinigung des Willen），故而，即使在和平的斷言令式下，仍舊有一種信仰的層次拉張開，而這種信仰或宗教層次則受到目的論判斷的節制。在此段引文中固然沒有提到自然的歷史，但以自然機制所設定的因果關係卻是此種政治希望所仰賴的。

「附錄一」與「附錄二」檢討現實政治中道德與政治的緊張，而在理念上尋求兩者的一致。康德的永久和平構想，仍舊以道德原則籌畫政治的最高目的，但由於論述中插入一整個國家論的法權思考，使得和平論述也必須處理政治與道德的一致性。和平，乃是政治領域的最高善；但康德從法權論述設定國家的憲法

---

65 同前註。

體制與國際法，而後才立足於世界公民權的立場談政治中的道德。按照目的論判斷的歷史觀，人類整體具有世界公民權的可能性；但永久和平雖以普遍意志為基礎，卻不以歷史終結為保證，相對地，如同道德王國之中最高善的實現，政治領域中即使已經有法則性的保障（道德法則、國民權利、國際法、世界公民權），永久和平卻不是立刻可實現的。就此意義來說，永久和平乃是希望，蘊含一種宗教性的解讀可能[66]。

對康德來說，永久和平作為政治希望，雖有宗教的樣貌，論述中也從自然的計畫來看人類歷史，但他仍依據道德基礎與法權規定來展示政治領域中的和平構想。這一點完全置換了純宗教的和平計畫（如聖皮耶所呼籲），也以自然的歷史取代基督教的啟示歷史，反映著啟蒙時代的特徵，按照康德的批判立場，永久和平論的宗教指向毋寧仍是理性的道德宗教。

如同唐君毅所主張的，康德的最後依據在於道德；這一論斷大體無誤，但並不能全幅呈現康德政治思維的曲折。對於康德的永久和平論，唐君毅的理解局限在道德人格的敬意上，而忽略康德從國家到世界公民的法權論述。他對康德的和平論批判也借重黑格爾的國家論，不過也仍從黑格爾回返康德，此一主張有其洞見。唐君毅肯定康德永久和平論的道德基礎，並將視野拉到宗教的層面上，此一趨向與康德的原始構想似有可呼應處。因此，下

---

66 Williams, *Kant's Political Philosophy*, p. 263. Robert Taylor 也從倫理宗教脈絡理解康德所謂「永久和平」與「最高善」的關係，甚至稱為「政治宗教」，見 Robert S. Taylor, "Kant's Political Religion: The Transparency of Perpetual Peace and the Highest Good," *The Review of Politics*, 72（2010），pp. 9-13。另參見：李明輝，〈康德的「歷史」概念〉，頁172-173。

一節將檢討唐君毅對於悠久與和平的宗教轉向。

三、唐君毅和平論的宗教轉向

　　除了法權基礎的理解差異外，唐君毅從黑格爾的國家論[67]來檢討康德的和平論；他忽略康德對於共和制國家觀與國際法的規定，也受限於黑格爾國家觀對於世界精神與戰爭的肯定。在此限制下，唐君毅轉述黑格爾的批評：「康德之永久和平論，是不切實的，康德之人類之理念，是無力的，而國家存亡命運，則由世界精神之行程決定，這確成了康德之見之最深的疑難。」[68]唐君毅的批評接受黑格爾以國家論為前提的立場，也認為人類的理念若要實現，須落實為黑格爾意義下的倫理生活。順此批評，康德論及國與國的國際法關係，由於欠缺更高組織以為裁判，國際條約「本身是抽象的，無絕對拘束力的」[69]。

　　由於唐君毅不走入法權思考，而轉入黑格爾國家論，對和平論與國際組織的批評仍嫌抽象；但其思考卻也有對黑格爾國家論的批判，在方向上超出黑格爾轉回康德。唐君毅的焦點在於歷史的未來，反對黑格爾以世界精神的實現來看待國家與歷史的終結；他的視野放在超越特定國家的普遍人類，但面向著尚未實現於歷史的未來，這是宗教的宇宙精神所開啟的角度。

　　黑格爾以國家作為客觀精神實現的倫理實體，並在國與國的衝突中肯定戰爭的實質意義，以戰爭狀態來等待世界精神的法庭

---

67 唐君毅對黑格爾國家觀的批評，可分見於唐君毅，《人文精神之重建》，頁465-466；《文化意識與道德理性》，頁254-263、292-296。

68 唐君毅，《人文精神之重建》，頁464。

69 同前書，頁466。

判決；對唐君毅而言，黑格爾這種說法具有一定的客觀性。但他也在黑格爾歷史論述中看到一個理論縫隙：一方面，國家敵對戰爭中的成敗，「最後只能付之天命之悠悠」[70]；但另一方面，歷史事實只是一種事後的觀點，但人面對未來，卻仍是空白[71]。在西方脈絡下，「天命」常與基督教的「天意」、「神意」（Vorsehung, Providentia, Providence）連結，而不單單是希臘文化中的「命運」（moira, Schicksal, destiny）；如同康德所進行的目的論置換，天命的說法開啟了有關未來的想像。唐君毅也以理想主義的角度來設想此問題：

> 未來之空白，如何去填充，正是人最具體現實的問題，而此問題之解決，仍只有以未現實化具體化之當然理想為先導。此即須仍重返於康德。此重返於康德，同時亦使我們必須在定置一超國家之天下太平之理想。[72]

唐君毅據此論點提出對黑格爾歷史觀的批評，也陳述他認為應該重返康德的理由。事實上，他贊同康德的是永久和平的理想（「天下一家」），這一點開啟通往世界公民思考的可能性。他扭轉世界精神具體化的歷史進程（黑格爾的歷史停留於國家作為市民社會的頂點），視世界精神為一種國與國的並列關係：「我們可將黑格爾式之哲學心靈，由縱的化為橫的，同時將其世界精神之理念，亦可由縱化橫。」[73]在這種幾何圖像式語言下，唐君毅重新設

70　同前書，頁467。
71　同前書，頁468。
72　同前書，頁468。
73　同前書，頁469。

定世界和平的問題,並意識到在國家之外、介於國與國關係(國際法領域)的和平問題。

唐君毅認為,依照黑格爾所說,國家屬於客觀精神的表現,但在國家之上還有絕對精神,可以表現為國際的全人類有機組織——如藝術、宗教、科學、哲學——「這些都是個人面對宇宙全體而有之精神表現,因而是超國界的。」[74]根據國際政治的現實感。唐君毅仍斷定在實際國際之間的傾軋條件下,和平的國際組織尚非能具體實現,在此組織實現之前,仍須先盡忠於自己的國家,進而以「思想全人類的有機組織、天下一家」來當作「人之最高的道德」[75]。這一點比他在《中國文化之精神價值》論世界國的看法,更謹慎與切合實際。承認有超國界的文化組織,顯示出世界性的形式,這是唐君毅認為必須從黑格爾重返康德和平理想的地方。當黑格爾批評康德構想的高於諸國家的全人類組織在現實上不能成立時,唐君毅則認為,此種世界公民狀態的組織以國際性的文化組織為實現條件。人文世界無疑是作為具有世界公民

---

74 同前書,頁470。

75 同前書,頁470。但就政治領域本身來說,唐君毅認為民主制有優先性,並在此基礎上添增道德文化的陶養機制:「最善良之政治必為由承認民主政制,而又在制度之外求改進其下之人民之社會政治生活之民主政治。此即為一種兼以道德文化之陶養改進人民之政治意識之民主政治。」(《文化意識與道德理性》,頁283)相關討論參見劉國強,〈唐君毅的政治哲學〉,《當代新儒學論文集——外王篇》(台北:文津出版社,1991),頁67。康德做了更細微的區分,在主權的統治形式下有君主制、貴族制、民主制,而在政府形式下分別有共和制、專制(Despotism)——「國家恣意執行它所制定的法律」(李明輝譯為「獨裁」)。政府形式意味著治理的方式,康德認為,對人民來說,治理方式(共和或專制獨裁)比國家形式(民主與否)更重要,而堅持代議的共和制,討論見Kant, AA, VIII, pp. 352-353;《論永久和平》,《康德歷史哲學論文集》,頁181-183。

意義的公共空間，但當代的人文世界仍遭受莫大威脅。

　　唐君毅從人文領域的軋轢分裂來看待當代的和平危機；他以道德要求的實踐來檢討，發現國際和平組織有空洞而無效的困難，若要凝聚人類整體也還有道德的實際困難。不可否認，即使從道德的角度來看，和平仍有理由作為政治領域的理想，是政治的「最高善」。略微不同於康德訴諸於「先天普遍意志」，唐君毅從外延量來看待國際和平的問題，他肯定在20世紀的軋轢分裂是以「世界性」的形式出現，這種「世界性」造成人類的人文世界分裂：

> 　　要凝協斡旋今日整個人類人文世界之分裂，即須世界之諸個人之有涵蓋持載全世界社會人文之胸襟，或世界中心道德力量之存在。此方是世界和平天下一家之具體實質的精神條件。76

道德活動的涵蓋（外延）對比於人文世界的分裂。道德傾向有內在的困難：涵蓋範圍愈廣，胸襟須愈廣大與道德力量須愈強；涉及的人越多，人文世界愈加分裂，普遍意志的凝聚愈難。他在和平的普遍義上，看到了和平實現的具體困難，也因此促使他轉向和平的超越義。

　　在《文化意識與道德理性》之中，唐君毅有類似的看法，但他首先看到世界和平在超國家意識上的困難，在於胸襟心量有限制，不能趨於無限。他認為，國家界限是「求和融貫通的生活之

---

76 唐君毅，《人文精神之重建》，頁472。

涵蓋意識」[77]的界限，但此涵蓋意識不能直接地呈現為無限的；若要突破限制，頂多能「逐漸擴充」，在前進、保存中超越界限，而非直接破除界限[78]。而相較於普遍意志的凝結，唐君毅認為從超越國家意識的路線發展，必須是「節制國民之權利欲（權力欲），而超化其向外侵略之意志之道」。原因在於，人類之所以有彼此的隔膜、衝突而戰爭，並非基於國家意識，而是隨國家意識轉出的「權力欲與財富欲」，所追求的不是公共意志表現，而是個人私欲中的物質利益與權力（兩者合稱為「權利」[79]）。節制的方法，是透過文化、教育、道德的力量[80]。這一個解決方案，除了肯定文化意識的道德基礎外，走的是和諧融合、相互了解、相互尊重的道路。思維根據仍舊是根據道德人格而來的敬意，但立足點卻與康德從法權角度來思考和平有極大差異。唐君毅此處所提

---

77 唐君毅，《文化意識與道德理性》，頁298。

78 同前書，頁299。

79 唐君毅，使用「權力欲」與「權利欲」兩詞，有時交替使用。但若細究其間差異，他又清楚概念上的分野，例如，他在檢討社會契約論時，能夠從權利讓渡的問題，來指出他不同意處，見《文化意識與道德理性》，頁243-245。權力意識是政治意識的根本（同前書，頁182、227），民主政治優於君主政治、貴族政治處，就在於能夠限制權力（同前書，頁278）。根據唐君毅行文，可以看出，他認識到，受到法律保障的是權利（法律意識的討論，同前書，頁601）。但唐君毅仍批評，法律所保障的可能是私利考量下的權利，相對也會衍生出有法律依據的「權利欲」。前引的「節制國民之權利欲」（同前書，頁301），則是在肯定國家存在的必然性上，肯定國家意識的公共性，辯護國家意識的合理性時，認為侵略戰爭來白國民的私欲（結合權力與利益的權利欲）。唐君毅此說，更遠離康德從權利（法權、Recht）立說的道德形上學，對康德來說，權利（法權）所規定的是個人與個人之間的關係，個人對自己的規定才是道德法則的領域。

80 同前書，頁301。

的道德限制與《人文精神之重建》所意識到的困難，相去不遠。
但《人文精神之重建》則提出了一種「宗教轉向」。

　　從宗教角度發揮永久和平的想法，似從政治領域跳躍到宗教
領域；然而，若依照康德原有的宗教面向來說，道德宗教的基礎
原本已是政治論述奠基所須預設的。若再就唐君毅對政治領域的
限制來說，政治乃是文化的一部分，政治無法解決和平問題，而
須訴諸道德文化的涵養，也屬於他的一貫見解。切入宗教領域，
則是藉由對基督教的肯定與限制，來遂行和平論的補充；唐君毅
的思考方式其實是從和平的超越義轉向和平的內在義。

　　唐君毅對基督教的肯定，其實著眼於宗教對話與價值體系安
排的判教目的，在和平論的文字上雖著墨不多，因為他認為是十
分明顯的道理：「基督教所要建立的上帝之天國，正是人類之天
下一家之超越的模範。」[81]順著康德的道德形上學來談，也有可接
通處：「超越涵蓋之精神」可以「由信上帝而得陶養。人再通過
對耶穌之信仰，即可陶養其為人類而犧牲之精神」[82]。基督教是西
方文明最能夠成就天下一家、永久和平的精神條件。

　　唐君毅進一步談基督教的限制，要點有二：（1）三位一體的
教義，蘊含有獨占上帝啟示（天啟）的可能詮釋，對於異教徒的
排除（經由最後審判而劃分天堂、地獄之路），導致宗教戰爭的
歷史。這是以宗教教義埋下戰爭種子的一個潛在危險。（2）基督
教固然可陶養超越涵蓋的精神，但目標在於人死後的復活得救，

81　唐君毅，《人文精神之重建》，頁472。
82　同前書，頁473。

「不直接在此人文世界之開展，以成就人格世界之相互感通」[83]，這種趨向是超人文的，而無法在此世間安頓和平與悠久的事業。

唐君毅認為，西方哲學和基督教這兩個文化支柱都在促進人間世界的永久和平與悠久續存上功虧一簣；他從政治哲學的論述轉向宗教論述，藉由東方思想兼具哲學與宗教成分的特徵，指出一條「天下太平、人文悠久」的道路。由於唐君毅不滿意於後黑格爾（馬克思、尼采、佛洛依德）的哲學發展加重了「非理性、反理性」的成分，而如同他肯定基督教的積極價值一般，他反而欣賞前現代的中世紀時期[84]，這是他獨特的古典主義傾向。綜觀他所反省的大脈絡，他提出的診斷是：

> 實際上順康德黑格耳理想主義的發展，正應當於向上發現一超越自我，向外看理性客觀化於自然歷史之後；即轉而向內，去求如何開拓人之道德理性的心，去向下體察一切非理性反理性者，而由道德實踐，與人文社會之裁成，以加以超化。然而此未作到。[85]

診斷用語中包含了兩組方向圖像：向上／向下，向外／向內。他的論斷實際上落在向內／向下的困局上：由於當代或現代西方文化無法內在地超化向下的力量，因此，向上的力量無法實現。根據這個診斷，東方智慧可補充「主觀內在的超化」這種實踐能力。因此，儒家、道家、佛教、印度教攏統放入東方智慧標籤下：

83 同前書，頁474。

84 同前書，頁307-309。

85 同前書，頁478。

　　其〔東方〕思想，皆與其說重在本理性以建立理想，不如
　　說重在「如何用工夫，使理性之久大的相續流行於現實生
　　命」成可能，從根上超化一切非理性反理性者。[86]

唐君毅的解決方案是以東方智慧超化西方現代性的「反理性」，
從客觀的和平困局轉到主體的內在修養上，這與《文化意識與道
德理性》所主張的限制權力欲，其實相呼應。按照這一補充，東
方智慧（尤其是中國思想）能夠促進和平的，乃是講究實踐方法
論（實踐工夫）的道德修養論。

　　順此診斷，唐君毅仍舊撰寫了〈印度與中國先哲之宗教道德
智慧之方向〉、〈中國人之日常的社會文化生活與人文悠久及人類
和平〉來發展他的永久和平論。這兩篇文章，一是進行印度智慧
與中國智慧的會通，並證成兩者都可歸於東方智慧的說法；二是
確立儒家文化在道德修養與社會生活的彼此配合上，能夠安立價
值、安頓生命的獨特優點。對東方智慧的價值肯定，反映著唐君
毅對西方文化的回應與補充。道德修養落在日常生活上，結合了
場所論的邏輯，貫徹上、下、內、外為解決方案的空間圖式；所
謂「精神的合內外之道」，所體現的是他結合著和平的超越義與
內在義的看法。

　　從道德哲學的奠基來說，唐君毅肯定了由康德發現的「理
性」，他也稱之為「超越涵蓋精神」。他以此為線索，構想一套適
合發展人文世界、並促成人文世界能悠久續存的思想體系，而且
認為必須能夠落實於實際生活上。在這種實踐要求下，按照文化
哲學的思考視野所拋出的線索，唐君毅不滿足於政治哲學的解

---

86 同前書，頁479。

決,而毋寧歸於一種文化陶成的道德修養來當作解決方案。

宗教轉向也似乎可以如此理解:儒家的宗教向度保存在天地關係(天道、敬拜祖先、聖賢、鄉土情誼、農業形態)中,亦即,傳統儒家社會生活所已經實踐出來的生活方式;這種宗教向度不脫離道德、倫理的基礎,因此,能夠作為一種思想與行為典範來回應純政治領域的和平方案。唐君毅晚年所謂的「成教」也是在此方向上成立的。對於日常生活的重視,展現唐君毅思考的一個不同意義,他不純然是以哲學的立場來考慮問題,而更重視文化作為一種動態過程中「培養、陶成、教化、教育」的力量。面對戰爭的永恆可能性,他關注於社會凝聚的力量;因此,對於和平的奠基,他所期盼的是,從文化體的教化來擔保和平的道德基礎,而不是法權向度的世界公民權。

唐君毅的宗教轉向在這一點上顯出其局限。在康德那裡,永久和平論固然以道德為基礎,也呈現出宗教向度,但論述主軸放在不可取消的政治領域中。國家既是和平實現的條件(共和制),也是受限制的政治實體。在此思考中,和平所預設的國際關係以法權方式成立了一種國際的公共空間。唐君毅的和平奠基則是在政治領域的底部,另撐出一個文化實體,以文化來限制政治,這就讓政治的公共空間轉成為文化的公共空間,也使得和平的普遍義,朝向超越義與內在義發展。這種作法使得和平的法權論述落為第二義的,而非如康德所看待的第一義。唐君毅見到的是純從法權角度建立永久和平的不足,其宗教轉向也必須連同道德理性的奠基來說;即使如此,唐君毅也不能否認康德的法權規定作為前提。因此,他的宗教轉向是以文化的公共性為著眼,只有在文化的世界公民狀態下,對康德的補充才有實踐上的意義。對於康德來說,法權界定下的和平雖是第一義,卻是一消極條

件，亦即，人類趨於良善的歷史進程，必須以排除了戰爭的可能性為前提。康德視為積極條件的「天意」，其實是被自然合目的性所取代，進步的歷史觀仰賴的是這種自然所賦予的「非社會的社會性（ungesellige Geselligkeit）[87]」，進步的觀點則仍是以道德責任為基礎，才推致到世界公民的社會。至於政治與道德的一致則仍須訴諸於公共性、公開性（Publizität）[88]，以作為公法（萬民法）的形式。唐君毅的論點雖然在法權思想上偏於貧瘠，但在此公共性上的思考則與康德吻合。

在唐君毅的論述中，和平的超越義與內在義都在文化的視野下，有其世界性的開展，亦即，人文世界作為一種公共空間而開啟。康德在「永久和平的保證」中假定了語言與宗教的區隔，但他也肯定「當文化進步，而人類在原則方面逐漸接近較大的一致時，便導致在一種和平中的協同」[89]；這種文化溝通確實逐漸在當代世界中實現了。但在當代，不只語言文化溝通、商業發展以全球化的方式實現，連戰爭的危機也因為核子危機而以危害世界本身的方式出現，這卻是康德所未預見的，鄂蘭則明確指出此種政治領域內的自我取消的困境。世界性是永久和平論所觸及的底線，也是唐君毅在當代中感受到的困境。

結論

康德的《論永久和平》在國際關係、國際人權、人道救援等

---

87 Kant, AA, VIII, p. 20；〈普遍歷史之理念〉，《康德歷史哲學論文集》，頁9。

88 Kant, AA, VIII, p. 381；《論永久和平》，《康德歷史哲學論文集》，頁220。

89 Kant, AA, VIII, p. 367；《論永久和平》，《康德歷史哲學論文集》，頁203。

方面有深遠影響，其哲學意義在當代仍舊引起相當多的討論，不論是德希達、哈伯瑪斯（Jürgen Habermas）[90]或羅爾斯（John Rawls）乃至賀弗（Otfried Höffe）[91]、阿培爾（Karl-Otto Apel）[92]、努絲包姆（Martha Nussbaum）都延續了這條論述的軸線。相對之下，從儒家傳統出發，能夠對此一世界公民的共同議題有何貢獻呢？唐君毅的論述固然有其限制，但在他所處的時空環境下，仍舊勇毅地提出他的反省，也提供他的解決方案。我們未必有必要採用他的版本，但他所提示的方向，或許仍有值得發展之處。

　　唐君毅的永久和平論，順著和平的普遍義、超越義、內在義而環扣連結，形成他思想論述的特殊性。透過唐君毅與康德的對比，我們可試從以下三點來評估唐君毅在永久和平論上的思想效果：

　　（1）和平論述鑲嵌在唐君毅面對傳統文化與西方外來文化交會時的回應模式裡，因此，牽動著他根據儒家價值觀所得出的回應策略。他的模式是從哲學內的政治意義，轉出宗教向度。這個模式有其相對的複雜性，但不論所涉及的是政治、文化還是宗教，唐君毅的立場都是站在道德理性的立場來整體地思考。故而，在複雜中有其單純性（以道德意識為基礎）；複雜的是回應

90　Jürgen Habermas, "Kants Idee des ewigen Friedens — aus dem historischen Abstand von 200 Jahren," in *Die Einbeziehung des Anderen* (Frankfurt am Main: Suhrkamp, 1999), pp. 192-236.

91　Otfried Höffe (hrsg.), Immanuel Kant, *Zum ewigen Frieden* (Berlin: Akademie Verlag, 2004). Otfried Höffe, *Kant's Cosmopolitan Theory of Law and Peace* (Cambridge: Cambridge University Press, 2006), translated by Alexandra Newton.

92　Karl-Otto Apel, "Kant's 'Toward Perpetual Peace' as Historical Prognosis from the Point of View of Moral Duty," in James Bohman and Matthias Lutz-Bachmann (ed.), *Perpetual Peace*, pp. 79-110.

的策略與形態，單純的是奠基性的思維，亦即，藉由道德基礎為政治與宗教奠基。

（2）儘管唐君毅強調文化陶成的立場十分接近康德在《判斷力批判》論「文化」的觀點，但其道德修養論係根據理性的超越與涵蓋，康德則認為「文化作為自然目的」係根據合目的性的反思判斷，兩者論述根據不同。類似的差距也發生在唐君毅評斷康德「永久和平論」的根據上；康德式的「迂迴」在和平論述上加上歷史的目的論、政治體制與法權（權利）規定、國際法與世界公民權等至少三層的迂迴論述，對於唐君毅來說，不如直接回到道德修養的實踐工夫上。這種差異也限制了唐君毅能參與國際的永久和平論之視域。然而，道德奠基的角度並非一個單純的錯誤，事實上，當代的倫理學對政治哲學的思考，仍有待於進一步發揮「政治的道德奠基」這一軸線的思考。問題便在於必須更深入地吸收康德後學在當代開展的新反省。即使從唐君毅的政治哲學來看，這原已經是一項挑戰；但從另一方面看，唐君毅所關心的人類根本問題，仍有可能開啟新的論述與對話空間。

（3）純就非政府組織的和平努力來說，跨國的人道救援、人權觀察等體制化或非體制化活動實質地促進了人類的彼此感通關係。唐君毅所集中關注的文化陶成及道德修養，若能配合他的普遍感通論，而朝一個當代的人類共同體思維邁進，或許更能夠彰顯出獨特處。以文化限制政治的主張其實蘊含著對於政治領域的批判力量。文化抵抗力不全然被政治領域吸納，有可能在更深化當代政治哲學的檢討中，扮演新的角色。關鍵問題或許在於：文化領域所形成的公共空間能發揮哪些促進和平的功能？前述的非政府組織等多樣的和平努力或許可以視為開展出此種文化的公共空間，但仍需要有更多樣、更深刻的文化溝通來促成此種公共空

間的具體實現。

　　唐君毅對永久和平的鑄思線索有彌足珍貴的啟示。人類共同體如何維繫？不同的社會文化如何彼此尊重、學習、包容？共同體的廣納百川必定包含了不同社會背景、種族、血緣、膚色、信仰的人，在共同體中，如何面對外來者？又該如何身處外來者之間，或者反過來，如果自己變成他人眼中的外來者時，在移動遷徙中與異文化接觸時，又該如何處身（身體基礎如何，實際的行為又該如何）？這些問題仍舊是目前亟需思考的課題。在唐君毅的諸多論述中，早已經提示出了許多值得參考的方向。在和平論述中，儘管仍然有許多限制，但卻保存有活力的思想動力，容許開拓更多的議題，並尋求與當代政治、實踐哲學有更多、更深入的對話關係。從唐君毅的思想經驗出發，開創新視野下的實踐哲學，或許正是當代儒家思想所須面對的任務。

第八章

世界公民的倫理共存

前言

　　順著前述永久和平論的檢討，我們已經見到在實踐哲學的視野下，以中國哲學為思想資源如何回應人類共同生活的一種可能方向。唐君毅的反省有諸多深度可挖掘，而促進當代的哲學對話。唐君毅站在哲學家的立場上，對哲學與宗教、政治之間的張力保持高度的敏銳，具有跨文化的意義。以漢語來進行哲學思考，可能導出一種具世界公民意義的解讀，在人類的共同生存上提供反省的智慧。

　　當代漢語世界從設立「哲學」作為學科專業以來，始終面對多方面的挑戰。這些挑戰包含：（1）「哲學」的學科訓練係自西方引介入中國，雖然中間經過日本的譯介，但歸諸希臘、羅馬、現代歐洲傳統的特徵，遠遠不同於中國傳統；（2）以哲學方式詮釋傳統文本，所採用的語彙、論述形式、目標往往不同於中國的經學或子學、佛學傳統，造成理解與傳承的斷裂；（3）批判地吸收新的哲學論述，必須不斷意識到「正在發生中」的哲學教育、論辯、革新，但也不可避免地面對地域、時序、語言差異、問題的

現實參照等等隔閡；（4）參與非漢語脈絡的哲學對話，需要逆向
地將傳統或現代漢語語彙翻譯為異語言，也必須將問題意識翻譯
到對漢語文本中傳統或當代議題陌生的異地去。除了面對前述這
些挑戰，當代哲學家還須努力以漢語來闡述傳統思維的「哲學」
意味，這種努力卻也重新編製哲學傳統，因此，哲學固然努力於
創造概念、運用概念，但在漢語世界中，這些努力包含了多重的
重構傳統或發明傳統。

　　因此，如何標示中國哲學的特徵？始終是一個核心課題。不
論是用「世界智慧」來標示，或強調哲學的普遍性，哲學對於
「世界」的指涉並不欠缺。基於此，當代哲學家勞思光也擬議將
中國哲學放在世界哲學的平面上，這樣又更加強了哲學活動處身
於世界中的意識。儘管「世界」的界定可能十分模糊或空泛，但
是將漢字傳統中的思想資源朝向「世界」投射的企圖，似乎有不
可磨滅的明確性。

　　在這種標示著「世界」的明顯特徵中，中國哲學的身分牽動
著漢語哲學研究者的身分，從而也有必要在世界中辨別出哲學活
動的處境。在這一種帶有身分辨別意味的要求中，以「世界公
民」身分發言的哲學思考有其存在意義。

　　本章既以唐君毅哲學的世界公民身分為著眼，也納入同具儒
家身分的牟宗三來思考共同體的立人極之學，並參照劉述先
（1934-2016）所關注的世界倫理來觀察「在世界中」的身分。正
是在這種回應世界的框架，儒家傳統也有一種共同體的要求，指
向世界，立足於世界。

　　劉述先引介與回應孔漢思（Hans Küng）提倡的世界倫理[1]，從

1　雖然在書的標題採《全球倫理與宗教對話》（台北：立緒文化，2001），但劉

劉述先的論述中可以大約歸納出三點：（1）從儒家倫理傳統來回應世界倫理的構想；（2）回應的目的是尋求感通，而非尋求類同。具體地說，目的在於保存彼此有差異的傳統，但尋求對話的機會；（3）回應的原則是「理一分殊」的規約原則，以奠定「存異求同」的基礎。這三點散見於各篇的回應文章中，相當有特色地形成一貫的立場。

在劉述先的啟發下，本章試著思考21世紀人類如何共存的問題。問題的方向將從個人的倫理面向推向社群式的倫理存在，此處所謂的社群並不限於特定族群、特定傳統社群，而是將社群置於物種存在的意義下思考。推遠來說，或許可以從人類物種的角度思考「理一」。

以物種的角度思考，並非回到生物學層次而已，而是在文化意義下說，意義在於：人類作為存在於世界上的一個物種，在創造生存環境的條件上，不同於其他物種，但這種環境卻可能危害到其他物種與地球。人類的文化創造有積極的意義，到了當代，卻以世界大戰的方式危害自己，核子彈的發明也改變了戰爭的形態；種族滅絕的威脅雖然恆存於歷史中，但是戰爭技術的變化已經使得人類物種可能因為人類彼此的戰爭而消失。因此，從世界公民的角度出發，並不是單單為了避開以國家為限的局限，更是顯示出世界公民與人類物種存在的文化關聯。

在儒家傳統中，素有「興滅國，繼絕世」[2]的理想，宋儒張載也有謂「為天地立心，為生民立命，為往聖繼絕學，為萬世開太

述先於正文中皆作「世界倫理」。

2　劉寶楠，《論語正義》，頁763。

平」[3]。此一儒家理想明確地勾勒出本文所希望投注的方向。在「滅國」、「絕世」的威脅中，倫理共存所需面對的是以各種戰爭形式所帶來的「滅絕」的威脅。而相對之下，必須肯定保存文化傳統的積極意義，而非出於抗拒外來文化的保守心態。以「為往聖繼絕學」為目標，是延續著學問傳統，但因為關聯到「往聖」，使得此一傳統所形成的共同體[4]，並不僅指涉到現存的人們，也涉及到已逝的「往聖」，與過去歷史的關聯，加深了死亡與生命之間交錯的關係。「為萬世開太平」投射到未來，以「太平」為理想，固然因為涉及未來而呈顯出虛擬性，但也由於太平（和平）所關注的戰爭威脅，使得人類必須面對其續存於未來的條件。這一和平思考，若考慮到戰爭的可能性與形態，勢必也必須對於戰爭的意義與目的有更徹底的評估。張載的理想也暗合於劉述先前舉的三點特徵，並作為本論的主要綱領。

一、文化多元性意義下的傳統保存

在當代政治、文化、社會存在的事實上，劉述先肯定全球化時代的地球村作為人類彼此相互影響的具體情境；他也強調在對話要求中尋求世界倫理的建構，必須採取「極小式」的進路，而

3　黃宗羲著，陳金生、梁運華點校，《宋元學案》（北京：中華書局，2009），〈近思錄拾遺〉，頁769。另有語錄別作「為天地立志，為生民立道，為去聖繼絕學，為萬世開太平」，見張載著、章錫琛點校，《張載集》（北京：中華書局，2008），頁320。

4　共同體，相當於德文的 Gemeinschaft、英文的 Community、法文的 Communauté，也可理解作社群，但討論共同體未必要主張社群主義（Communitarianism），也更不必化約到共產主義。本文以共同體作為人們共同生活的基本形態，藉以延伸到更一般性的問題上。

這種「極小式」的進路「不能只是用『取同略異』的歸納方式。」
相較之下，他建議採取「存異求同」的進路：「事實上，我們無
須抹殺各個不同傳統之間的差異，卻又不必一定會阻礙彼此之間
精神上的感通。」[5]他以道德金律「己所不欲，勿施於人」為例，
認為金律作為一種普遍道德原則有一種指引式的意義：「它指點
了一個確定的方向，雖然不能給予我們完全的指引，卻可以促成
一種精神的感通，凝聚某種共識。」[6]在精神感通的目標上，「存異
求同」的「存異」，指的是各自不同文化或宗教傳統中的核心價
值，可以維持其穩定的固有表述，「求同」則是在對話與相互肯
定中，尋求「感通」、尋求共同方向。

（一）安居與保守

以「存異求同」為目標，傳統核心價值的差異則在彼此尊重
中被保存。在同／異問題上，是以異為基礎尋求同的發展，但不
是純粹為了求同而輕率地捨棄異。傳統具有一基礎的優先性。有
關傳統的保存，唐君毅有類似的說法。保持傳統，意味著保存傳
統中的核心價值，對於核心價值的肯定則需要價值意識的自覺。
表面上，這似乎是一個循環的論斷，但實際上，這是價值意識本
身的自我肯定，透過核心價值的辨識而有肯定。唐君毅以「花果
飄零」為根本意象來描繪傳統價值的分離崩解，繼而以「靈根自
植」來比喻價值意識的覺醒。

對照著「花果飄零」，唐君毅提出一種獨特的保守說：從具
體肉身的安身立命聯繫到價值層次抽象的安身立命。保守，意味

5　劉述先，《全球倫理與宗教對話》，頁77。

6　同前書，頁77。

著在價值肯定上的安身立命。唐君毅的保守說呈現在兩種層次上：在消極層次上，傳統若非根據自覺的判斷，並不需要改變；在積極層面上，傳統為核心價值得以維繫處，對傳統的保守乃是對核心價值的肯定。

　　在此脈絡下，傳統包含了民族、語言、歷史、文化、社會風俗習慣、生活方式[7]，但唐君毅不認為這些項目是單純的事實，也不能視為外在客觀的東西，而是「我們生命之所依所根以存在者，即我們之性命之所在。」[8]從此消極層面出發，唐君毅正視人的具體存在，而不是指從觀念性的角度談價值與人的生活。在一般原則上，唐君毅指出「人之生命不是只依其抽象的可能，而是依其真正的現實而存在。」[9]對於唐君毅來說，「真正的現實存在」乃是「我之生為中華民族之一分子，並受中國之語言文化社會風習之教養而成。」[10]按照此一認同，「誕生」是一個生命事實，但仍有可能誕生在任何一個社會、任何一個地區，對唐君毅而言，這種誕生仍舊有抽象成分，但若誕生在一個民族中、受到文化的教養，則此誕生才是真正的現實。因此，生命的誕生，依照真正的現實而存在，必須是在文化教養、教化之中。

　　現實存在，可以是家庭的，可以是土地的，可以是血緣的，但是唐君毅強調民族與文化。這種見解實際上將中華民族實體化，也當作一種統一的單元體，其次，在語言、社會的文化教養上，也有單調的同一性。這是在二次大戰後、中國內戰後，經過

7　唐君毅，《中華人文與當今世界》（上），頁17。〈中華民族之花果飄零〉撰於1961年端午。

8　同前書，頁18。

9　同前書，頁20。

10 同前書，頁20。

國共分裂，蟄居香港殖民社會中，一種延續中華文化統一體的認同建構。這種認同建構的有效性，若落在客觀面上來分析，並注意到「中華民族」概念的建構過程，將會是社會學、人類學、政治學的課題。從中華文化的內部多元性來說，也似乎過於簡化，但唐君毅的說法則是從身分認同連結到文化身分與價值承認的關係上，一方面提示出文化與教化在形塑生命存在實有一種現實意義，另一方面則轉出核心價值的承認有關鍵性。

　　因此，從消極層面轉出積極層面的論述。保守傳統的根據來自對於教化中的價值自覺。然而，在此積極承認中，唐君毅還是先以負面方式表述：

　　一切中國人之不能真實自覺其所自生與所受之教養，為其生命存在之所依所根，而與其生命存在不可分者，皆不是一真實之中國人，亦非一真實的人，非有其真實的自我者；而只是一尚未生之上帝或自然中之抽象的可能的人，亦只是抽象的可能的我者；即亦實非人、非有其自我者。[11]

在此段論述中，唐君毅以激進的語氣陳述了教化與價值自覺的關係，卻也透露了文化保守主義的激進立場。引文的第一句，以雙重否定的陳述句表述，但實質上帶有條件句意味。但是，為補充說明「非真實的人」，又添加了「抽象可能的人」與「非人」兩種分別。由於句法以「一切……，皆……」的全稱命題表述，使得此句顯得十分獨斷。唐君毅乃是以必要條件的意謂來考慮對於教養的自覺，而「真實自覺」的對象是教養作為現實生命的價值

---

11 同前書，頁21。

根據。著重點在於「真實自覺」上，是從「不能真實自覺」來陳
述「非真實的人」、「非有其真實的自我者」、「非人」、「抽象的
可能的人」。此種獨斷原本並非出自文化保守主義的獨斷，而是
出自觀念論對於自覺、價值意識的獨斷。

　　唐君毅的論述並不是針對實況發言，在他眼中，實況是：每
個具體現實存在的人都是誕生在一定的教養條件中，亦即，這種
教養是「與生命存在不可分」的。正因為這種對教養的自覺，他
也才有發揮「保守」特殊義的空間。故而，他緊接前一句而逆反
論說，不採取雙重否定，而採單稱的條件句陳述：

> 　　反之，如我今能真自覺我之所以生及所受教養，為我之生
> 命存在之所依所根，而與我之生命存在不可分；則在我真肯
> 定我之生命存在之價值之一念中，即必然已肯定中華民族及
> 其語言文化社會風習，對我生命存在與所受教養之價值，以
> 及由此教養所成之我一切原來生活方式之價值。[12]

所謂的「單稱」是指句中以「我」為說，條件句的前提是前段分
析指出的「自覺」，但推論卻是一個有必然性的宣稱：在肯定
「我」的價值的「一念」中，「必然已肯定」中華民族對「我」的
教養價值。這是一個對於充分條件的肯定，而肯定的內容仍舊是
觀念論式的立場：在價值自覺的「一念」中包含對價值肯定的必
然性。以肯定表述價值自覺蘊含的必然性時，唐君毅卻轉而從
「我」轉移到「常人」的立場，他認為只要有肯定自我生命價值
的一念，就顯示出「保守」的積極意義。

---

12 同前書，頁21。

　　保守對比於改變，他加上了兩層說法：（1）改變來自自覺；（2）未自覺要改變而保留原價值，便是一種價值肯定。

　　關於第一層，他的說法是「除非我有自覺的其他價值上的理由，對此一切加以改變」；這個「除非」所蘊含的情況是：在多數人非專家學者的情況下，不採用抽象思考加以改變，「除非」並不會發生，亦即，自覺地改變價值的情況不會出現。

　　於是有第二層的說法，在沒有理由改變的情況下，仍有所謂自覺，「只須我未覺其無價值，此加以保持，即已包涵一『對我之生命存在之價值及其所依所根之價值』之肯定。因而此加以保持之本身，即為有價值者。」[13]唐君毅所聲稱的「保守」是在這種「此加以保持之本身，即為有價值者」的觀點下成立。

　　綜合來看，唐君毅所想要證成的「保守」，乃是「延續傳統」、「保持傳統」。他的說法很可以抽繹為文化保守主義者的一般論據。從普遍命題出發，任何在一個特定傳統下的特定個人都具體而現實地存在於文化教養中，對個人生命的肯定蘊含對此文化教養的肯定。一個傳統的文化教養，乃是核心價值的展示；對此核心價值的肯定，源自進行價值判斷的價值意識。但對於保守主義者而言，保留傳統，意味著對於固有的核心價值的肯定。

　　唐君毅對於自覺、一念的強調，雖帶有觀念論色彩，也混合著佛學天台宗的影子，但實質上的價值意識乃是將家庭、民族、國家連成一體的整體觀，他在價值上所肯定的是儒家式的價值。這種高度一元論的態度，似乎無補於當代多文化元論[14]的潮流。

---

13 同前書，頁21。

14 劉述先，《儒家哲學的典範重構與詮釋》（台北：萬卷樓圖書公司，2010），頁122。

同時移民、遷居幾乎已經成為人類共通文化的一個事實，對照於全球化時代講求高度流動的現況，纏繞在花果飄零的一元價值上，也似乎不合時宜。然而，即使在遷居頻繁、全球流動的當代境況下，保存傳統與安居的思考似仍有其價值。

安居對比於離鄉背井的花果飄零，確有對應於1949年受迫於中共政權成立而引起流亡的歷史情境。從意象轉到隱喻的用法，唐君毅也將安居聯繫到價值肯定的「安身立命」上。

唐君毅從前述「保守」連結到「安居」的相同理由：

> 只要我不覺我舊居無價值，我即無須遷居，而安然的住著。此安然的住著，似只是習慣，但我之自覺我安然的住著，卻不是習慣，而是我之肯定了：此安然的住著，使我生命之過去之繼續存在於此居的價值。[15]

唐君毅的論述移動十分清楚，一個安居的動作意味著生命價值的肯定。被肯定的不是居住的習慣，而是居住中生命延續的價值。對於五倫的保守肯定，也基於相同的理由，唐君毅順而延伸此種價值觀，保守是「人之所以保守其人」：

> 此保守之根原，乃在人之當下，對於其生命所依所根之過去、歷史、及本原所在，有一強度而兼深度之自覺。（……）我生命之悠久，於是乎在；我生命之博厚，於是乎存；而我乃為一縱貫古今、頂天立地之大人、真我。[16]

---

15 唐君毅，《中華人文與當今世界》（上），頁22。

16 同前書，頁25。

保守與安居連結到存在上，而存在又投注為悠久博厚，既有時間的綿延、也有空間承載的厚度，在隱喻背後則是生命的厚實感（以強度、深度來概括）。文化核心價值的肯定，落在個人成其為真實的個人有一基礎，此基礎（根源）是五倫的展示，並特別連結到尊學術文化、古今聖賢。

（二）異文化與多元文化的空間

　　牟宗三的措詞雖然不同，也有類似的說法。在1949年時，他以「道德的理想主義」來稱呼儒家學問，除強調以道德實踐為基本原則，也強調文化的「人文化成」。面對當時共產主義的威脅，牟宗三藉著儒家學術來設想抵抗與批判的可能性。人文化成的文化傳統必須被保持，所依據的是華夷之辨。他藉由詮釋孔子來說：

> 保持文化不但是保持民族，亦是保持人道。故孔子一方雖說管仲之器小，而又大其功。其功能即在能救住人類使其不變為夷狄。故有文化的民族之自尊即是「人之為人」之自尊。[17]

在牟宗三的這種說法中，人的自尊等同於他的文化，對文化的責任也等於維護人類尊嚴的責任。保存民族文化的理想也藉此表露：

> 保歷史文化即是保民族國家。歷史文化不能消滅，民族國

17 牟宗三，《道德的理想主義》，頁45。

家亦不能消滅。我們只應在歷史文化所貫串的各民族國家
中，異質地實現大同。（大同即是大通）。（異中之同）。不
應當毀棄他人的歷史文化民族國家而強迫著求同質的大同。[18]

有關大同、和平的問題，容後再述。

在肯定自尊的前提下，也肯定他人自尊，亦即尊重他人，對
於牟宗三而言，幾乎是不言而喻。因此，即使在談文化意義的國
家根據，他也帶上對其他民族文化的肯定。他的說法似乎預設了
單一民族與單一文化同時與國家的等同，這個假設與唐君毅的一
元論幾乎相同。可以肯定的是，即使有此一元論的色彩，但並不
妨礙多元論的國家與民族，其理由同樣是文化尊嚴：

> 國家的肯定正是在此種重人道尊人性的自尊尊人處而彰
> 著。我尊重我自己，我亦必尊重他人。我尊重我自己民族的
> 聖哲及其所鑄造的文化，我亦必尊重他民族的聖哲及其文
> 化。[19]

從牟宗三這種說法來看，儘管類似唐君毅都肯定以五倫貫串道
德、文化、民族國家的理路，在這種一元論貫串中，文化作為道
德實體的承載有一元的同質性。但他們兩位也都承認在此同質性
的文化實體之外，有異文化的存在。

歧義則發生在文化差異中的華夷之辨。對於牟宗三來說，華
夷之辨或用夏變夷並不存在於異文化之間，而存在於有文化與無

---

18 同前書，頁46。
19 同前書，頁58。

文化之間。但牟宗三仍舊提到「野蠻民族」，有無文化的差別蘊含著高低文化的差別。牟宗三認為自尊有客觀性，屬於公心；這一意義似乎不同於唐君毅反對將傳統文化當作客觀研究對象，但兩者的立場並無不同。唐君毅認為，文化所代表的核心價值規定了某文化實體中特定個人的存在價值；牟宗三也認為，文化的意義在於肯定自尊與人之所以為人；兩者認為需保存傳統文化與價值的理由是一致的。當唐君毅激進地透露「非人」的說法時，牟宗三則有野蠻與文明（文化）的分別：「若是野蠻民族，而又不知近於禮義文化，則是自甘墮落，不可說為自尊。」[20] 這種獨斷語氣預設了野蠻與文明（文化）有客觀的判準：禮義。從人類學發展與尊重異文化的風俗來說，並且衡量文化內容的多樣性，這確實形成今日理解的某些困難。

　　不過，若放在20世紀50年代的情境來看，並且考慮哲學家立論的角度，應該注意到，當時保持傳統文化的呼籲是在回應國家存在危機、統治正當性的轉變、大量人民被迫流亡、西方文化的挑戰、冷戰格局等事實上。「異文化」的存在也早就是事實，並以差異來挑戰當時中華文化的自我同一性。在唐、牟兩位的討論中，維持傳統文化，原來就是回應異文化的一種文化抵抗，但哲學思考的要求使兩位闡述保守的哲學基礎。若只關心此種保守的文化奠基內部的一元論，很容易忽略其論述身處於面對異文化的格局中。若從21世紀的角度看，肯定文化保存的積極意義，必須關注到肯定文化核心價值中蘊含的多文化空間。

　　在唐君毅的論述中，更注意到多文化的對話關係。雖然仍舊是肯定儒家的獨特性，但唐君毅意識到宗教的衝突，他肯定儒家

---

20 同前書，頁45。

能夠「協調世間一切宗教之衝突」，在他的視野中，除中國既存的佛教、道教、回教外，還有猶太教、基督教（新教）、天主教、印度教等。他提了三個理由來當作協調的基礎：（1）儒家信仰「重在人之能信的主體方面，而不重在人之所信之客體方面，而儒家之所信者，又限於與人之道德實踐必然直接相關者而說」[21]。（2）儒家道德實踐「乃依於一無限之心量，而非如一般之道德教訓，只直接教人如何應一事、一物、或一類事、一類物」。「此衝突之裁決，唯有賴於此在上之無限心量之呈現，而作一通觀，以為裁決之所據。」[22]（3）儒家的祭天、祭聖賢、崇敬有德者，都可以其他宗教的信拜方式相對應也相通，「依儒家之學與教，一切宗教之禮儀祭祀之價值，皆可相對地被肯定」[23]。順此構想，唐君毅也申說儒家能涵蓋一切其他宗教，但不是凌駕其上，也不違反各宗教平等的原則[24]。

姑不論此系列說明是否都能如理成立，但明顯可以看到，唐君毅已經立於宗教對話的情境中設想回應之道。如果將涵蓋的說法略加調整，似乎可以從各宗教並立的情況，釐清出在儒家視野中各宗教並存的原則。以「涵蓋」、「統攝」為原則，並不是定主從、分高低，而是尋求彼此並存的融通之道。

晚近劉述先借用朱子「理一分殊」論理，將之詮釋為規約性原則的使用，也是在此面對宗教衝突、尋求宗教對話的情境，轉化出儒家內部既定的原則，使之活化而能應用於當世。將儒家與基督宗教對揚，實自當代新儒家起已經以東西方文化對舉的框架

---

21 唐君毅，《中華人文與當今世界》（下），頁79。
22 同前書，頁82。
23 同前書，頁83。
24 同前書，頁84。

處理，梁漱溟與張君勱也明顯放入中國／西方／印度的框架添增對話的多元性。劉述先更拓展到儒家與回教[25]、猶太教[26]的對話，這種努力也使得現代與傳統的關係，透過多元的宗教對話，顯出更活潑的面向。

　　按照安居的意象來看，儒家尋求安身立命，並不單純適用於個人或單一民族、單一文化體，而是有謀求各文化、各傳統共存的胸襟。安居，也必須容許傳統文化與核心價值的各安其道。回到本文開頭所設想的物種角度，儒家在世界公民狀態下所期許的是從共同存在到共同安居。民胞物與的理想有其可通往世界公民狀態的一面。在共同存在、共同安居的設想中，我們可以進而思考世界公民的共同體境況。

二、共同體中的生命與死亡

　　在涂尼斯（Ferdinand Tönnies, 1855-1936）的用法中，共同體（Gemeinschaft）與社會（Gesellschaft）是對立的。共同體的結合（Verbindung）方式是有機的[27]，被視為一種原始的或自然狀態[28]；社會則依照機械的方式結合，其中的成員是分離的個體。韋伯（Max Weber, 1864-1920）也採用此概念區分，但不將兩者

25　劉述先，〈新儒家與新回教〉，《當代中國哲學論：問題篇》（River Edge, NJ：美國八方文化企業公司，1996），頁113-137。

26　劉述先，〈對於「全球對話的時代」的回應〉，《儒家哲學的典範重構與詮釋》，頁144-151；〈猶太教與新儒家〉，收於鍾彩鈞、周大興主編，《猶太與中國傳統的對話》（台北：中央研究院中國文哲研究所，2011），頁219-238。

27　Ferdinand Tönnies, *Gemeinschaft und Gesellschaft* (Leipzig: Fues, 1887), p. 3.

28　Ibid., p. 9.

視為對立的。社會包含一工具理性的市場交換、純粹自由的目
的結合、依照價值理性的信念結合[29]。共同體依照「共同體關係」
（Vergemeinschaftung）[30]成立，建立在情感（affektuel）、情緒
（emotional）、傳統的基礎上，強調共通的相互隸屬感[31]。在社會學
的分析中，主要是為了處理現在世界中「社會」概念的興起，並
與傳統的聚落方式區別；將共同體與社會分開，有利於理解傳統
與現代在集體生活方式上的巨大差異。在涂尼斯的分析中，當代
社會以「個人」為基本運作單位。韋伯則以理性為判斷社會生活
差異的基準。涂尼斯、韋伯等人的社會學思考，從事實出發，希
望對歷史事實中人類集體生活的形態進行分類，也提供科學性的
解釋。

　　根據現代的發展事實，人類對於自己的理解也根據認識框架
的調整而改變。隨著「社會」概念中個人、個體成為獨立的範
疇，並以理性為此個人、個體的價值核心，集體的存在方式必須

29　Max Weber, *Wirtschaft und Gesellschaft*（Tübingen: Mohr, 1956），Band 1, p. 22。
　　韋伯著、顧忠華譯，《社會學的基本概念》（台北：遠流圖書公司，1993），
　　頁74。顧忠華將 Vergesellschaftung 譯為「結合體關係」，在此關係下，除了
　　以利益交換為主的形態外，另兩種分別為「目的結社」（Zweckverein）、「信
　　念結社」（Gesinnungsverein）。

30　這是從動詞 vergemeinschaften 而來，或可考慮為「結為共同體」、「共通
　　化」。共同體的相關概念有：Gemeinde, Gemeinwesen, Gemeinschaft,
　　Vergemeinschaftung。日本學者大塚久雄以馬克思為基礎，討論人類原始聚落
　　與土地利用關係，主要關注的是 Gemeinde。大塚久雄的翻譯分別是 Gemeinde
　　共同體，Gemeinwesen 共同組織，Gemeinschaft 共同態，與本文的使用有差
　　異。見大塚久雄著、于嘉雲譯，《共同體的基礎理論》（台北：聯經出版公
　　司，1999），頁4，注2。Gemeinde 同於法文的 commune，一般義為「村
　　社」，與現在常用的「社區」相當，在特定意義下指「公社」。

31　Weber, *Wirtschaft und Gesellschaft*, pp. 21-22.

也滿足個體性、獨特性要求。因此，所謂「傳統」或「現代」的判準之一，也落在這種個體性上；當一個集體生活形式以個體性為優先，個體之間的交互關係、團結、群體結合依照個體的理性判斷（工具的或價值的），往往被視為「現代的」；反之，當此集體生活方式以情感、自然聚集方式形成共同體存在，則往往被視為「傳統的」。這是共同體面對現代性的一個內在挑戰，同時，當代若要論述共同體的生活方式，則不能不面對個體性與獨特性的原則。在歐洲，經過對納粹與共產集權主義的歷史教訓後，從巴岱耶（Georges Bataille, 1897-1962）以降的共同體論述，經過布朗修（Maurice Blanchot, 1907-2003）、農希（Jean-Luc Nancy, 1940- ）、阿岡本的討論中，共同體的肯定也內在地不能抹殺個體性的存在。同樣地，在美國的德裔哲學家史特勞斯、鄂蘭也在政治思想的脈絡下，從眾人如何在共同生活的條件下建立政治體制，這也是屬於共同體的思考脈絡。在這些不同的線索中，可以看到，雖然共同體的問題在不同傳統、不同的文化脈絡、不同的歷史情境中，有不同的論述方向與基準，但是，共同體所涉及的眾人共同生活，則始終是一個反覆被討論的問題。

　　本文中則試從前節傳統保存的角度接上共同體的問題，其他方面的角度有待於別的機會討論。

（一）共同體與感通

　　人類作為物種，固然屬於生物學的描述，但相較於其他物種，人類既像是一個整體，又像是難以共存而彼此征戰的分散聚落、甚至是一個個孤獨的個體。個體本身有不可抹滅的獨立尊嚴，但從集體生活來說又以複多的方式共存著。文化能夠成立的一個生物基礎就在於承認有某些共同體狀態，在共同體中能夠有

一致的方式創建文化、傳遞文化。在基本複多性的條件下，在單一個體外，至少有單一他人、複數的他人存在。若以共同體為線索，則在分散的複多個體中，究竟是哪些人與哪些人結為共同體？在某一共同體所形塑的傳統外，與其他共同體的關係如何？能彼此結合，還是會彼此排斥？倘若保持傳統的主張，是以排他性的方式，或是以黏著於地域疆界的方式[32]，則將是將共同體限定在特定脈絡下，前者不能確認自己的共同體有合理性，後者則包含著偶然性。若能從人類物種的角度來看共同體，那麼，是否有助於從更普遍的基礎來思考更廣泛的人類共存的狀態？世界公民意義下共存，所考慮的將是人類共同體的續存。

　　以唐君毅的文化保守說為基礎，將傳統與共同體的關聯納入考慮，似乎有必要推到更具普遍性的條件來思考。在唐君毅承認異文化時要求保守自己的文化，他憂慮的是自我認同基礎的喪失；但他也從要求對價值的自覺上肯定自己文化的存在意義，這是在「保守」概念下將價值賦予文化傳統，藉此肯定個體生命的存在價值。在文化保存中，價值操作來回擺盪在特殊個體與普遍價值之間，一方面，個體生命存在的價值有賴於對傳統文化、教化的自覺，另一方面，傳統文化的價值卻有賴於特殊個體的價值賦予。這樣的循環是否有其他思考角度？

　　唐君毅的看法深植於儒家傳統中，他在對孔子仁道的詮釋中以感通為基本結構闡述仁的動態活動，包含三方面：對人自己的內在感通、對他人的感通、對天命鬼神的感通。感通的原則是

---

32 大塚久雄沿用馬克思對原始共產態的討論，將土地當作財產占有與支配，在這種政治經濟學概念下，「土地」（Grundeigentum）雖然被界定為共同體（Gemeinde）的物質基盤，但並不是「大地」（Erde）的自然義。見大塚久雄，《共同體的基礎理論》，頁8-9。

「通情成感，以感應成通」；以情的相互呼應為內容，感與通則彼此規定。唐君毅更以黑格爾的主觀精神、客觀精神、絕對精神增添說明：

> 此感通為人之生命存在上的，亦為心靈的，精神的。如說其為精神的，則對己之感通為主觀的精神之感通，對人之感通為客觀的精神之感通，對天命鬼神之感通，則為絕對的精神之感通。[33]

在這種感通結構中，以自己為基準點，並推擴到他人、天地鬼神。這是傳統以內聖為基礎的說法，修身必須先說服自己，必須先能夠在自己身上取得感動的源頭。劉述先也承繼「為己之學」優先性，舉出「克己復禮為仁」的詮釋，並以「仁心的遍布」[34]來形容孔子所謂的「天下歸仁」。「下學上達」、「己立立人，己達達人」作為行仁的次第，也是孔門的共通原則。

唐君毅則特別強調「為仁之方」的「恕」，以行恕為其點，並分就消極的恕（己所不欲，勿施於人）與積極（己所欲者，施之於人）[35]的恕來說。劉述先在討論孔漢思的世界倫理時，就道德金律與銀律來解說一貫的原則，並強調金律是「在原則上斷定」，以求「精神上自然得到感通」[36]。但唐君毅考慮到日常生活所感受的是，人與他人的關係；以恕為起點的為己，進而有忠恕、禮敬，這些德性修己的行仁次第，仍是「人己之感通而一貫之

---

33 唐君毅，《中國哲學原論——原道篇》，卷1，頁76。

34 劉述先，《理想與現實的糾結》（台北：臺灣學生書局，1993），頁143。

35 唐君毅，《中國哲學原論——原道篇》，卷1，頁85。

36 劉述先，《全球倫理與宗教對話》，頁67。

道」[37]。在這種感通結構中，雖然是從自己向外推擴到他人，但能反省的途徑則是先處理人與他人的關係，而後處理人與自己的關係。唐君毅隨處提點在前述行仁次第中必須注意到自己與自己的感通，但直到談智，有攝智歸仁的方向時，才談自己與自己的感通。

　　與自覺的要求相通，自己感通或者自我感通是「自覺的內在的感知」。服膺於攝智歸仁，道德知覺（感知）有感性基礎，也有接受性、被動性，但不能排除自覺的主動性：

> 　　知己之欲與不欲或愛惡，即是一內在之感知。此內在的感知，即是己與己之一內在的感通。人之此內在之感知感通，各有其不同之深度與廣度，而其推己及人之忠恕，亦有種種不同之深度與廣度。[38]

以道德知覺為實際經驗的事實，攝智歸仁將感通的內在性歸到仁的內在性，唐君毅從仁的工夫轉到仁者氣象。「剛毅木訥近仁」，顯示出「仁德純為內在之德」[39]。在「仁者樂山」、「仁者靜」、「仁者壽」上，顯現的是：「仁者之生命之安於其自身，而有其內在的感通，亦見仁之純屬人之生命之自身，而初不在其外在表現。」[40]

　　以這種內在感通（自我感通）為模式，可以進一步理解安居意象的核心，在「居能安」的人類基本需求裡，有一「能安」的自我感，呈現此自我感的是如「樂以忘憂」、「仁者樂山」的

37　唐君毅，《中國哲學原論——原道篇》，卷1，頁90。

38　同前書，頁100。

39　同前書，頁103。

40　同前書，頁103。

「樂」，這種樂也與德行修養上的「內省不疚」相關：

> 由此心之內省不疚，無所愧疚，則人之生命心靈即無所虛
> 歉，而有其內在的一致與貫通，或內在的感通，亦有一內在
> 的安和舒泰，故能樂。[41]

這種道德的樂可以擴展，當自己與他人的生命相感通時，擴大了
自己的生命；他人則有多樣性，包含父母、兄弟、天下英才，也
如孟子所說，擴及四海之民（「中天下而立，定四海之民，君子
樂之」[42]）。同樣地，根據孟子「萬物皆備於我矣，反身而誠，樂
莫大焉」[43]，唐君毅詮釋感通不限於人，也擴及動物、自然萬物[44]。
　　唐君毅更將感通擴展到回應天命的感通，這是根據孔子知天
命[45]、俟天命[46]、畏天命[47]的說法延伸而來。天命乃是人格神古義下
的命令呼喚，但回應天命是「即義見命」：

> 當直接連于吾人之對此天命之遭遇，感其對吾人有一動態
> 的命令呼召義，而更對此命令有回應，而直接知其回應之為

41　同前書，頁105。

42　焦循著、沈文倬點校，《孟子正義》（北京：中華書局，2011），頁905。

43　同前書，頁883。

44　唐君毅，《中國哲學原論——原道篇》，卷1，頁106。

45　劉寶楠，《論語正義》，頁43，〈為政〉：「五十而知天命」；頁769，〈堯曰〉：
　　「不知命，無以為君子也。」

46　朱熹，《四書章句集注》（台北：鵝湖圖書公司，2002），頁24，《中庸》14
　　章：「君子居易以俟命。」

47　劉寶楠，《論語正義》，頁661，〈季氏〉：「君子有三畏，畏天命，畏大人，
　　畏聖人之言。」

義所當然之回應說。48

回應天的召喚，既承認有我的存在，也承認有外於我又超越於我
的天對我召喚。這裡就有我自己與天的兩層次，如再加上自己與
他人的層次，三者合為隸屬關係中的三層次。感通，就其回應召
喚而言，有屬己的、屬他人的、屬天的三種層次。然而，畏天命
與畏聖人之言同屬三畏的範圍，而聖人的存在如同天的存在，往
往以「猶如存在」的方式促使人回應。

　　「猶如」的模式則是唐君毅詮釋孔子思想中，禮連結了生人
與鬼神的感通孔道。在「祭如在，祭神如神在」49的「猶如」，唐君
毅詮釋為「既為鬼神乃非有一定之存在狀態之在，而只是一純粹
的在於此感通中之『純在』」50。通幽冥的感通使得感通的範圍擴
大，以禮節制的連結，使得可見與不可見串聯起來。感通的共同
體也藉著通幽冥而擴大到生者與不既存者、死者的感通。這種共
同體的「共同存在」還包含「純在」的可能。禮所結合的共同體
就不限定在生者上，而推及一切曾經有生命者。保持傳統的另一
效果便在於，讓既往曾有生命者，能夠進入此一感通的共同體
中，以感通中猶如存在的「純在」，為生命存在補充而猶如現前
於此一時代。

　　唐君毅詮釋下的這種感通共同體使得個人與其他人都處於一
種彼此回應的關係中。從更一般的角度說，基於感通，人自己、
他人、天、自然物都不是以各自封閉的形態相抗相拒；不封閉，

48　唐君毅，《中國哲學原論──原道篇》，卷1，頁116。

49　劉寶楠，《論語正義》，頁98。

50　唐君毅，《中國哲學原論──原道篇》，卷1，頁142。

也如同透明而不封鎖祕密[51]。能夠與鬼神有感通關係，則是消融對於死亡的抗拒，讓死亡的不可知祕密消解在「純在」的透明狀態中，解除對死亡的恐懼。在情感上，則保留了「人對死者之至情，不忍謂其一死而無復餘」，由於不是毫無所留存，且至少可以透過生者的回憶追念與祭祀的「如在」，讓死者不是全然從歷史、現時代抹除。但所保留的是「純在」，是藉由感通結構所節制的呼喚與回應。在這種感通的共同體中，個人與複數的他人有存在、意義、價值的共通狀態，並且在呼喚與回應的結構中樹立起責任。

（二）結為共同體的作用：傳統與意義建制

相較於儒家式的感通結構，在意義與傳統的關係上，共同體的奠基仍是一核心的努力。但自從康德的批判論與實證哲學提出後，哲學、社會學傾向於將自然與文化當作兩種全然不同規則的獨立領域。從社會現象學的角度來說，胡塞爾（Edmund Husserl）在《觀念・卷二》設定了自然與精神的分別，並分別對應到自然科學與精神科學（人文學）。自然科學所面對的事物，形成了物的世界。以物的世界為基底，人類則除了物質基礎（物理的、生物化學的）的身體（Körper）外，還有通往精神性的肉體（Leib），這種肉體形成初步的共通性。而從可空間定位的肉體到充作知覺基底的肉體，這種轉變在同一個個體上發生，胡塞爾以「人格」或「位格」式的個人（Person）來稱呼，並且眾多的人格式個人（die Personen）才成為共同體的部分[52]。相應於自然世界，

51　同前書，頁132。

52　Edmund Husserl, *Ideen II*, *Hua IV* (Haag: Nijhoff, 1952), hrsg. Marly Biemel, p. 182.

胡塞爾承認此一精神世界的存在事實。在以諸多人格所形成的共同體中，個人與個人之間以溝通建立關係，並形成其社會性（Sozialität）[53]。此一人格處於社會性的周遭環境（Umwelt）[54]中，如同生物也有其生存覓食與棲息的周遭環境。此一人格就其能知覺、能判斷、能評價來說自成一個主體，而在精神世界中，人格主體則與其他人格主體並存，共通的存在視域（Daseinshorizont）則一併地被給予（mitgegeben）[55]。相較於社會學所談的「結合體」來說，胡塞爾認為，精神世界中的諸多人格形成了一種「人格的結合體」（Personenverband）；一個道德主體或道德人格是屬於道德的人格結合體的一部分，而一個法權主體則是法權共同體（Rechtsgemeinschaft）[56]的一部分。在胡塞爾的論述中，結合體與共同體兩個概念交錯使用，並沒有特別的區分，最終都導向主體的共通周遭環境。

　　胡塞爾也肯定人們互相溝通、傳達訊息、彼此理解的事實，他將此社會現象界定如下：在與他人的經驗中、在相互理解中、在深入理解（im Einverständnis）中起構成作用的周遭環境，我們稱為溝通的（kommunikative）周遭環境[57]。然而，早在以語言、文字、手勢、眼神的文化溝通前，原先已經有一肉體性基礎，立足於物的世界，當作原初的共通場域。胡塞爾認為，在此種身體的階段，通往肉體、肉身的共通層次之時，已經有一種交互主體性的關係，亦即，物的世界已經是他所謂「交互主體的物質自

53　Ibid., p. 184.

54　Ibid., p. 185.

55　Ibid., p. 186.

56　Ibid., p. 190.

57　Ibid., p. 193.

然」[58]。但物的世界乃是底層，在其上層則是由個別精神組成的精
神世界，而個別精神與另一個個別精神是藉由經驗的「結為共同
體」（Vergemeinschaftung）[59]來構成更高層次的共通層次，亦即，
構成更高層次的交互主體性。個別主體之間若能進行文化語言的
相互了解，則可形成溝通的共同體。然而，胡塞爾談及此種相互
了解的經驗，則借用當時心理學通用的說法「情感移入」
（Einfühlung）[60]來陳述。他人對我或我對他人是在此「入感」、
「情感移入」（能進入他人內心中感其所感）的模式下得到理解。
儘管胡塞爾傾向將此種能感人之所感的「入感」、「感情移入」視
為某種心理事實，但他在現象學構成的主體性預設下，仍稱他人
的共在（Mitdasein）為一種「附現」（Appräsenz）[61]，亦即，並非
如其本然地呈現在主體內，而是以彷彿呈現的方式被進行理解的
主體所把握。如果可以不拘束於名詞的完全等同，那麼此處所談
的溝通或「入感」連結了主體與他人，並導向一種共同體的結
合，其功能接近唐君毅所談的感通。

　　胡塞爾的討論從心理學的底層談起，當精神主體是以行動為
主要特徵時，行動的肉身基底、動機、意志都層層疊合在此主體
上。對於他人的「入感」則首先是能夠理解他人的動機。但這種
理解是類比的。他人經驗能夠被我所體會，乃是我理解到他人的

---

58 Ibid., p. 197.

59 Ibid.

60 Ibid., p. 198。胡塞爾也將拉丁文 comprehensio 加入此詞後的括弧中。
　　Einfühlung 在不同脈絡下，有翻譯為「移情」、「同感」、「共感」、「同理心」
　　等。英文翻譯有作 empathy 與 intropathy。胡塞爾在收集為《交互主體性的現
　　象學》三卷中，有相當多的討論；在其卷一中明顯地討論 Theodor Lipps 在美
　　學、哲學心理學脈絡下有關 Einfühlung 的觀點。

61 Ibid., p. 198.

動機，如同此動機在我身上那樣。並且，能達到理解的，也必須是能夠在我的把握中浮現。因此，胡塞爾認為：「藉由入感，這種『我的』統攝把握（"Mein"-Auffassung）同樣地一起被嵌入。這是另一個我，這是我原先不認識但卻能按照普遍的我存有（Ichsein）來認識。」[62] 對人格的認識也屬於這種入感經驗，也帶有雙重性：我按照我的人格性來理解他人的人格，我也按照他人的人格性來理解我自己的人格存在。共同體中精神主體的共同存在也由認識與入感的共通理解、共通把握（Komprehension）來維繫。物理性的身體與精神性的肉體也在入感中取得統一性，我對自己人格同一性的統覺，也透過入感操作，能將他人統攝為有統一性的精神主體，而不是依照物質、靈魂、精神等不同層次分散為物理學、生化學、生理學、心理學等知識團塊。人格表示此種統一性，胡塞爾則謂「對諸多人格的入感無非就是能理解意義的統攝把握，能在意義中、也在意義統一中掌握身體，這種統一應該就是意義所要承擔的。」[63] 意義的統一則囊括單一行動的動機、意志以及跨越個人的社會行為。入感所提供的功能使得個人與他人之間有人格意義的聯繫，讓結成共同體的契機得以達成。

　　在《笛卡爾沉思》中，胡塞爾更明確地處理交互主體性的問題，第五沉思集中處理這種對他人知覺與社會經驗的基礎。他人存在與自然世界存在同樣都帶有客觀性的特徵。從現象學構成的立場來說，他人如何被我所構成，也成為一種追尋客觀性的必要關卡。從我的原初經驗來說，他人與自然物都屬於客觀世界的一部分，認知他人的存在首先是讓他人成為「另一個我」而出現在

62　Ibid., p. 228.

63　Ibid., p. 244.

我面前。這時有一種共同體狀態是將我包含於其中的「我—共同體」（Ich-Gemeinschaft），我與他人彼此共存也為了彼此存在，胡塞爾也稱為「單子群共同體」（Monadengemeinschaft）[64]。諸多的他人尚未個別化為獨特有別的一個個他人，這種共同體呈現客觀性，但已經有一種結為共同體而構成的意向性穿插其中。胡塞爾從先驗主體性的構成來說，認為此種客觀的共同體是一個相同的世界，他指出：「先驗的交互主體性透過這種結為共同體的作用（Vergemeinschaftung），有一個交互主體性的屬己性領域，在此領域中，它（按：先驗的交互主體性）交互主體地構成了客觀世界，並作為先驗的『我們』而成為此世界的主體性、成為人類世界的主體性，它也以此世界的形式來客觀地實現自己。」[65]除此之外，他人的主體性也以肉身的個體方式被經驗到。

有身體的肉身他人形成一種阻隔，使得我無法跨越肉身的身體鴻溝成為他人。對胡塞爾而言，承認個人的身體性也同時指出個人的人格自我基礎，這是《笛卡爾沉思》承接《觀念·卷二》的相同論點。主體性構成作用要在客觀世界浮現，則有賴於身體的主體性。他人提供的陌生經驗以附現的方式出現，而他人作為另一個我，即他我（alter ego），與自我形成一種原始的偶對關係（Paarung）[66]。這種偶對是社會關係、共同體關係的原始建制（Urstiftung），團體、多數人也以此為基礎發展為普遍的人群現象。胡塞爾預設的是原來不可相互替換的兩端：自我與他我；透過附現作用，使得原不可如其本身呈現的他我以連帶方式呈現在

---

64 Husserl, *CM*, *Hua I*, §49, p. 137.

65 Ibid.

66 Husserl, *CM*, *Hua I*, §51, p. 142.

我自己的意識場域中。偶對關係則使得原本似乎分散不相干的單子自我，以此種「我與他的關係」形成束縛。一旦通過身體性的知覺，認識到無可化約的他人身體（以視覺、聲音、觸覺方式展現），更進一步認識到他人也類比地如同我一樣有心靈活動，這時，則是入感[67]發揮作用的地方。同樣地，入感在更高的心理層次運作，也屬於一種結為共同體的過程。

　　除了有能感情移入的共同體外，也有語言共同體，聯繫到的是承受意義建制的共同體，放在時間與歷史的脈絡下，則形成傳統。在《危機》中，胡塞爾歸於生活世界的論點。在身體為基底的生活世界中，主體的行動與感觸、主動與被動感也順此身體性開出。世界則以普遍視域的面貌對行動主體開放，在此生活世界中，「我們」乃是彼此在世界中生活的人（als miteinander in der Welt Lebende）[68]。共同體以生活世界的開展方式具體化，能夠說是「共同體」，乃是因為生活世界中「彼此共同生活」（Miteinanderleben）[69]的緣故。相對地，人格是在這種「與共的人類狀態」（Mitmenschheit）[70]的視域中，並實際與他人們有連結。

　　在《危機》補充說明的文件〈幾何學的起源〉中，胡塞爾的分析認為幾何學的客觀性也必須透過傳統來傳遞客觀意義。這種傳統也是一種共同生活的方式，必須承認「（攸關）與共的人類狀態」[71]。科學的客觀性（如幾何學）也必須仰賴意義的共同體來成立，從古希臘傳下來的歐幾里德幾何學也預設了一種歷史與傳

67　Husserl, *CM*, *Hua I*, §54, p. 149.

68　Edmund Husserl, *Krisis*, *Hua VI*（Haag: Nijhoff, 1976），hrsg. Walter Biemel, p. 110.

69　Ibid., p. 111.

70　Ibid., p. 124.

71　Ibid., p. 369.

統的連續性：「一種傳統化的統一，延續到我們的現前，本身也作為在流動長存的生動性裡的傳統化（Traditionalisieren）。」[72] 我們的現前則是經驗上環繞我們，又成為謎團的狀態，這種活生生的現前開啟了無限的視域，讓未知的現實可以浮現。由於未知，當代本身像是一個未知的世界，本身成為問題。胡塞爾進一步說：這些問題「針對著人類，而且問題也在世界中的結為共同體的彼此與共（im vergemeinschafteten Miteiander）之中產生影響與創造，並總是改變著世界文化史」[73]。生活世界的概念使得意義建構的共同體因素顯得重要。個人對於世界的知覺並非孤立的。生活於世界中，也同時是與他人共同生活著。胡塞爾也因此指出：

> 在彼此共同生活中，每個人能夠參與到他人們的生活。一般來說，世界並不只是對個別化的眾人存在，而是對人類共同體存在，且早已經透過素樸的合乎知覺物的結為共同體作用而如此存在。
>
> 在這種結為共同體作用之中，效用的轉變恆常地發生在彼此糾正中。在彼此理解中，我的經驗與我的經驗獲得與他人們的經驗獲得處於相似的連結中，如同我之內的個別經驗系列也相關地類似於每個人自己的經驗生活；更進一步也如此，交互主體的效用一致性相較於個體性來說，整體而言表明為正常者，因此，在效用與適用者的多樣性中，也有一種交互主體的統一。[74]

72　Ibid., p. 380.

73　Ibid., p. 382.

74　Ibid., p. 166.

個體所見的紛然雜陳，雖然早已經有交互主體的關聯，但必須有進一步的統整。根據「結為共同體作用」，個體的我與個別的他人們之間分享生活方式，也在「同一個世界」裡生活。交互主體性的意識也同時是共同體意識。

對胡塞爾而言，活生生的現前是經驗呈現的場域，傳統意義必須在現前的時刻被活化才能被認可為「有意義」。較之於生活世界的共同體，彼此共同生活也必須是實現在活生生的現前之中。作古的已逝者曾經是意義的創建者，從傳統所繼承與傳遞的意義來說，活化意義彷彿是讓已逝者再度來到活生生的現前。相較於此，唐君毅談孔子的仁，點出與鬼神的感通，讓他們已「純在」的方式顯現，似乎是期望證成「祭如在」的感通，但更重要的恐怕是形成傳統，讓意義的傳遞得以延續。

（三）與死者共存的生命體驗

在另一方面，法國當代現象學家昂希則提到「與死者共存的共同體」[75]。雖然同為現象學家，昂希極力批評胡塞爾的意向性概念，他認為意向性是一種外在化的行為，知覺的認識只將生命化約為事物，而不是真正體驗生命本身。對昂希來說，生命體驗是一種內在性，而且是在情感生活中特別明顯。在此前提下，昂希所見的交互主體性雖然也是「與他人共同生活」，但卻是「情感與共」（pathos avec），亦即，某種「同情共感」（sym-pathie）[76]。相較於知覺場的認識，昂希強調的是主體的感動（pathos），主體

---

75 Michel Henry, *Phénoménologie matérielle*（Paris: PUF, 1990）, p. 154.

76 Ibid., p. 140.

們在生命的基底中共同隸屬（co-appartenance）[77]。

　　昂希設想以主體生命感為核心的共同體，他的立場跨出了自然科學與精神科學的「科學」立場，而批判科學，並希望回到以價值感、生命感為主的宗教、藝術、倫理領域。他用兩個例子來談與他人共同生活的共同體：基於藝術作品的共同體以及與死者聯繫的共同體。由藝術愛好者組成的共同體，其中的成員未必彼此謀面，也就不同於胡塞爾從知覺模式談的他人，但都對某一作品（例如，康定斯基的畫）有印象，這一共同體的核心要素是作品的感動（pathos de l'œuvre）[78]。作品的感動共同於作者與欣賞者，但不受表象與時間所限制。

　　與死者共存的共同體，所謂的死者不是一切人類的已逝者，而僅限於「我們」共同認識的逝者。對於死者，可以有印象、知覺的留存、回憶等等。但死者帶來的傷痛肯定不同於單單是環繞知覺的相關各類認識所及。昂希指出：「我們生命中的死者不等同於那離開世界者。很多人還活著，讓我們能重見、能再度知覺，以致此重見像是對我們而言，他們的死亡毫無改變，只是使得死亡更可感。」[79]常見的情況是睹物思情，再次地乍見亡故的死者照片或衣物，彷彿又跌入與死者相處的情境中。這種「乍見」即是引文中的「重見」。死亡的事實並無改變，只是被提醒，但他人死亡的感觸則顯得細緻又澎湃。昂希用這樣的模式來說明，死亡如何逃脫知覺的領域，不受知覺的表象模式所主導；甚至，知覺的不可能處才是共通存有的條件。昂希也引用齊克果（Søren

---

77　Ibid., p. 153.

78　Ibid., p. 154.

79　Ibid.

Kierkegaard, 1813-1855）的「同時代性」（contemporanéité）的概念，「與基督共在，對於曾看到他的人來說相當困難，遠比不能看到他的我們更為困難。」[80]他也引用「精神世界的特異聲響學」來稱呼，在此描述中，「精神世界」的意義回到宗教層面，此處、彼處（hic, illic）[81]的用詞更接近宗教的此岸、彼岸，而不是胡塞爾區分自我與他人、我的身體與他人身體的用詞。

　　昂希提出「與死者共存的共同體」有其道理，因為他見到另一種歐洲危機，不是如胡塞爾所見的歐洲科學危機，而是與社會生活、倫理價值、宗教緊密連結的歐洲文化危機。他意識到，此種與死者共存的共同體在過去的社會中扮演重要的角色，但現代社會卻極力取消。昂希回應這種危機的理據，則是回到他主張的內在性：徹底內在、非宇宙的（acosmique）、激情傷痛（pathétique）的主體性[82]。

　　這種主體性以體驗為基本模式，是生命感受到自己存在的模式；他以「感觸性的」（感受的、情感的，affective）取代「有效性的」（effective）。在共同體的概念下，他不僅僅要囊括前述「藝術感動的共同體」、「與死者共存的共同體」，也包含著母親與嬰兒、催眠師與被催眠者、（精神）分析師與被分析者之間的關係。他專注於身體與心靈之間的「感觸」（affect）[83]關係，既不是身體的、也不是心靈的，而是心靈與身體交互影響關係。涉及到

80　Ibid.

81　Ibid.

82　Henry, *Phénoménologie matérielle*, p. 155。談「非宇宙性」，主要原因在於，昂希強調的是「自己」，在生命體驗中，是以「對自己的體驗」（l'épreuve de soi）為基礎。見 Henry, *Phénoménologie matérielle*, pp. 8-9。

83　Ibid., p. 155.

有生命者的關係時，昂希則回到生命的本質：「自我感觸作用」
（auto-affection）[84]；並以此作用當作是現象學的顯現以及自我給予
（auto-donation）[85]模式的對應。昂希所談的情感自我與情感共同
體，給予倫理與宗教的價值生活一種不同的奠基方式，他的立場
接近謝勒（Max Scheler）[86]，但也可和唐君毅、牟宗三所談的感通
共同體有擴大的對話可能。尤其在與死者感通共在的思路上，昂
希與唐君毅設想的共同體相當深度地補充了生命共同體的情感層
面。

（四）眾人的生命：政治的開新與奠基

誠如孔子言「未知生，焉知死」，共同體的概念所鋪展的是
共同生活，只是為了強調共同體未必都取決於知覺模式，而共同
生活中的生命感不能全然捨棄被動的情感感受。與死者共存的共
同體展示的是純然的受動狀態（pathos在希臘文中原意為「被動」
的pathê），而且是影響有情感者的人已經不存在、不以主動方式
影響。然而，回到生命本身的出現，「生生不息」的大化流行轉
為共同體思考時，所希望維繫的不只是物種、族類的繼續繁衍，
而是在能持續生存的基礎上，成就每個個人人格，在發展個體性
與自由的基礎上，聯繫成為一種共同體。

在生命延續的條件下，鄂蘭分辨了三種方式：勞動處理人類
生存的必要條件，確保了物種的生命；工作則使得延續與繁榮得
以駕馭生命的有限性；行動所成立的政治體將生命痕跡保存在記

84　Ibid., p. 170.

85　Ibid., p. 32.

86　Ibid., p. 167.

憶中、在歷史中[87]。在概念上劃分私有領域與公共領域時，鄂蘭則將社會範疇與政治範疇分開，她認為社會範疇是現代的產物，傾向於以行為（behavior）取代行動（action），而落入順從（conformism）[88]的態度，違背了城邦、公共領域以自由為主、彼此可相抗衡的狀態。近三百年來的現代世界在社會範疇下，將人類共同體轉變為勞動者與工作謀生者[89]，相對地縮減了真正公共領域的空間。對於鄂蘭來說，維繫生命的過程只是必要條件，卻不是思考人類如何共同地生活的充分條件。

　　鄂蘭以希臘的城邦生活為楷模，思考政治行動的共同體。德性（aretê, virtus）並不單單是個人修養的人格狀態，而是有公共性、能夠與所有其他人有別的一種「卓越」（excellence）[90]。按此說法，在德性的「卓越」中，始終必須有一些其他人的現前（presence of others），但個人或他人都不是以匿名、無面貌的方式出現。眾多他人與我、我們儘管有別，但有彼此共通處。共同性並不限於同一時代，而更穿越時代，彷彿達於不朽。古代中國叔孫豹所談三不朽（立德、立言、立功）也在古希臘的培里克利斯[91]中有穿越時空的回響，鄂蘭在談政治行動時，特別針對行動（立功）以及言詞（立言）[92]兩方面著眼。尋求不朽，而非尋求永恆[93]，則是古希臘人建立起城邦（公共空間）的基本世界觀；相較

87　Hannah Arendt, *The Human Condition*, pp. 8-9.

88　Ibid., p. 41.

89　Ibid., p. 46.

90　Ibid., p. 49.

91　Ibid., p. 197.

92　Ibid., p. 176.

93　Ibid., p. 18.

於不朽，人的必朽才為人的行動烙下印記，人有能力留下不可磨滅的痕跡[94]，亦即，留下歷史。共通性也順此談出；人所建造的城池、體制都因人的必死而可能腐朽，但共通於歷史的是偉大的行動、榮耀、雋永的言詞。對鄂蘭來說，對公共空間有意識，才不會讓共同體流於家族的模式中。

鄂蘭也不認為早期基督教共同體以兄弟情或慈善原則設立，足以涵蓋公共領域的特徵，相對地，基督教共同體遁世的態度無法積極肯定凡俗的世界。反過來唯有意識到公共領域的獨立意義，才能為政治生活的共同體奠定基礎；而考慮公共領域則需擴大到近乎不朽的歷史時間中，從世代的綿延來考慮：「如果世界要包含一個公共空間，這世界不能只對一個世代成立，也不能只為了活著的世代而設計；它必須超越必朽的人的生命幅度。」[95]這種視野投向歷史的萬世奠基，相對地，政治行動則是面對此不朽而開創。每個偉大的政治行動開創一個世代，但也呼喚下一世代的開創行動出現。這正如鄂蘭所強調的，行動的開創對應於誕生，是「誕生的人類條件的實現」[96]。如此，不朽並不是個人生命的長生，也不是某一具體城邦或政治體的延續不滅，而是等待新的生命出現。如同「興滅國、繼絕世」的理想，行動所追求的是具開創性又能奠基（「為萬世開太平」）的不朽。跨越世代也跨越種族，讓後來者（相對於我的他人）、將來未知的他人，也在此一公共領域中共存。相較於已經完成行動的不可逆性，鄂蘭也注意到面對未來時，行動有不可預測性[97]。若謂這些行動有德性的一

---

94 Ibid., p. 19.

95 Ibid., p. 55.

96 Ibid., p. 178.

97 Ibid., p. 233.

面，那將是對不可逆性要有寬恕的能力，對不可預測性的未來不
確定性要有敢承諾並信守承諾的能力[98]。

　　鄂蘭所言的恕道與信諾，也呼應唐君毅與劉述先繼承的忠恕
之道與道德金律。儘管唐、劉兩位相當肯定與基督宗教在道德精
神上的感通與對話，而鄂蘭則推崇古希臘的政治理想，但共同體
的理想穿越時間限制，在歷史的痕跡中，召喚未來的他者，這卻
是儒家傳統與希臘傳統都能夠同意的原則。

　　綜合前述，透過唐君毅所提的感通共同體，可以對照看出當
代哲學家（現象學）重視共同體的基礎，也分別論及人格、生
命、死亡所共同分享的共同體。但這並非各種共同體的羅列，而
是對於人類共同生活以成的共同體有不同面向的反思，其中也涉
及方法的差異。若放大來看，則是必須確保此單一普遍的人類共
同體不會落入任意的毀滅，在共同生活的條件下，即使身處不同
傳統、不同地域，而且死亡也是人的基本存有論條件，生活的共
通性、生命的並在必須正視有相互毀滅的威脅（不是自然帶來的
死亡威脅）。問題不僅僅在於個人之間恩怨報復或家族之間的復
仇，在國家之間的衝突征戰中，並不乏相互毀滅的歷史教訓，但
到了20世紀後，大規模的戰爭與毀滅性的武器威脅的是全人類存
在的條件。事實上，生命的毀滅也不限於人類物種，在核子彈、
生化武器的使用下，受威脅的是所有現存的生物物種；在普遍滅
亡的陰影下，要考量的正是普遍和平的問題。

98　Ibid., p. 237.

三、立千年之人極

　　劉述先在與孔漢思的全球倫理對話中，注意到孔漢思的命題
「沒有宗教間的和平，就沒有世界和平」。基於宗教戰爭與衝突在
當代戰略思想的地位[99]，尋求和平的努力朝向宗教之間的和平有其
現實政治的支撐。然而，即使從價值選擇的衝突來說，透過宗教
對話來尋求和平的奠基，現實上既有必要也有實踐的困難。在這
一點上，劉述先提出了基本原則：「既要容許宗教的自由，也要
肯定宗教的真理。我們要體現到：沒有一個宗教對於終極的真理
有獨占性。」[100]他同意孔漢思的分析，從宗教內部與外部來建立雙
重視野，從外部肯定宗教的多元性，從內部肯定我自己信仰的宗
教[101]。他也以「理一分殊」的原則重新從中國哲學的立場加以調
節，同時提出容忍其他宗教、其他傳統，並不違反（宗教）真理
的追求[102]。劉述先所提宗教和平的原則：「沒有一個宗教對於終極
的真理有獨占性」，則相當有洞見。此一洞見若回到康德在《論永
久和平》所談的「友善」（好客、迎賓）[103]原則（Hospitalität），
略加疏解，則更有利於與當代思潮的對話。

---

99 例如杭亭頓（Samuel Huntington）的典型說法，便將回教與西方世界的衝
　　突，當作是文明衝突與文明戰爭，其立場也純然以西方（美國）價值與利益
　　為考量。參見杭亭頓著、黃裕美譯，《文明衝突與世界秩序的重建》（台北：
　　聯經出版公司，1997），頁289。

100 劉述先，《全球倫理與宗教對話》，頁10。

101 漢斯・昆（Hans Küng，即孔漢思）著、周藝譯，《世界倫理構想》（北京：
　　三聯書店，2002），頁130-131。

102 劉述先，《全球倫理與宗教對話》，頁11。

103 主賓關係在中國傳統可聯繫到易經謙卦，唐君毅引「謙尊而光，卑而不可
　　踰」來談主賓的感通。見唐君毅，《生命存在與心靈境界》（上），頁12。

（一）賓客、陌生人的迎納

　　康德宣稱永久和平的第三條確定條款是「世界公民權應當局限於普遍的友善底條件」[104]。他認為，友善（好客）並不是源自對人類的愛，而是一項權利，此原則意味著：「一個外地人在抵達另一個人底地域時不受到其敵意對待的權利。」康德進一步指出，此權利不是一種賓客權，而是一種拜訪權（Besuchsrecht），是「所有人均應享有的拜訪權，亦即他們由於對地球表面的共有權而交往的權利。」[105]這種「地球表面的共有權」（Recht des gemeinschaftlichen Besitzes der Oberfläche der Erde）則是屬於共同體的所有權，而非單一個體或單一種族、國家所有。康德除了訴諸於人類在有限的地球地表上不能夠無限地分散而居，更從平等的角度分析此種拜訪權是基於人的居住權：「原先並無任何人比其他人有更多的權利居於地球上的一處。」[106]在這種居住的平等權利下，占有某處而生活原是生存的要素，但並不「比其他人有更多權利」則必須在「自己的居住地」之外，讓出其他的空間，不僅讓出空間供其他人居住，更應讓出空間供其他人造訪、短期居留。

　　從此一原則推到對於終極價值的占有上，在一個價值上安居，作為信仰的抉擇乃屬人信仰自由的權利，但是，並不能壟斷而排斥他人的選擇。如同康德所宣稱的，承認他人有地域（Boden）的拜訪權是與世界公民權聯繫在一起；但從個人不能

---

104 Immanuel Kant, *Zum ewigen Frieden*, in *Kants Werke. Akademie Textausgabe*, Band VIII, p. 358；康德，〈論永久和平〉，《康德歷史哲學論文集》，頁189。

105 同前書，頁189。

106 同前書，頁189。

獨占地域與價值的角度說，世界公民權作為一種權利，並非來自單純選擇，而是來自權利的普遍性，這種普遍性是根據共同生活於地球上的諸個人的生命與存在而來，也根據個人的自由而來。對康德來說，根據好客的權利，「遠離的各洲（Weltteile）得以和平地建立相互關係」[107]，而這些關係最終能夠將人類（das menschliche Geschlecht）帶到「日益接近一個世界公民底憲章（einer weltbürgerlichen Verfassung immer näher）」[108]。集合在此憲章下的並非特定的種族，而是人類本身作為種族（Geschlecht），這與本文開頭提到的人類物種的說法相當接近。這一種精神固然是建立在戰爭、國家、國際法、公法的脈絡上，但卻也適用於當代的倫理或宗教「憲章」上。類似的觀點，可以證成劉述先所謂：「我曾寫信給孔漢思，我會以世界公民的身分，而不是以哲學家的身分，來簽署他的草稿（按：世界倫理宣言）。」[109]

在當代的討論脈絡中，對此好客原則、友善原則非常重視的，可以舉德希達為例。德希達回溯康德的啟蒙論述，回到斯多噶學派與保羅基督教的世界公民傳統[110]，也回到猶太傳統中對「避難城市」（ville-refuge）的看法。在此西方的城市、城邦傳統中，已經有一種重視「好客的倫理」（une éthique de l'hospitalité）[111]。由於「好客觸及風俗生活，亦即，觸及棲留、如歸自家（chez-soi），既觸及家庭棲息場所、也觸及棲息的方式，觸及關聯到自己與他

107　Kant, *Zum ewigen Frieden*, S. 358。康德，〈論永久和平〉，頁190。

108　同前書，頁190。

109　劉述先，《全球倫理與宗教對話》，頁36。

110　Jacques Derrida, *Cosmopolites de tous les pays, encore un effort* (Paris: Galilée, 1997), p. 47.

111　Ibid., p. 42.

人的方式，觸及他人如同自己或如同觸及陌生人；倫理就是好客，到處都跟好客的範圍相通，不論是人們開啟好客之門或加以限定。」[112]但是，在如此積極肯定的倫理觀下，好客的歷史與實況卻受制於內部衝突的條件。德希達認為，好客涉及兩種不同層次，一個是具普遍性而無條件的好客法則（La loi de l'hospitalité），另一是特殊的而有條件限制的個別好客法則（des lois）[113]，例如，依照城邦、國家的風俗而成立的特殊法則（法律）。他也依照此思路分析康德的法權規定。

在康德的原則「普遍的友善底條件」上，德希達認為這是一種建立在自然權利的普遍性前提上，屬於前述的無條件原則。當康德將好客原則解釋為拜訪權時，他並未讓此權利改變居住權的特性，亦即，優先肯定「聳立、建立或樹立在土地之上的一切」[114]，如住屋、文化、制度、國家等。拜訪權雖然建立在居住權的平等性上，但對於既成的體制、安居形態都必須尊重而視為前提，否則將有以拜訪權凌駕居住權的可能。但這一條件實際上限定了好客、友善原則，除了以居住權限定拜訪權[115]之外，另一個條件後果是居住權受制於國家主權，因此，「不論是城市的好客或私人好客都取決於並受控制於國家的法律、國家的警察」[116]。在更進一步分析中，德希達稱此為好客（友善、迎賓）原則的二律背反[117]。以陌生人、流放異地的問題切入希臘悲劇的安蒂岡妮

112　Ibid.

113　Ibid., p. 43.

114　Ibid., p. 53.

115　Ibid., p. 54.

116　Ibid., p. 56.

117　Anne Dufourmantelle et Jacques Derrida, *De l'hospitalité*, p. 73.

（Antigone），在黑格爾以國家法和自然法[118]的矛盾辯證來分析
處，德希達稱此二律背反是不可辯證的[119]。事實上，此處所涉及
的問題層次，正是康德與黑格爾的差異，也是後來唐君毅與牟宗
三面對的問題，兩者在流亡海外之餘，都明確地有條件地選擇了
黑格爾國家論的立場，有條件的地方就在於唐、牟兩位都批判黑
格爾以國家精神為終結的局限。唐、牟兩位也都以各自方式保留
宗教在和平問題上可能的空間。在此點上，劉述先則以「理一分
殊」作為規約原則來處理前述的兩層次問題，在德希達視為有二
律背反處，劉述先則認為可以「理一分殊」來保存並行不悖的關
係。然而，若摒除詞彙的不同，處於當代情境中面對和平與好客
的問題，似乎都傾向於保存差異[120]。

　　雖然保存差異的理據、立場、目標並不相同，但所涉及的問
題也有可對話處。如果回到和平與宗教的問題上，我們可以發
現，好客所面對的陌生人、他者問題也正是德希達思考宗教的一
個核心。雖以宗教為題，德希達考慮的問題如同好客、迎賓原則
一樣，將幅度、縱深拉到存有神學、神學政治體制來看待，因
此，宗教問題幾乎與西方文化的基本結構緊緊結合，無法忽視。
倘若要抽離地說（abstraction），則只能從宗教的某些側面著眼；

---

118 黑格爾以人類法與神聖法來指稱倫理世界的分裂，見 G. W. F. Hegel,
　　Phänomenologie des Geistes, C-BB-VI-A-a, p. 318。

119 Dufourmantelle et Derrida, *De l'hospitalité*, p. 73.

120 關於德希達的二律背反說，其用意在於不傾向於任一原則（普遍或特殊），
　　而以背反狀態來保持兩種層次的法可以並存，以不取消某一層次的方式讓此
　　一差異續存著。但涉及細部分析處（流放、死亡、哀悼、國家、語言、異
　　地、陌生等多方面的問題），礙於篇幅，無法在此續談。化約地說，德希達
　　的作法在於將好客原則當作西方法權、倫理、政治乃至生命情境的貫通線
　　索。

若單就宗教與他人、陌生人的問題來說，德希達強調的不是一般
將religio解釋為字源學上的「聯繫」，相反地，他更注意到「顧
忌的保留」、「羞恥的矜持」的意義[121]。德希達甚至引語言學家班
文尼斯特（Émile Benveniste）的說法，在印歐文明中，並沒有一
個通用詞來表示如religion所稱的東西，而宗教並不是一個獨立分
離的體制，而是與文明體制緊密關聯[122]。德希達舉一系列相關
詞，來說明「宗教」的多義性與多名性[123]，因此，他指出religion
這個詞幾乎專指基督教。在這一反省中，他特別注意到「宗教」
普遍性必須顧及他者，對他者的顧忌也包含對他者的尊重。而在
談宗教容忍的段落中，他意識到這原是基督教內部的語言（容忍
異教徒），但與他人的關係中，更徹底的容忍必須面對一種「荒
漠中的荒漠」[124]，讓他者不可強行被化約、得以不期而遇。更徹底
的、另類的容忍將會「尊重無限他異性的距離，這種他異性是作
為獨特性。這種尊重還仍是宗教，但是宗教作為顧忌或矜持、距
離、脫離聯繫、脫勾，〔尊重的開始是〕一旦跨越了一切宗教
（作為自己重複的連結）的門檻，跨越一切社會連結或共同體連
結的門檻。」[125]在共同體的「共存」要求下，「距離」反而是保存
差異的必要條件，使得他人的存在空間得以留存。留下餘地、挪

---

121 Jacques Derrida, "Foi et savoir" in Jacques Derrida et Gianni Vattimo（dir.）, *La religion*（Paris: Seuil, 1996）, p. 26。有關的字源包含religio, relegere, religare。「顧忌的保留」、「羞恥的矜持」分別指la halte du scrupule, la retenue de la pudeur。德希達還指涉到海德格的Verhaltenheit與神聖性的關係（p. 81）。

122 Ibid., p. 49.

123 Ibid.，如foi, croyance, culte, théologie, piété, divin, sacré, saint, heilig, holy等等。

124 Ibid., pp. 26, 29.

125 Ibid., p. 33.

出空間，則是源自顧忌的生命條件。

德希達順著列維納斯的脈絡，認為能回應這種無限距離外的他者，同時是責任的開端。在認識到religio被當作「宗教」的基督教特徵、拉丁語體制的特徵時，德希達以提問方式留下他者的空間：「如果religio維持為不可翻譯的？」[126]這一問式邀請著回答、責求著回答，而回答、回應此類問題同時也是宗教裡的誓言、承諾與責任[127]。以問題化的方式召喚著一個必須回應的要求，這便是基於「距離」所留下的問題動力。如同德希達討論好客原則時將他者、他異性、陌生人當作重構西方文化（存有—神學—政治學的體制）的重要線索，此處討論宗教問題時也據以重構宗教與政治、倫理的關係。在這種重構中，個人、家庭、國家、共同體的關係不再是以單調的秩序來串接，他人、他者、他異語言、他異文化重新劃定了倫理與和平的界限。從好客、迎賓原則開啟的思考，則逼顯著世界公民論的界限與條件，不是只當作天真的原則來宣稱。

（二）人極：天下人的天下

在和平的問題上，當代儒家的思考總是以立人極的態度來當作基礎。和平乃是「立千年之人極」的理想所歸。人極所指的實質內容是道德性的，但其外延不是特定種族，而是全人類（das menschliche Geschlecht），如康德所規定和盼望的。在儒家思想中也不可排斥地蘊含此種細微而有曲折的世界公民主義。

126　Ibid., p. 43.

127　Ibid.

　　除了唐君毅有明確論及永久和平[128]的想法外，牟宗三也曾引王船山《讀通鑑論》的說法：「王莽沙陀之區區者，乃以移數百年氣運，而流不可止。自非聖人崛起，以至仁大義立千年之人極，何足以制其狂流哉？」[129]牟宗三指出「立千年之人極」的倫理基礎，他認為傳統中國中政權與治權的問題未能分清楚，雖然儒家的道德禮樂是文化主動力與骨幹，但不能消融政治氣機的橫流[130]。若能尋得消融此氣機狂流的道（政道），則方能「以至仁大義立千年之人極」，「開萬世之太平」[131]。在原有區分公天下和家天下的傳統中，牟宗三點出「天下人之天下」為基本原則，相對地，一家一姓據為己有便違背此原則[132]。這是以普遍性對比於特殊性的論點，他藉此引申政道的普遍原則，進而宣稱：「無論封建貴族政治，或君主專制政治，皆無政道可言」，「惟民主政治中有政道可言」[133]。這種對民主政治的肯定也是唐君毅、徐復觀、張君勱所共有的想法；德希達在順著康德的啟蒙精神論述時，也認為共和制的民主是一種可普世化的模式[134]。牟宗三在普遍性與特殊性的對揚中，分別以政道（第一義的制度）與治道（第二義的制度）[135]屬之。關於中國傳統政治的診斷，則認為從內聖延長到外王，只能落在第二義制度上事功的經世致用，因此必須以完成

128　唐君毅，《人文精神之重建》，頁458-480。

129　王船山，《讀通鑑論》卷19，《船山全書》（長沙：嶽麓書社，2012），第10冊，頁728。牟宗三，《政道與治道》（台北：廣文書局，1979），頁16。

130　牟宗三，《政道與治道》，頁17。

131　同前書，頁18。

132　同前書，頁20。

133　同前書，頁21。

134　Derrida, *La religion*, p. 16.

135　牟宗三，《政道與治道》，頁23。

第一義制度（政道、憲法）為外王的真正完成[136]。從第二義轉到第一義制度仰賴的是「逆」，亦即良知的自我坎陷。相對於劉述先採用「理一分殊」的模式或德希達採取差異保存與解構的模式，牟宗三的「逆」、「坎陷」則是以黑格爾的辯證否定模式來面對兩種層次的衝突。關於和平的問題，如同第一節引文所見，牟宗三仍以國家為基本界限，只是他認為國家是文化性的，必須在保存文化的意義下保存國家。他也據此討論和平、大同的想法。

以普遍原則「天下人之天下」來說，牟宗三指出：大同，源自真理的普遍性、文化的普遍性。若以大同為一種組織，則是「仁之國家間的綜和，仁之人類方面的絕對綜和」[137]。更進一步，牟宗三也指出「仁的擴大並不停止于人類，它亦必擴至宇宙萬物。……到此便是聖賢人格的絕對精神、天地氣象。」[138]這一連串見解包含兩個重點：（1）大同作為國家間的組織；（2）從物種之間的角度重估世界公民的意義。

關於國家間的組織，牟宗三以平天下的傳統詞彙來稱述，並指為「和諧萬邦」──「平國與國間的複雜關係而使之協調」[139]。但這一說法相當籠統，可以用國際法架構下的國際關係來看待，也可以用現實政治的外交手段幹旋來看待。他以比喻方式（國家為縱的系統，天下為橫的系統）提出一個類似康德的模式：大同（和平）組織「容許『各自發展的異』中之同，它是承認它們（按：國家）而又處於它們之上的一個和諧。」[140]接著他用到黑格

---

136 同前書，頁24。
137 牟宗三，《道德的理想主義》，頁59。
138 同前註。
139 同前書，頁63。
140 同前書，頁64。

爾式的術語「絕對精神」，或他自己認可的「絕對理性」來稱呼，這是「各種歧異間的和諧」。到此提供和諧的地步，則是以道德精神來「圓融其衝突與矛盾」[141]。整體而言，牟宗三的模式介於康德與黑格爾之間，但關於和諧的觀點則似乎以「綜合的大系統」來說明從家庭、國家到天下的縱橫系統關係。這一基本構想事實上強調國家保存文化的必要條件，但也留下國家間衝突的銷融之道。

在超越人類組織的構想上，牟宗三提到宇宙性的政治領域：「在西方，就是宗教所表示的，在儒家就是『仁者與天地萬物為一體』。」[142]留下宗教的空間，有可能重複神學政治體制，但也可能超越人類為自己畫下的界限，重新投下新的視野，亦即從人類物種的角度來看，這是擴大的世界公民理念。在此點上，牟宗三的看法與唐君毅非常接近。牟宗三提人文宗教的想法，大概是在此脈絡下構思。但牟宗三自己站在診斷中國文化與繼承儒家精神的角度上，特別回到「逆」的操作原則，並提倡「分解的盡理之精神」，以對抗盡氣精神的局限性。故對比於唐君毅談文化悠久與永久和平的論點，牟宗三另提「以理生氣」[143]的原則，是「儒家以德性化才情氣」的方式。這是從「生生不息」的宇宙層次連結到道德的實踐層次，然而，若從人類物種整體的角度來看，這是人類物種與其他物種在地球表面共生共存的一種原則。

在實際的和平構思上，牟宗三確實以保存國家為主要目標，但他並不偏廢世界公民的可能性。相較之下，劉述先身處東西冷

---

141 同前書，頁65。

142 同前書，頁66。

143 同前書，頁219。

戰後的新國際關係中，並不局限於國家立場，雖以宗教對話為名，實則是以世界公民的立場，從非政府組織的角度為和平進程盡其心力。值此世界秩序重整的時代，我們未必要重複舊有的模式，而可以借鏡於德希達另類保存差異的模式來看，「秩序的重整」可能取決於概念嵌入、重構的潛力，在好客原則上可見其一斑。但是，即使以謙卦的迎賓原則來思考，在主賓感通的可能性上，也可在傳統資源中汲取出新的和平構思。時至今日，立千年之人極，可以採納人類物種的角度重新調整，這並不違反「立人極而參贊化育」[144]的原則。

結論

　　當代中國哲學或當代新儒家哲學，所面臨的挑戰並未消失。在新的困境中，隱藏著新的契機。儒家強調倫理的態度，面對當代人類群體、政治形態、利益集團的爭逐，仍有其值得介入之處。如何提供人類物種內的個人間的共存，又如何在有限地表上認識到人類族群擴展的有限性，並細究人類物種與其他諸物種之間的生命關係，則是當代思考生命倫理、基因工程、動物權、環境等方面的一項課題。在共存的條件下，共同體的問題也變得迫切。然而，在當代新儒家的思考中，已經蘊含對於安居與好客原則的思考元素。以安居為前提的生活形態，已經受到大遷徙的花果飄零挑戰，在地球村的全球化脈動中，個人、家庭、職業、身分的流動也日益加劇。以拜訪權為核心的好客原則，仍舊受到各種國家形態與主權模式的節制，但是「以客為尊」的口號必須回

---

144 同前書，頁67。

到面對他者（她者）的顧忌與尊重上。尋求宗教對話，以宗教的價值抉擇為保存差異的起點，也必須立足於對他異價值的尊重，或是尊重他人對終極價值的抉擇；因為，沒有哪個人可以獨占此終極價值，在平等的非獨占性上，又必須重新調節在價值上安居的可能性。儒家思考的安身立命，放在世界公民的視野中，也將是迎納他者、他人、他族的迎賓之道。

　　然而，問題仍然可以是開放的。對於從儒家哲學出發的倫理共存，仍舊是有待深入的問題。以問題來打開新的視野，將不同的新問題鑲嵌入既有的討論脈絡，將是創造異樣論述的契機。在尋求安頓身心、安頓個人、安頓族類的同時，共同體問題的重編或許有助於意料未及的對話可能性。否極泰來，未來的面向在儒家視野中從未缺席，而這正是立千年之人極所投注的未來。感通的縱深與幅度都不局限在現前的時刻上，不僅僅在時間與歷史的流動中保存著一切生命的存在痕跡，也在已消逝的一切中保留未來者、尚未出現者的空間。迎接新的問題，猶如迎接訪賓，這也反映著積健為雄的積極態度。倫理共存似乎是亙古彌新的核心問題，始終邀請我們傾聽與回應。

參考書目

古籍

〔晉〕張湛，《列子》，台北：藝文印書館，1975。

〔唐〕孔穎達，《周易正義》，影印阮元校勘重刻宋本《十三經注疏》，台北：藝文印書館，1981。

〔唐〕孔穎達，《禮記正義》，影印阮元校勘重刻宋本《十三經注疏》，台北：藝文印書館，1981。

〔宋〕朱熹，《四書章句集注》，台北：鵝湖圖書公司，2002。

〔宋〕邢昺，《論語注疏》，影印阮元校勘重刻宋本《十三經注疏》，台北：藝文印書館，1981。

〔宋〕張載著、章錫琛點校，《張載集》，北京：中華書局，2008。

〔清〕劉寶楠，《論語正義》，北京：中華書局，1990。

〔清〕焦循著、沈文倬點校，《孟子正義》，北京：中華書局，2011。

〔清〕黃宗羲著，陳金生、梁運華點校，《宋元學案》，北京：中華書局，2009。

〔清〕王船山，《讀通鑑論》，《船山全書》，第10冊，長沙：嶽麓書社，2012。

今人著作

牟宗三，《道德的理想主義》，台北：臺灣學生書局，1978（1959）。

牟宗三，《政道與治道》，台北：廣文書局，1979。

牟宗三，《歷史哲學》，台北：臺灣學生書局，1982（1962年增訂版）。

牟宗三，《心體與性體》，台北：正中書局，1981（1968）。

牟宗三，《圓善論》，台北：臺灣學生書局，1985。

李明輝，《儒家與康德》，台北：聯經出版公司，1997。

李明輝，〈康德的「歷史」概念〉，《中國文哲研究集刊》第7期，1995年
　　9月，頁157-182。

李明輝，《孟子重探》，台北：聯經出版公司，2001。

吳汝鈞，《儒家哲學》，台北：臺灣商務印書館，1998。

吳汝鈞，《絕對無的哲學》，台北：臺灣學生書局，1998。

林鎮國，《空性與現代性》，台北：立緒文化，1999。

林鎮國，《辯證的行旅》，台北：立緒文化，2002。

勞思光，《中國哲學史》第一卷，香港：中文大學崇基學院／友聯出版社，
　　1980。

勞思光，《歷史的懲罰》，台北：風雲時代，1993（1962）。

勞思光，《書簡與雜記》，台北：時報出版，1987。

勞思光，《思光詩選》，台北：東大圖書，1992。

勞思光，《中國文化路向問題的新檢討》，台北：東大圖書，1993。

勞思光，《思辯錄——思光近作集》，台北：東大圖書，1996。

勞思光，《家國天下——思光時論文選》，香港：香港中文大學出版社，2001。

勞思光，《虛境與希望——論當代哲學與文化》，香港：香港中文大學出版
　　社，2003。

唐君毅，《道德自我之建立》，台北：臺灣學生書局，1983（1944）。

唐君毅，《中西哲學思想之比較論文集》，台北：臺灣學生書局，1988（1943）。

唐君毅，《中國文化之精神價值》，台北：正中書局，1979（1953）。

唐君毅，《人文精神之重建》，台北：臺灣學生書局，1974（1955）。

唐君毅，《中國人文精神之發展》，台北：臺灣學生書局，1974（1957）。

唐君毅，《文化意識與道德理性》，台北：臺灣學生書局，1986（1958），臺
　　三版。

唐君毅，《中華人文與當今世界》，台北：臺灣學生書局，1988。

唐君毅，《中華人文與當今世界補編》，台北：臺灣學生書局，1988。

唐君毅，《哲學概論》，台北：臺灣學生書局，1991（1961）。

唐君毅，《中國哲學原論——導論篇》，台北：臺灣學生書局，1969（1966）。

唐君毅，《中國哲學原論——原性篇》，台北：臺灣學生書局，1979（1968）。

唐君毅，《中國哲學原論——原道篇》，台北：臺灣學生書局，1984（1976）。

唐君毅，《生命存在與心靈境界》，台北：臺灣學生書局，1986（1977）。

唐君毅，《日記》，台北：臺灣學生書局，1988。

唐君毅，《哲學論集》，《唐君毅全集》卷十八，台北：臺灣學生書局，1991。

徐復觀，《學術與政治之間》，台北：臺灣學生書局，1985。

蔡英文，《政治實踐與公共空間》，台北：聯經出版公司，2002。

陳振崑，《唐君毅的儒教理論之研究》，台北：輔仁大學哲學研究所博士論文，1998。

黃兆強，《唐君毅的歷史哲學及其終極關懷》，台北：臺灣學生書局，2010。

黃振華，〈試闡述唐君毅先生有關中華民族花果飄零與靈根自植之思想〉，見《唐君毅思想國際會議論文集》（Ⅰ），霍韜晦編，香港：法住出版社，1992，頁40-88。

劉述先，《理想與現實的糾結》，台北：臺灣學生書局，1993。

劉述先，《當代中國哲學論：問題篇》，River Edge, NJ：美國八方文化企業公司，1996。

劉述先，《全球倫理與宗教對話》，台北：立緒文化，2001。

劉述先，《儒家哲學的典範重構與詮釋》，台北：萬卷樓圖書公司，2010。

劉述先，〈猶太教與新儒家〉，載鍾彩鈞、周大興主編，《猶太與中國傳統的對話》，台北：中央研究院中國文哲研究所，2011，頁219-238。

劉國英、張燦輝（合編），《無涯理境——勞思光先生的學問與思想》，香港：香港中文大學出版社，2003。

劉國強，〈唐君毅的政治哲學〉，《當代新儒學論文集——外王篇》，台北：文津出版社，1991，頁45-75。

大塚久雄著，于嘉雲譯，《共同體的基礎理論》，台北：聯經出版公司，1999。

西谷啟治著，陳一標、吳翠華譯注，《宗教是什麼》，台北：聯經出版公司，2011。

亞里士多德著、高思謙譯，《亞里士多德之宜高邁倫理學》，台北：臺灣商務印書館，1979。

杭亭頓著、黃裕美譯，《文明衝突與世界秩序的重建》，台北：聯經出版公司，1997。

康德著、李明輝譯，《康德歷史哲學論文集》，台北：聯經出版公司，2002。

漢斯・昆（Hans Küng，即孔漢思）著、周藝譯，《世界倫理構想》，北京：

三聯書店，2002。

洛維特（Karl Löwith）著、區立遠譯，《一九三三：一個猶太哲學家的德國
　　回憶》，台北：行人出版社，2007。

韋伯著、顧忠華譯，《社會學的基本概念》，台北：遠流圖書公司，1993。

外文著作

Giorgio Agamben, *Homo Sacer. Sovereign Power and Bare Life*, tr. Daniel Heller-
　　Roazen, Stanford: Stanford University Press, 1998.

Hannah Arendt, *The Human Condition*, Chicago: The University of Chicago
　　Press, 1969.

Hannah Arendt, "Philosophy and Politics," *Social Research*, 57.1（1990）: 73-103.

Hannah Arendt, *The Promise of Politics*, New York: Schocken, 2005.

Hannah Arendt, *Between Past and Future*, New York: Penguin, 2006.

Aristote, *Éthique à Nicomaque*, tr. Jean Tricot, Paris: Vrin, 1972.

Aristotle, *Nicomachean Ethics*, tr. Harris Rackham, Cambridge/London: Harvard
　　University Press/Heinemann, 1975.

Aristotle, *The Complete Works of Aristotle*, edited by Jonathan Barnes, vol. 1,
　　Princeton: Princeton University Press, 1984.

Marc Augé, *Non-lieux. Introduction à une anthropologie de la surmodernité*,
　　Paris: Seuil, 1992.

Gaston Bachelard, *La terre et les rêveries de la volonté: essai sur l'imagination
　　des forces*, Paris: José Corti, 1947.

Gaston Bachelard, *La terre et les rêveries du repos: essai sur les images de
　　l'intimité*, Paris: José Corti, 1948.

Gaston Bachelard, *La poétique de l'espace*, Paris: PUF, 1957.

Georges Bataille, *Théorie de la religion*, in Œuvres complètes, tome 7, Paris:
　　Gallimard, 1976, pp. 281-361.

James Bohman and Matthia Lutz-Bachmann（ed.）, *Perpetual Peace. Essays on
　　Kant's Cosmopolitan Ideal*, Cambridge（Massachusetts）: The MIT Press, 1997.

Rémi Brague, *Europe, la voie romaine*, Paris: Criterion, 1992.

Remi Brague, *La sagesse du monde*, Paris: Fayard, 1999.

Richard Calichman (ed. and trans.), *Overcoming Modernity. Cultural Identity in wartime Japan*, New York: Columbia Press, 2008.

Edward S. Casey, *The Fate of Place*, Berkeley/Los Angeles/London: University of California, 1997.

Catherine Chalier, *Levinas. L'utopie de l'humain*, Paris: Albin Michel, 1993.

Jacques Derrida, *Marges de la philosophie*, Paris: Minuit, 1972.

Jacques Derrida, *L'autre cap*, Paris: Seuil, 1991.

Jacques Derrida, "Foi et savoir," in Jacques Derrida et Gianni Vattimo (dir.), *La religion*, Paris: Seuil, 1996, pp. 9-86.

Jacques Derrida et Anne Dufourmantelle, *De l'hospitalité*, Paris: Calmann-Lévy, 1997. *Of Hospitality*, translated by Rachel Bowlby, Stanford: Stanford University Press, 2000.

Jacques Derrida, *Cosmopolites de tous les pays, encore un effort*, Paris: Galilée, 1997.

Jacques Derrida, "Leçon de Jacques Derrida," in Jean Halpérin et Nelly Hansson (éd,), *Comment vivre ensemble?* (Paris: Albin Michel, 2001), pp. 181-216.

Michel Foucault, *Les mots et les choses*, Paris: Gallimard, 1966.

Thomas Fröhlich, "Cultural Patriotism and Civil Religion in Modern Confucianism: A Brief Discussion on the Outlines of Tang Junyi's Political Thought,"《國際儒學研究》第十四輯，北京：九州出版社，2006，頁 271-300。

Georg Wilhelm Friedrich Hegel, *Phänomenologie des Geistes*, hrsg. J. Hoffmeister, Hamburg: Meiner, 1952.

Martin Heidegger, *Über den Humanismus*, Frankfurt am Main: Klostermann, 1947.

Martin Heidegger, *Nietzsche II*, Pfullingen: Neske, 1961.

Martin Heidegger, *Holzwege*, Frankfurt am Main: Klostermann, 1980.

James Heisig, *Philosophers of Nothingness*, Honolulu: University of Hawaii Press, 2001.

Michel Henry, *L'essence de la manifestation*, Paris: PUF, 1990.

Michel Henry, *Phénoménologie matérielle*, Paris: PUF, 1990.

Michel Henry, *De la subjectivité*, Paris: PUF, 2003.

Edmund Husserl, *Cartesianische Meditationen*, *Hua I*, hrsg. Stephan Strasser,

Haag: Nijhoff, 1973.

Edmund Husserl, *Ideen II*, *Hua IV*, hrsg. Marly Biemel, Haag: Nijhoff, 1952.

Edmund Husserl, *Krisis*, *Hua VI*, hrsg. Walter Biemel, Haag: Nijhoff, 1976.

Immanuel Kant, *Kants Werke*. Akademie-Textausgabe, Band VIII, Berlin: de Gruyter, 1968.

Immanuel Kant, *Zum ewigen Frieden*, Kommentar von Oliver Eberl und Peter Niesen, Berlin: Suhrkamp, 2011.

Emmanuel Levinas, *De l'existence à l'existant*, Paris: Vrin, 1993.

Emmanuel Levinas, *Le temps et l'autre*, Paris: PUF, 1985.

Emmanuel Levinas, *Totalité et infini*, La Haye: Martinus Nijhoff, 1980.

Emmanuel Levinas, *En découvrant l'existence avec Husserl et Heidegger*, Paris: Vrin, 1982.

Emmanuel Levinas, *Humanisme de l'autre homme*, Paris: Fata Morgana, 1972.

Emmanuel Levinas, *Autrement qu'être ou au-delà de l'essence*, La Haye: Martinus Nijhoff, 1974.

Emmanuel Levinas, *De Dieu qui vient à l'idée*, Paris: Vrin, 1982.

Emmanuel Levinas, *Éthique et infini*, Paris: Fayard, 1982.

Emmanuel Levinas, *Difficile liberté*, Paris: Albin Michel/Livre de Poche, 1988.

Emmanuel Levinas, *Éthique comme philosophie première*, Paris: Rivages Poche/ Petite Bibliothèque, 1998.

Emmanuel Levinas, *L'intrigue de l'infini*, Paris: Flammarion, 1994.

Matthias Lutz-Bachmann, "Kant's Idea of Peace and a World Republic," in James Bohman and Matthia Lutz-Bachmann（ed.）, *Perpetual Peace. Essays on Kant's Cosmopolitan Ideal*, Cambridge Mass.: The MIT Press, 1997, pp. 59-77.

Thomas A. Metzger, *Escape from Predicament*, New York: Columbia University Press, 1977.

Thomas A. Metzger, *A Cloud Across the Pacific*, Hong Kong: The Chinese University Press, 2005.

Thomas A. Metzger, "Putting Western Philosophy on the Defensive?" 收於劉笑敢主編，《中國哲學與文化》，第8輯（桂林：廣西師範大學出版社，

2010），頁 57-89。

Friedrich Nietzsche, *Der Wille zur Macht*, Stuttgart: Kröner Verlag, 1952.

Keiji Nishitani, *Was ist Religion?*, Übertragung von Dora Fischer-Baricol, Frankfurt am Main: Insel Verlag, 1986.

Keiji Nishitani, *The Self-Overcoming of Nihilism*, translated by Graham Parkes and Setsuko Aihara, New York: State University of New York Press, 1990.

Matha Nussbaum, "Kant and Cosmopolitanism," in James Bohman and Matthia Lutz-Bachmann（ed.）, *Perpetual Peace. Essays on Kant's Cosmopolitan Ideal*, Cambridge Mass.: The MIT Press, 1997, pp. 25-57.

David Pan, "Against Biopolitics: Walter Benjamin, Carl Schmitt, and Giorgio Agamben on political Sovereignty and Symbolic Order," *The German Quarterly*, 82.1（2009）, pp. 42-62.

Blaise Pascal, *Œuvres complètes, texte établi, présenté et annoté par Jacques Chevalier*, Paris: Gallimard, 1954.

Stephen H. Phillips, "Nishitani's Buddhit Response to 'Nihilism'," *Journal of the American Academy of Religion*, 55: 1（Spring, 1987）, pp. 75-104.

Platon, *Timé*e, texte établi et traduit par Albert Rivaud, Paris: Les Belles Lettres, 1985.

Alain Renaut, *L'ère de l'individu*, Paris: Gallimard, 1989.

Patrick Riley, *Kant's Political Philosophy*, Totowa: Rowman & Littlefield, 1983.

Friedrich Wilhelm Joseph Schelling, *Philosophische Untersuchungen über das Wesen der menschlichen Freiheit und die damit zusammenhängenden Gegenstände*, in *Sämtliche Werke*, Band 7, hrsg. K. F. A. Schelling, Stuutgart und Ausburg: Cotta, 1860, pp. 331-416.

Friedrich Wilhelm Joseph Schelling, *Stuttgarter Privatvorlesungen*, in *Sämtliche Werke*, Band 7, hrsg. K. F. A. Schelling, Stuutgart und Ausburg: Cotta, 1860, pp. 417-484.

Baruch Spinoza, *Éthique*, tr. Bernard Pautrat, Paris: Seuil, 1980.

Leo Strauss, *What is Political Philosophy?*, Westport: Greenwood Press, 1973.

Leo Strauss, *The City and Man*, Chicago: University of Chicago Press, 1978.

Robert S. Taylor, "Kant's Political Religion: The Transparency of Perpetual Peace and the Highest Good," *The Review of Politics*, 72（2010）, pp. 1-24.

Elisabeth Louise Thomas, *Emmanuel Levinas. Ethics, Justice and the Human beyond Being*, New York & London: Routledge, 2004.

Ferdinand Tönnies, *Gemeinschaft und Gesellschaft*, Leipzig: Fues, 1887.

Alain Touraine, *Pourrons-nous vivre ensemble?*, Paris: Fayard, 1997; *Can We Live Together?*, translated by David Macey, Cambridge: Polity Press, 2000.

Yi-Fu Tuan, *Space and Place*, Minneapolis/London: University of Minnesota Press, 1977.

Gianni Vattimo, *The End of Modernity*, tr. Jon R. Snyder, Cambridge: Polity Press, 1988.

Max Weber, *Wirtschaft und Gesellschaft*, Tübingen: Mohr, 1956.

Alfred North Whitehead, *Process and Reality*, New York: Free Press/Macmillan, 1978.

Howard Williams, *Kant's Political Philosophy*, New York: St. Martin's Press, 1983.

西谷啟治，《西谷啟治著作集》，第8卷，東京：創文社，1986。
西谷啟治，《西谷啟治著作集》，第10卷，東京：創文社，1987。
河上徹太郎、竹內好ほか，《近代の超克》，東京：富山房，1979。

人名索引